ADAC Reiseführer

London

Theater · Museen · Parks · Pubs · Aussichtspunkte
Shopping · Nachtleben · Hotels · Restaurants

Die Top Tipps führen Sie zu den Highlights

von Sabine Lindlbauer

Intro

Unterwegs

Leserforum

Die Meinung unserer Leserinnen und Leser ist wichtig, daher freuen wir uns von Ihnen zu hören. Wenn Ihnen dieser Reiseführer gefällt, wenn Sie Hinweise zu den Inhalten haben – Ergänzungs- und Verbesserungsvorschläge, Tipps und Korrekturen –, dann kontaktieren Sie uns bitte:

Redaktion ADAC Reiseführer
ADAC Verlag GmbH & Co. KG
Hansastraße 19, 80686 München
reisefuehrer@adac.de
www.adac.de/reisefuehrer

Service

London Impressionen

Kostbarstes Juwel des Königreiches

London, die ›In-Metropole‹ des 21. Jh., ist eine Stadt der Superlative und auch der Gegensätze. Uralte Traditionen und neueste Trends gehen hier Hand in Hand. Ein Grund von vielen für das ganz besondere Flair und die immense Anziehungskraft der Themse-Stadt. Selbst Besucher, die jeden Winkel der Welt kennen, kommen in der britischen Hauptstadt oft ins Staunen. London gilt als die flächengrößte Metropole Europas (1600 km^2) und hat eine unendliche Fülle an Sehens- und Erlebenswertem zu bieten.

Schatzkammer voller Überraschungen

In Hunderten von Museen und Palästen werden die unermesslichen Schätze des Britischen Empire präsentiert. Im **Tower** glitzern die kostbaren Kronjuwelen. Mitten im Großstadttrubel öffnen sich die schönsten Parkanlagen. In den **Houses of Parliament** und am Hof von **Queen Elizabeth II.** werden ungeachtet der modernen Zeiten uralte Rituale vollzogen. Bei einer Fahrt auf der **Themse** zu Königsschlössern und idyllischen Städtchen präsentieren sich London und Umgebung als attraktives Ferienziel. Und **Harrods**, das wohl bekannteste Kaufhaus der Welt, beeindruckt mit seinem opulenten Ambiente und eleganten Warenangebot, getreu der Devise ›Alles für alle überall‹.

Doch das ist längst nicht alles. In traditionsreichen **Luxushotels** kann man sich – wenn es der Geldbeutel erlaubt – so richtig verwöhnen lassen. Begegnungen mit VIPs sind gar nicht einmal so unwahrscheinlich. Aus London kommen nicht nur Modeklassiker, hier wird auch die ausgefallenste junge **Mode** gemacht. ›Le dernier cri‹ kommt längst nicht mehr ausschließlich von der Seine, sondern wird heute oft genug an der Themse kre-

Oben: *So kommen Briten gut durch den Tag: erst ein Full English Breakfast, später ein frisch gezapftes Lager*
Rechts oben: *Stolz hängt der Union Jack über der Regent Street*
Rechts unten: *Blick vom Victoria Tower auf Big Ben, Themse und London Eye*

iert. Natürlich bietet London auch ein ganzes **Unterhaltungs-Universum**. Musicals, Opern, Konzerte und Theater – das Angebot ist schier grenzenlos. Shakespeare ganz im Stil seiner Zeit kann man z.B. im *Shakespeare's Globe Theatre* erleben, einem typisch elisabethanischen Freilufttheater. Wer lieber die **Szene** erkunden möchte, der geht erst ab 23 oder 24 Uhr aus dem Haus. Die hippsten Discos und die coolsten Nachtklubs – auch dafür ist London weltberühmt.

die in Britanniens Musikszene Rang und Namen haben. Wieder zeigte sich: London vermag es, **Trends** hervorzubringen und neue Akzente zu setzen wie kaum eine andere Metropole.

London is unique

Für die 8,2 Mio. Einwohner freilich gerät die Stadt oft zur Katastrophe: zu groß, zu unübersichtlich, zu laut, zu hektisch, zu voll und zu schmutzig. Verkehrschaos tagtäglich, ein veraltetes, ständig überlastetes U-Bahn-System, trübe Luft und miserables Wetter. Irrwitzige Immobilienpreise kommen erschwerend hinzu.

Da stellt sich die Frage: Warum leben eigentlich so viele Menschen in London? Darauf gibt es zwei Antworten. Zunächst ist die gewaltige Wirtschaftskraft dieser Weltmetropole zu nennen. Hier haben die größten Banken und Konzerne Europas ihre Zentralen, Englands Werbeagenturen, Zeitungen, Fernsehsender haben hier ihren Sitz. In Großbritannien kommt an London niemand vorbei, der etwas aus sich machen will.

Nur keine Langeweile

Auch eines der größten Riesenräder der Welt, das **London Eye**, steht in London. Es ragt 135 m über dem Themseufer der South Bank auf und bietet von seinen Kabinen einen unvergleichlichen Panoramablick über die Londoner City.

Auch die Museumslandschaft kennt keinen Stillstand. Die **Tate Modern** für die Kunst der Klassischen Moderne und Gegenwart wird stetig ausgebaut. Das **British Museum** inszeniert seine Sonderausstellungen als Weltereignisse.

›Swinging London‹ hieß es während der 1960er-Jahre – und irgendwie swingt London immer noch. Das stellte die Stadt zuletzt bei den **Olympischen Spielen** im Jahr 2012 unter Beweis. Die Londoner machten die Sportveranstaltung zu einem fröhlichen Fest, und bei der Abschlussfeier traten von Paul McCartney über The Who bis Muse alle Künstler auf,

Links oben: *Ein Beefeater mit Hellebarde im Tower of London*
Links unten: *Im glasüberdachten Innenhof des British Museum steht der Round Reading Room*
Rechts oben: *Kühles Wasser durchfließt die Diana Memorial Fountain im Hyde Park*
Rechts unten: *Blick in die St. Paul's Cathedral*

London ist einfach einzigartig, eine Stadt, die jung und alt ist zugleich. Hier findet man die ausgeflipptesten Typen, die schrillsten Klamotten und die coolste Musikszene. Das ist die eine Seite. Aber auch **Traditionen** werden ungebrochen hochgehalten: der berühmte Five o'clock tea und altehrwürdige Herrenklubs, rote Doppeldeckerbusse, schwarz behelmte Bobbies und altmodische Taxis. Was sich einmal bewährt hat, wird in der Regel konsequent beibehalten, nicht zuletzt Monarchie und Demokratie. Und so lockt London nicht nur die Arbeits- sondern auch die Vergnügungswilligen, 30 Millionen Besucher sind es im Jahr.

Der Dreh- und Angelpunkt Großbritanniens war einst Mittelpunkt eines riesigen Empire. Das Weltreich zerfiel, doch die Verbindungen nach Übersee blieben. Deshalb ist London heute mehr den je ein **Schmelztiegel** der unterschiedlichsten Kulturen par excellence. Von dieser Vielfalt der Nationen profitiert nicht zuletzt die **Restaurant-Szene**. In kaum einer anderen Metropole kann man sich auf so vielfältige Weise kulinarisch verwöhnen lassen. Die feinsten und originellsten Lokale lassen

sich hier quasi zu einer lukullischen Weltreise kombinieren. Selbst die britische Küche hat längst ein modernes internationales Flair. Und in einigen uralten **Pubs** kann man in Gedanken so berühmten Stammgästen wie William Shakespeare und Charles Dickens zuprosten.

Stadtbilder

Beim Anflug auf London bietet sich ein erstaunliches Bild von Vororten und Vierteln mit endlos erscheinenden Häuserzeilen: Wer es sich in Großbritannien irgendwie leisten kann, erwirbt ein eigenes Reihenhäuschen mit Garten. Selbstverständlich schluckt diese Art von Städtebau enorme Flächen.

Erst spät wird die Silhouette der Innenstadt sichtbar. Auch hier gibt es begehrte Viertel, etwa Chelsea, Mayfair oder Kensington. Dort stammen viele Häuser noch aus dem 19. Jh. Manches Bürogebäude wirkt da deutlich progressiver. Neue Akzente setzten die eiförmige **City Hall** in Southwark und der 180 m hohe Turm 30 St. Mary Axe, den die Briten liebevoll-spöttisch **The Gherkin**, also die Essiggurke, nennen. Seit Juli 2012 verfügt die Stadt über einen neuen Superlativ: Das exzentrische Hotel- und Bürohochhaus **Shard London Bridge** von Renzo Piano (Spitzname: die Glasscherbe) ragt stolze 310 m in die Höhe und ist damit das höchste Gebäude Westeuropas.

London ist keine gewachsene Stadt, sondern ein Konglomerat aus kleinen Dörfern und Städtchen, die meist über eine eigene High Street verfügen und irgendwann von der Metropole geschluckt wurden. **Greater London** besteht aus 32 Boroughs oder Stadtbezirken. Städteplanung wurde nur ansatzweise betrieben und daher gibt es auch keinen richtigen Stadtkern. Das hängt nicht zuletzt mit der Tatsache zusammen, dass London ursprünglich aus zwei räumlich voneinander getrennten Städten bestand. Die **City of London** ist der älteste Teil. Sie befand sich innerhalb der Stadtmauer und genießt noch heute –

Links: *Ansichten einer Metropole: Die Tower Bridge mit Sir Norman Fosters Gherkin, der Wandelgang im Museum of Natural History, freche Kleider am Spitalfields Market und die Royal Exchange*
Rechts oben: *Abend am Trafalgar Square*
Rechts Unten: *Die königliche Wache nach getaner Arbeit im St. James's Park*

selbstverwaltet – einen besonderen Status. Hier haben die Banken und Hedge Fonds ihren Sitz. Die **City of Westminster** hatte sich Edward the Confessor im 11. Jh. als Königssitz auserkoren, dort befinden sich die wichtigsten Regierungsgebäude des Landes.

Paradies für Touristen

Einen Großteil der Attraktionen gibt es in diesen beiden Stadtteilen zu sehen, wobei die City of Westminster heute den geographischen Mittelpunkt Londons bildet. Wer an der U-Bahn-Station Westminster ans Tageslicht kommt, befindet sich am Fuß von Big Ben und mitten in einem der geschichtsträchtigsten Stadtteile Londons. Hier liegen die Houses of Parliament und Westminster Abbey nah beieinander, die Themse ist nur einen Steinwurf entfernt.

Zu Fuß, mit Doppeldeckerbussen oder per Schiff kann man von hier aus die Stadt erkunden. Zwischen den zahllosen *Sights* bieten Uferpromenaden, Parks, Pubs und Restaurants immer wieder Gelegenheit zur Entspannung im Grünen.

Wer zum Einkaufen nach London gekommen ist, der wird allenthalben fündig. In der Oxford Street gibt es riesige Warenhäuser, in der Regent Street sind die großen Modemarken versammelt. Sloane Street und Bond Street in Mayfair sind seit jeher für ihre Luxusgeschäfte bekannt. Die Straßenmärkte in der Portobello Road oder von Camden erfreuen auch jene, die weniger Geld zur Verfügung haben.

Und überall verlocken große Namen wie Buckingham Palace, Trafalgar Square, Piccadilly Circus, Covent Garden, Tower, Tower Bridge und British Museum dazu, die Entdeckungsreise alsbald fortzusetzen. Ganz zu schweigen von der Tate Modern, Madame Tussaud's und dem Hyde Park. Wenn dann am Ende des Aufenthalts noch vieles bleibt, was man gerne gesehen hätte, so ist das ein guter Grund, die einzigartige Weltstadt London so bald wie möglich wieder zu besuchen.

Geschichte, Kunst, Kultur im Überblick

Von Monarchen, Macht und Machenschaften

Römer

43 Das Heer des römischen Kaisers Claudius erobert Britannien und gründet eine neue Provinz mit Namen ›Londinium‹. Wenig später wird eine Holzbrücke über die Themse errichtet. Eine Handels- und Garnisonsstadt entsteht.

61 Die ostanglische Königin Boudicca (Boadicea) lässt die römische Siedlung niederbrennen. Sie wird jedoch alsbald erneut von den Römern aufgebaut.

200 Londinium wird mit einer Stadtmauer (London Wall) gesichert. Die Einwohnerzahl liegt bei 50 000.

410 Rückzug der Römer aus Britannien. Londinium verfällt.

Angelsachsen

450 Angeln und Sachsen erobern Britannien. Sie legen einen Hafen in dem von ihnen kontrollierten London an und nennen die Stadt ›Lundenvic‹.

604 Eine erste St. Paul's Cathedral wird von dem Chronisten Beda erwähnt.

796 London wird unter den Angelsachsen erstmals königliche Residenz.

827 König Egbert von Wessex vereinigt das angelsächsische Königreich.

851 Dänische Wikinger verwüsten und besetzen London.

886 Alfred, König der Angelsachsen, vertreibt die Wikinger und erhebt London zu seiner Hauptstadt. Ein wirtschaftlicher Aufschwung setzt ein.

1016 Der Dänenkönig Knut (Canute) wird König von England.

1042 Edward the Confessor besteigt den Thron und etabliert seinen Hof in Westminster außerhalb der Stadtgrenze der City of London.

Normannen

1066 William the Conqueror erobert das Land und wird in Westminster Abbey gekrönt.

1078 William the Conqueror beginnt mit dem Ausbau des Holzforts Tower of London zu einer steinernen Festung.

1100 Unter Henry I. erlangen die City-Kaufleute das Recht zu besteuern und Sheriffs zu wählen. Im Gegenzug erkennen sie Henry als König an.

Haus Anjou-Plantagenet

1154 Unter Henry II. beginnt die Regentschaft des Hauses Anjou-Plantagenet (bis 1399).

1176 Bau der London Bridge. Sie bleibt bis 1749 die einzige Londoner Themsebrücke.

1191 Die City of London wird von Richard I. als selbstverwaltete Stadtrepublik anerkannt und wählt ihren ersten Bürgermeister, Henry Fitzailwyn.

1215 Die Magna Charta libertatum wird unterzeichnet. Darin sichert König John Lackland den Städten und Ständen politische Rechte zu.

1245–69 Die Westminster Abbey wird im gotischen Stil neu errichtet.

1265 Henry III. beruft in der Westminster Hall den königlichen Rat ein, einen Vorläufer des Parlaments.

1280 Ein Neubau der St. Paul's Cathedral wird fertig gestellt.

1332 Das Parlament teilt sich in zwei Kammern auf, das House of Lords und das House of Commons.

1348–50 Die Pest (Black Death) kostet etwa 50 000 Menschen das Leben.

1381 Bauernaufstand, angeführt von Wat Tyler, der schließlich von William Walworth, dem Mayor of London, erstochen wird.

Haus Lancaster

1399 Mit Henry IV. beginnt die Regentschaft des House of Lancaster (bis 1461).

1455 Beginn der Rosenkriege zwischen dem House of Lancaster und dem House of York. Symbol dieser Thronstreitigkeiten wer-

Der Teppich von Bayeux schildert die normannische Eroberung Englands

den die rote (Lancaster) bzw. die weiße (York) Rose.

Haus York

1476 William Caxton installiert in Westminster die erste Druckpresse Englands.
1483 Der spätere König Richard III. lässt im Tower seine beiden Neffen Edward V. und Richard ermorden, um sich die Krone zu sichern.

Haus Tudor

1485 Die Rosenkriege enden nach 30 Jahren ergebnislos. Henry VII. besteigt den Thron und begründet die Tudor-Dynastie.
16. Jh. London wird zum wichtigsten Handels- und Güterumschlagplatz der Welt. 200 000 Menschen leben hier.
1529 Kardinal Wolsey fällt in Ungnade. Henry VIII. beschlagnahmt seinen Besitz. Er macht Whitehall Palace zur königlichen Hauptresidenz Londons.
1533 Henry VIII. sagt sich von der römisch-katholischen Kirche los und begründet die anglikanische Staatskirche, deren Kirchenoberhaupt er selbst ist.
1536 Die Auflösung der Klöster als Folge der Reformation beginnt.
1553–58 Henrys Tochter Mary I. (›Bloody Mary‹) versucht, den Katholizismus wieder als Staatsreligion zu etablieren und lässt Protestanten verfolgen.
1558–1603 Mary's Halbschwester Elizabeth I. reetabliert während ihrer Regentschaft die anglikanische Kirche.
1588 Nach dem Sieg über die spanische Armada vor Plymouth beherrscht England die Weltmeere.
1566 Der Finanzexperte Sir Thomas Gresham gründet die Londoner Börse.
1598 Die erste umfassende Stadtbeschreibung, ›Survey of London‹ von John Stow, erscheint.

Henry VIII. (1491–1547). Ein Bild der Entschlossenheit bietet der skandalumwitterte König

1599 Das Globe Theatre, dessen Mitinhaber William Shakespeare später wurde, wird errichtet.

Haus Stuart

1603 James VI. of Scotland wird James I. of England.
1605 Der ›Gunpowder Plot‹, der Versuch des Katholiken Guy Fawkes, das Parlament und die Königsfamilie in die Luft zu sprengen, scheitert. Alljährlich am 5. November (Guy Fawkes Day) wird mit Feuerwerken und symbolisch verbrannten Strohpuppen dieses Ereignisses gedacht.
1635 Charles I. macht den königlichen Hyde Park öffentlich zugänglich.
1643 Beginn des Bürgerkriegs zwischen Anhängern des Königs (›Kavaliere‹) und den Vorkämpfern für Parlamentsrechte (›Rundköpfe‹).

Commonwealth

1649 Charles I. wird hingerichtet. Unter Oliver Cromwell, dem neuen Lordprotektor, beginnt eine Periode des harschen Puritanismus.

Haus Stuart

1660 Restauration der Monarchie. Der römisch-katholische Charles II. besteigt den Thron und setzt die Stuart-Herrschaft fort.
1665 Die Pest fordert etwa 100 000 Menschenleben in London.
1666 Vom 2. bis 5. September wütet – ausgehend von der Pudding Lane – eine Feuersbrunst und vernichtet vier Fünftel der City.
1675 Der Grundstein für Christopher Wrens St. Paul's Cathedral wird gelegt (Fertigstellung 1710).
1689 Das Königspaar William und Mary bezieht den Kensington Palace. William III. erlässt die ›Bill of Rights‹ und stärkt damit die Rechte des Bürgertums.
1694 Gründung der Bank of England zur Finanzierung des Krieges gegen Frankreich.
1698 Ein Feuer verwüstet den Whitehall Palace. St. James's Palace wird offiziell königliche Residenz.
um 1700 London ist die größte Stadt Westeuropas (500 000 Einwohner).

Haus Hannover-Windsor

1714 Mit der Krönung von George I. beginnt die Herrschaftsepoche des House of Han(n)over.
1721 Robert Walpole wird zum ersten Premierminister Englands ernannt.
1749 Eröffnung der zweiten Themsebrücke Westminster Bridge.
1759 Das bereits im Jahre 1753 gegründete British Museum wird eröffnet.
1760 Ein Großteil der Stadtmauern wird abgerissen. Die Stadt breitet sich nach Westminster hin aus.
1762 George III. und Königin Charlotte beziehen Buckingham House. St. James's Palace bleibt offizielle Residenz.
1801 Eine erste Volkszählung ergibt für London eine knappe Million Einwohner, davon leben etwa 128 000 in der City.
1805 England besiegt die französische und spanische Flotte in der Seeschlacht vor Trafalgar. Admiral Nelson kommt bei der Schlacht ums Leben.

1815 Der Duke of Wellington schlägt Napoleon bei Waterloo.
ab 1816 Ein Teil des städtebaulichen Großprojekts von John Nash wird verwirklicht. Angelegt werden damals z. B. Regent Street, Piccadilly Circus und Oxford Circus sowie Regent's Park.
1817 Die Waterloo Bridge wird eröffnet.
1824 Gründung der National Gallery.
1826 Das University College, ältester Teil der späteren University of London (1836), wird gegründet.
1830 Sir Robert Peel gründet die Metropolitan Police Force. Den Spitznamen ›Bobbies‹ verdanken die Polizisten ihrem damaligen Chef. – Der London Zoo entsteht.
1834 Der Palace of Westminster brennt bis auf Westminster Hall und Jewel Tower ab.
1836 Die erste Eisenbahn der Stadt fährt von London Bridge nach Greenwich. Bis 1900 werden in London 13 Bahnhöfe gebaut.
1837 Victoria wird Königin von England und bleibt bis zu ihrem Tod 1901 auf dem Thron. Sie macht Buckingham Palace zur königlichen Residenz. St. James's Palace bleibt Verwaltungssitz. Unter ihrer 63-jährigen Herrschaft erlebt England eine wirtschaftliche Blütezeit.
1840–52 Neubau der Houses of Parliament (Westminster Palace).
1841 Die Royal Botanic Gardens in Kew werden eröffnet.
1847/48 Rund 100 000 Iren fliehen vor einer Hungersnot nach London. Sie stellen damit 20% der Einwohnerschaft.
1849 14 000 Londoner fallen der Cholera zum Opfer.
1851 Die von Prinz Albert mitgeplante Weltausstellung, The Great Exhibition, findet im Crystal Palace statt. 6 Mio. Besucher kommen dazu in den Hyde Park.
1863 Zwischen Farringdon Street und King's Cross wird die erste unterirdische Eisenbahnlinie der Welt eingeweiht.
1886 Baubeginn an der Tower Bridge.
1888 Gründung der Stadtverwaltung London County Council. Nur die City bleibt eigenständig. – Der mysteriöse Frauenmörder Jack the Ripper treibt sein Unwesen in der Stadt. Er tötete fünf Prostituierte.
1890 Die erste elektrische U-Bahnlinie (Northern Line) geht in Betrieb.
1895–97 Bau der römisch-katholischen Westminster Cathedral.
1897 Eröffnung der Tate Gallery, heute Tate Britain.
1900 In London leben 6,5 Mio. Menschen, davon 40 000 in der City.
1910 George V. wird König. Er ist der erste Vertreter des bis zum heutigen Tag regierenden House of Windsor.
1915 Erster Zeppelinangriff auf London. Über 2000 Menschen kommen bei Luftangriffen ums Leben.
1924 Die Labour Party kommt erstmals an die Regierung.
1927 Gründung der BBC, der British Broadcasting Corporation.
1930er-Jahre Zahlreiche Juden auf der Flucht vor dem Holocaust lassen sich im East End nieder.
1936 Edward VIII. verzichtet auf den Thron, um die geschiedene Amerikanerin Wallis Simpson zu heiraten.
1940–45 Bei verheerenden Luftangriffen der Deutschen, ›The Blitz‹ genannt, verlieren während des Zweiten Weltkriegs etwa 30 000 Londoner ihr Leben.

Protestmarsch der Amazonen – Londoner Studentinnen bei einer Demonstration Ende 2010

Mit einer Bootsparade auf der Themse feiert Queen Elizabeth 2012 ihr 60. Thronjubiläum

um 1940 Rund 9 Mio. Menschen leben in London und Greater London.

1952 Krönung von Queen Elizabeth II.

1956 Mit dem Clean Air Act, einem Gesetz zur Reinhaltung der Luft, wird dem Smog der Kampf angesagt. Den legendären Londoner Nebel gibt es heute kaum noch.

1960 Die Pop-Bewegung, angeführt von den Beatles, macht London zum Zentrum der Swinging Sixties.

1965 Im Zuge einer Verwaltungsreform wird das London County Council (LCC) durch das Greater London Council (GLC), eine Stadtregierung mit größeren Kompetenzen, ersetzt.

1971 Einführung der Dezimalwährung.

1973 Großbritannien tritt der EG bei.

1979 Die Konservativen gewinnen die Unterhauswahlen. Margaret Thatcher wird erste Premierministerin Englands.

1981 Schwere Rassenunruhen im Londoner Stadtteil Brixton. – Die London Docklands Development Corporation wird gegründet, um die Sanierung der brachliegenden Docklands zu initiieren. – Hochzeit zwischen Kronprinz Charles und Lady Diana Spencer in St. Paul's Cathedral.

1982 Falkland-Krieg. – Die gewaltige Schleusenanlage der Thames Barrier, die London vor Überschwemmungen schützen soll, wird eingeweiht.

1986 Das Greater London Council (GLC) wird durch die Regierung abgeschafft. – Prinz Andrew, der Duke of York, heiratet Lady Sarah Ferguson.

1990 John Major löst Margaret Thatcher als Regierungschef ab.

1994 Einweihung des Eurotunnels.

1997 Prinzessin Diana stirbt bei einem tragischen Autounfall in Paris.

2000 Mit Ken Livingstone bekommt London 14 Jahre nach der Abschaffung dieses Amtes erstmals wieder einen Bürgermeister. – Spektakuläre Attraktionen wie das Riesenrad London Eye und die Tate Modern eröffnen.

2001 Premierminister Tony Blair wird bei der Wahl mit großer Mehrheit im Amt bestätigt.

2002 Tod von Prinzessin Margaret und Queen Mum. – In London wird das Goldene Thronjubiläum der Queen zelebriert.

2005 Am 9. April heiraten Prince Charles und Camilla Parker Bowles auf Schloss Windsor. – Am 7. Juli wird die Stadt von Terroranschlägen in drei U-Bahnen und einem Bus schwer erschüttert.

2007 Gordon Brown löst im Juni Tony Blair als Premierminister ab.

2009 Ein Antiterrorgesetz tritt in Kraft, das u. a. das Fotografieren von Militärs und Polizisten verbietet. Unter das Verbot fallen auch die Bobbies, ein beliebtes Fotomotiv für viele Touristen.

2010 Beim Regierungswechsel wird der Konservative David Cameron zum Premierminister ernannt. – Im November ereignen sich mehrfach gewaltsame Studentenproteste wegen steigender Studiengebühren.

2011 Am 29. April findet die Vermählung von Prinz William und Kate Middleton statt.

2012 Jahr der Großereignisse: London feiert das 60. Thronjubiläum der Queen und ist Austragungsort der Olympischen Sommerspiele. Prinzessin Kate gibt ihre Schwangerschaft bekannt.

PUBLIC
UNDERGROUND
SUBWAY

Unterwegs

Den Puls der Großstadt erspürt man am Piccadilly Circus mit seinen Leuchtreklamen ganz besonders intensiv

Das Herz von Westminster: Whitehall bis St. James's – Paläste der Macht

Westminster ist für viele gleichbedeutend mit dem Regierungsviertel Londons: **Whitehall** hinauf und die **Mall** hinunter, von den **Houses of Parliament** bis zum Buckingham Palace. Alle wichtigen Ministerien sind hier angesiedelt, ebenso wie der Amtswohnsitz des Premierministers in **Downing Street No. 10**. Eigentlich erstreckt sich die City of Westminster von der Themse im Süden bis nach Hampstead im Norden und von der City of London im Osten bis nach Kensington im Westen. Westminster war ursprünglich Londons ›zweite Stadt‹, ein weiteres Machtzentrum neben der City. Zurück geht diese Trennung auf Edward the Confessor, der Mitte des 11. Jh. mit dem Bau von **Westminster Abbey** begann. Im Palace of Westminster nebenan tagte nach der Unterzeichnung der Magna Charta 1215 auch das Parlament. Rund 500 Jahre lang diente er als königliche Residenz, ehe der Hof nach Whitehall Palace (1698 abgebrannt), St. James's Palace und schließlich **Buckingham Palace** übersiedelte. Das heutige Parlamentsgebäude, der neue Palace of Westminster (Mitte des 19. Jh.), erhebt sich an der Stelle des ursprünglichen Palastes.

1 Big Ben

TOP TIPP *Ein Glockenturm, der für viele den Herzschlag Londons, wenn nicht der britischen Demokratie symbolisiert.*

Houses of Parliament,
Bridge Street, SW1
U-Bahn Westminster

Big Ben ist das Londoner Wahrzeichen schlechthin. Ursprünglich trug aber nicht der Turm selbst, sondern nur die 16 t schwere **Turmglocke** diesen Namen. Seit 1858 schlägt sie den Londonern die Stunde. Als Pausenzeichen des BBC World Service ist ihr Läuten weltberühmt. Aus Anlass des Diamantenen Thronjubiläums der Queen im Jahr 2012 tauften Britanniens Parlamentarier den Uhrturm Elizabeth Tower – gleichwohl dürfte er als Big Ben bekannt bleiben.

Von wem die Glocke ihren volkstümlichen Namen hat, ist leider nicht eindeutig überliefert. Sir Benjamin Hall, damals für öffentliche Gebäude zuständiger Staatsdiener, mag hier Pate gestanden haben. Als Alternative wird der ebenso gewichtige wie populäre viktorianische Boxer Benjamin Caunt gehandelt.

Neben Big Ben gibt es vier weitere Glocken im Turm. Ihr *Glockenspiel* geht auf die Arie »I know that my Redeemer liveth« aus Georg Friedrich Händels ›Messiah‹ zurück. Aufmerksame Passanten können nachts an der *Lampe* über dem Zifferblatt erkennen, ob die Parlamentarier schon Feierabend gemacht haben. Solange das Licht brennt, dauern die Parlamentssitzungen an.

Bei Tage wird übrigens am Victoria Tower, dem trutzigen Gegenstück zu Big Ben, der ›Union Jack‹ gehisst, wenn drinnen Ministerköpfe rauchen.

2 Houses of Parliament

Von den beiden Türmen Big Ben und Victoria Tower begrenztes Parlamentsgebäude im neogotischen Stil.

Parliament Square, SW1
Zugang über St. Stephen's Entrance in der St. Margaret Street
Tel. 087 09 06 37 73
www.parliament.uk
Während der Sitzungen sind die Public Galleries geöffnet – House of Commons, Mo/Di 14.30–22.30, Mi 11.30–19.30, Do 10.30–18.30, Fr 9.30–15 Uhr. – House of Lords, Mo/Di 14.30–22, Mi 15–22, Do 11–19.30, Fr ab 10 Uhr. Während der sitzungsfreien Zeit alle 15 Minuten Führungen (75 Min.): Mitte Juli–Anf. Aug./Mitte Sept.–Mitte Okt. Mo/Di, Fr/Sa 9.15–16.30, Mi/Do 13.15–16.30, Sept./Okt Mo, Fr/Sa 9.15–16.30, Di–Do 13.15–16.30 Uhr, Tickets im Ticket Office am Jewel Tower oder Tel. 084 48 47 16 72, www.ticketmaster.co.uk
U-Bahn Westminster

Weithin sichtbar ragen die Houses of Parliament am Ufer der Themse empor. Nirgendwo sonst wird das Selbstbewusstsein der britischen Demokratie so sichtbar wie hier.

Geschichte Seit der Zeit von Edward the Confessor (reg. 1042–66) befindet sich hier das Nervenzentrum der englischen Politik. Er nämlich verließ seinen Palast innerhalb der Stadtmauern der City und siedelte seinen Königshof auf der sumpfigen Insel *Thorney Island* an, gleich neben der von ihm errichteten vornehmen

Imposant und schön zugleich – die Houses of Parliament überstrahlen die Daneben steht die Westminster Bridge

Benediktinerabtei Westminster (= westliches Münster). Auch für die Normannen, die England unter William the Conqueror 1066 eroberten, blieb dieser Palace of Westminster die Königsresidenz. Seit der Unterzeichnung der Magna Charta durch John Lackland im Jahr 1215 traf sich auch die Standesvertretung des Königsreichs in dem Palast, um ihre Interessen gegenüber Ihrer Majestät durchzusetzen.

Erst nach Verlegung des Königshofes nach *Whitehall* im Jahr 1512 war der Palast ausschließlich den Parlamentariern vorbehalten. Sie waren schon damals in zwei Kammern getrennt. Und während die Lords traditionell in der gigantischen Westminster Hall, dem größten englischen Rittersaal der Zeit, zusammentrafen, mussten die Commoners mit dem Provisorium der *St. Stephen's Chapel*, der alten königlichen Kapelle, vorlieb nehmen. Ihre für die Parlamentarier nur behelfsmäßige Raumaufteilung dient noch heute als Grundriss für das House of Commons.

Nachdem eine Feuersbrunst an einem schwarzen Oktobertag im Jahr 1834 den alten *Palace of Westminster* fast völlig zerstört hatte, erhielt der Architekt Sir Charles Barry den Zuschlag für die Planung eines neuen Parlamentsgebäudes. Zu seinen Aufgaben gehörte auch, die Überreste des Palace of Westminster harmonisch mit den Neubauten zu verbinden. Deshalb entschied er sich für einen Entwurf im Stil der Neogotik, der auf mittelalterliche Architekturformen Bezug nahm. Augustus Pugin, ein exzentrisches Genie und einer der bekanntesten Experten für gotische Baukunst, zeichnete für die Innenausstattung des neuen Palace of Westminster verantwortlich. Unter großer Anteilnahme des Prinzgemahls Albert wurde der Bau 1840–88 vollendet.

Besichtigung Den schönsten Blick auf die Fassade der Houses of Parliament hat man vom jenseitigen Ufer der Themse aus. Der lang gestreckte Bau besteht aus goldbraunem Yorkstein. Seine strenge Gliederung lockerte Barry geschickt durch die Türme **Big Ben [1]** und **Victoria Tower [2]** auf.

Besucher betreten das Parlament auf der von der Themse abgewandten Westseite des Gebäudes durch den St. Stephen's Entrance. Er befindet sich im Norden des **Old Palace Yard [3]**. Der Rundgang führt zunächst in die **St. Stephen's Hall [4]**, eine lange, gewölbte Halle, deren Mosaike und Wandmalereien die Geschichte der Gründung der Kapelle durch König Stephen, den vorletzten angelsächsischen König Englands darstellen.

Durch sie gelangt man in die achteckige **Central Lobby [5]**, das Herzstück des Parlamentsgebäudes. Hier treffen die beiden Sphären des Ober- und Unterhauses aufeinander, hier findet der Kontakt zum Bürger statt, denn in der Lobby kommen die Wähler mit ihren Abgeord-

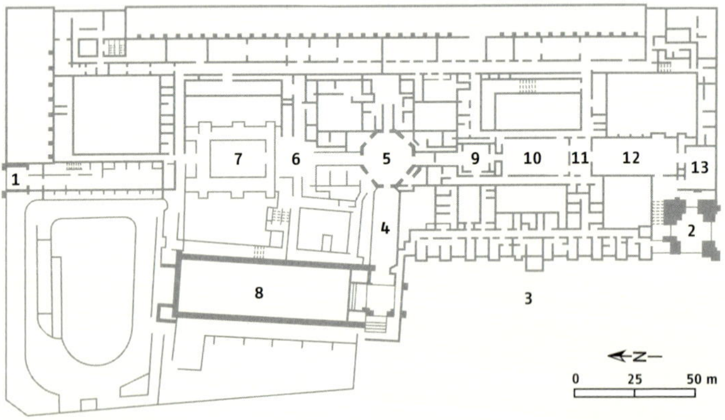

2 Houses of Parliament

1 Big Ben
2 Victoria Tower
3 Old Palace Yard
4 St. Stephen's Hall
5 Central Lobby
6 Common's Lobby
7 House of Commons
8 Westminster Hall
9 Peers' Lobby
10 The House of Lords
11 Prince's Chamber
12 Royal Gallery
13 The Queen's Robing Room

Im House of Lords sitzen die Abgeordneten seit jeher auf mit rotem Leder bezogenen Bänken

neten zusammen, wenn sie das jeweilige Member of Parliament mit Fragen und Problemen aufsuchen möchten. Auch diesen Raum schmücken zahlreiche *Statuen* von Politikern des 19. Jh. sowie ein *Deckenmosaik*, auf dem die Schutzheiligen von England, Schottland, Irland und Wales abgebildet sind.

Linker Hand geht es zur **Commons' Lobby [6]** und dem **House of Commons [7]**. Sie sind Nachbauten aus dem Jahr 1950, denn dieser Teil des Parlamentsgebäudes fiel 1941 einem deutschen Bombenangriff zum Opfer. Obwohl man sich weitgehend an den alten Plänen der beiden ursprünglichen Baumeister orientierte, will der Neubau einem Vergleich nicht so recht standhalten.

Wenn sich die Abgeordneten versammeln, sitzen sich Kabinett und Schattenkabinett auf grünen Bänken (die traditionelle Farbe der Commons) gegenüber. Zwei rote Linien trennen die Parteien voneinander. Ihre Entfernung entsprach ursprünglich zwei Degenlängen. Auch während hitziger Debatten dürfen sie keinesfalls überschritten werden.

Die Debatten in Ober- und Unterhaus stehen Besuchern offen. Um eine Zulassungskarte für die ›Public Galleries‹ zu bekommen, sollte man sich rechtzeitig vor dem St. Stephen's Entrance anstellen.

Neben der Krypta der St. Stephen's Chapel und dem Jewel Tower überstand nur die von William Rufus, Sohn von William the Conqueror, errichtete **Westminster Hall [8]** den Brand von 1834 nahezu unversehrt. Sie gehört damit zu den wenigen noch bestehenden Gebäudeteilen des ursprünglichen Palace of Westminster. Zwar musste Barry einige Änderungen vornehmen, doch im Wesentlichen ist das mittelalterliche Monumentalbauwerk mit der 660 t schweren, eindrucksvollen eichenen *Stichbalkendecke* – ein Meisterwerk der englischen Gotik – im Original erhalten. In der Halle fanden die großen *Gerichtsprozesse* statt. Hier wurde Charles I. ebenso zum Tode verurteilt wie Guy Fawkes, der Verschwörer, der im Jahre 1605 mit seinem ›Gunpowder Plot‹ versucht hatte, das englische Parlament in die Luft zu sprengen. Der etwas düstere Saal, entlang dessen Wänden sich die überlebensgroßen *Statuen* der englischen Könige aneinanderreihen (sie entstammen einer Serie, die 1385 angefertigt wurde), wird heute zur Aufbahrung verstorbener Mitglieder des Königshauses oder anderer Persönlichkeiten des öffentlichen Lebens genutzt.

Zurück zur Central Lobby: Hält man sich dort rechts, so geht es in die wunderschön geflieste **Peers' Lobby [9]** und schließlich ins Oberhaus, **The House of Lords [10]**. Das Meisterwerk Pugins blieb erhalten. Bemerkenswert sind die Eichenpaneele, die Spitzbogenfenster mit Buntglasscheiben und die sechs Fresken großer englischer Künstler (Dyce, Cope, Horsley und Maclise) halten Meilensteine der britischen Geschichte fest. Fast die gesamte Rückwand nimmt der üppig ziselierte Königsthron ein. Davor liegt der rote *Wollsack*. Der Sitzplatz des Lord Chancellor ist mit Wolle aus England, Schottland, Wales und Irland gefüllt. Auch die Sitzbänke für die Lords sind rot gepolstert. Die 18 *Bronzestatuen* stellen die Barone dar, die 1215 King John zwangen, die *Magna Charta libertatum* zu unterzeichnen.

Durch die **Prince's Chamber [11]**, den Vorraum für die ›Peers‹ mit Porträts von Henry VIII. und seinen Frauen (von Frederick Crace) gelangt man in die **Royal Gallery [12]** mit den beiden riesigen Fresken von Daniel Maclise: ›Der Tod Nelsons‹ und ›Wellington und Blücher nach der Schlacht von Waterloo‹.

Bei der alljährlichen Parlamentseröffnung betritt die Königin die Houses of Parliament durch den Haupteingang am **Victoria Tower [2]**. Von der normannischen Vorhalle mit wunderschönen Glasfenstern und Schnitzereien begibt sie sich dann über die königliche Treppe in ihr Ankleidezimmer, **The Queen's Robing Room [13]**, wo sie Krone und Zepter sowie ihr Staatsgewand vorfindet.

3 Jewel Tower

Trutziges Relikt des mittelalterlichen Königspalastes mit kleiner Ausstellung zur Parlamentsgeschichte.

Abingdon Street, SW1
Tel. 020/72 22 22 19
www.english-heritage.org.uk
April–Okt. tgl. 10–17,
Nov.–März tgl. 10–16 Uhr
U-Bahn Westminster

Die drei Stockwerke des Jewel Tower bestehen aus grauem Sandstein, durch schmale Fenster blickten einst die Wachleute nach draußen. Sie hüteten in dem 1365/66 vermutlich von Henry Yevele erbauten Turm das Privatvermögen Edwards III. Neben der Westminster Hall in den Houses of Parliament ist er der einzige Überrest des im Feuer von 1834 untergegangenen Palace of Westminster.

In den von kunstvoll verzierten Decken überwölbten Räumen lässt die Ausstellung *Parliament Past and Present* die Geschichte der britischen Demokratie Revue passieren. Die Sammlung von Gewichten im zweiten Stock erinnert an das Eichamt, das von 1869 bis zum Ende der 1930er-Jahre im Turm ansässig war.

Bei der Parlamentseröffnung sitzt die Queen auf dem von goldenen Statuen flankierten Thron

Westminster Abbey ist als Krönungskirche der Royals Inbegriff der britischen Tradition

4 Westminster Abbey

TOP TIPP

Britische Krönungskirche, deren Schicksal eng mit der Geschichte des Landes verknüpft ist.

Dean's Yard, SW1
Tel. 020/72 22 51 52
www.westminster-abbey.org
Kirche Mo/Di, Do/Fr 9.30–16.30, Mi 9.30–19, Sa 9.30–14.30 Uhr, letzter Einlass 1 Std. vor Schließung
Museum tgl. 10.30–16 Uhr
U-Bahn Westminster oder St. James's Park

Westminster Abbey ist mit ihren gewaltigen Maßen, den Türmen und seiner markanten Fassade ein Meisterwerk der Gotik. Offiziell heißt die Kirche ›The Collegiate Church of St. Peter at Westminster‹. Sie ist dem Apostel Petrus geweiht und ist als eine der insgesamt zwölf Royal Peculiars dem Königshaus direkt unterstellt.

Geschichte Schon im 7. Jh. soll hier der angelsächsische König Sebert auf der sumpfigen Thorney Island eine Kirche gegründet haben. Fest steht, dass Edward the Confessor Mitte des 11. Jh. den Neubau einer **Klosterkirche** in Auftrag gab, die an dieser Stelle errichtet und kurz vor seinem Tod geweiht wurde. William the Conqueror wurde dort 1066 zum König gekrönt, wie fast alle britischen Monarchen nach ihm. Auch die meisten königlichen Hochzeiten und Trauerfeierlichkeiten finden in Westminster Abbey statt. Der Wunsch Henrys III., eines großen Verehrers von Edward the Confessor, seinem Vorbild eine würdige Grabstätte zu schaffen, gab 1245 den Anstoß zum Bau der jetzigen, von der französischen Gotik der Kathedralen von Reims und Amiens inspirierten Kirche. Sie blieb **königliche Grablege** bis 1760, dem Todesjahr von George II. Seither werden die Monarchen auf dem Gelände von Windsor Castle beigesetzt.

Henry III. ließ 1245 einen Teil der bestehenden normannischen Kirche abreißen, und bis Ende des 13. Jh. wurden in dieser ersten großen Bauphase die Seitenschiffe, der Kapitelsaal und ein Teil des Haupthauses fertiggestellt. Für Edward the Confessor war ein großartiger Schrein errichtet worden. Nach dem Tod Henrys III. (1272) ruhten die Bauarbeiten mehr oder weniger bis zur Mitte des 14. Jh., als Richard II. eine größere Summe Geldes für den Weiterbau zur Verfügung stellte. Der mittlerweile zuständige Baumeister Henry Yevele hielt sich weitgehend an die Pläne seines Vorgängers Henry of Reynes. 1399 schließlich waren die Arbeiten am Langhaus abgeschlossen. Anfang des 16. Jh. wurde das Deckengewölbe von Islip fertiggestellt und mit dem Bau der Kapelle Henrys VII. begonnen. Mitte des 18. Jh. fügte Nicholas Hawksmoor, ein Schüler von Sir Christopher Wren, die beiden quadratischen Türme an der Westseite hinzu.

Damit war ein Bauwerk vollendet, dessen Errichtung sich über fünf Jahrhunderte hingezogen hatte: eine Abteikirche in der Form eines lateinischen Kreuzes, ein gotisches Meisterwerk mit dem höchsten Kirchenschiff (34 m) in England. Die Länge des Haupthauses beträgt 156 m, das Querschiff misst stolze 61 m.

Besichtigung Das eher gedrungen wirkende **Hauptportal [A]** befindet sich an der Westseite. Seit 1998 erinnern zehn Gedenkstatuen über dem Portal an Mär-

4 Westminster Abbey

- **A** Hauptportal
- **B** Nördliches Querschiff
- **C** Südliches Querschiff
- **D** Chapel of Henry VII.
- **E** Kreuzgang
- **F** Chapter House
- **G** Dean's Yard

- **1** Lettner
- **2** William Pitt d.J.
- **3** St. George's Chapel
- **4** Grab des Unbekannten Soldaten
- **5** Richard II.
- **6** Socialists' Corner
- **7** Charles Barry, George Gilbert Scott, Robert Stephenson
- **8** Charles Darwin
- **9** Ben Jonson
- **10** William Congreve
- **11** Statesmen's Aisle
- **12** Chapel of St. Andrew/ Chapel of St. Michael/ Chapel of St. John the Evangelist
- **13** Geoffrey Chaucer
- **14** Edmund Spenser
- **15** William Shakespeare
- **16** St. Faith Chapel
- **17** Sanktuarium
- **18** Hochaltar
- **19** Edmund Crouchback
- **20** Aymer de Valence
- **21** St. Edward's Chapel
- **22** Henry V. Chapel
- **23** Chapel of Abbot Islip
- **24** Chapel of St. John the Baptist
- **25** St. Paul's Chapel
- **26** St. Nicholas' Chapel
- **27** St. Edmund's Chapel
- **28** Henry VII. und Elizabeth of York
- **29** Elizabeth I./Mary I.
- **30** Innocents' Corner
- **31** Mary Stuart
- **32** Royal Air Force Chapel
- **33** Chapel of the Pyx
- **34** Westminster Abbey Museum

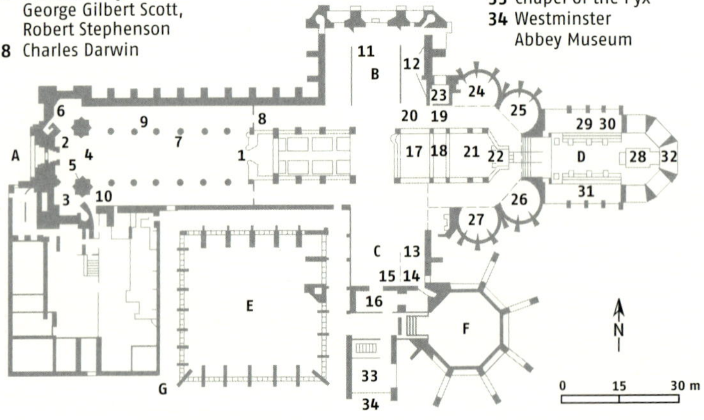

Das Langhaus von Westminster Abbey schließt der Lettner mit seinem Chorgestühl ab

tyrer des 20. Jh., u.a. an den deutschen evangelischen Theologen Dietrich Bonhoeffer, der 1945 im KZ-Flossenbürg hingerichtet wurde. Darüber öffnet sich, anstelle der sonst üblichen Rosette, ein mächtiges, in der Gestaltung schlichtes *Spitzbogenfenster* mit Kleeblattfriesen. Ein einfacher Giebel bekrönt diesen zentralen Teil der **Westfassade**, ein Bindeglied zwischen den beiden Türmen, die ihren Abschluss in einer durchbrochenen Balustrade finden, aufgelockert durch jeweils vier spitze Ecktürmchen.

Betritt man die Kirche, so ist der erste Eindruck von unendlicher Weite und Höhe schier überwältigend. Nur der reich skulptierte neogotische **Lettner [1]** in der Mitte des Kirchenschiffs bildet eine optische Zäsur. In den beiden Nischen an den Seiten der Trennwand liegen Isaac Newton (links) und Lord Stanhope (rechts) begraben.

Das hoch aufstrebende **Mittelschiff** ist begrenzt von Pfeilern aus poliertem, grün schimmerndem Purbeck-Marmor, die oben in fein gestabte Arkadenbögen aus weißem Marmor übergehen. Der dreizonige *Wandaufbau* besteht im unteren Teil aus Pfeilern und Scheidbögen, oberhalb der Seitenschiffe verläuft ein Triforium (Galerie) und schließlich im Oberteil das *Clerestory* (von clear story = helles Geschoss), das Fenstergeschoss. Originell ist die *Deckengestaltung*: Dort treffen sich jeweils die Rippen zweier Gewölbefächer und münden am höchsten Punkt des Kirchenschiffs in eine Reihe goldener Bossen, die die gesamte Längsachse der Decke durchzieht. Die prächtigen Kristallüster sind ein Geschenk der Familie Guinness zum 1965 begangenen 900. Gründungsjahr der Abbey. Auch die Seitenschiffe und Radialkapellen überspannen Fächergewölbe.

Die Vielzahl der **Grabmäler** (400), **Epitaphe** (3000) und **Statuen** in der Abbey ist kaum überschaubar und stellt neben den architektonischen Attraktionen einen Hauptanziehungspunkt für Besucher dar. Nur die wichtigsten können hier angesprochen werden.

Unterhalb des riesigen Westfensters mit den Figuren verschiedener Propheten ehrt ein Denkmal den Staatsmann **William Pitt d. J. [2]** (1759–1806). Es rahmt das Westportal und wirkt wie ein Flügelaltar mit Figurenaufsatz. Rechts vom Eingang liegt die **St. George's Chapel [3]**, das ehem. Baptisterium. Sie ist heute den Gefallenen des Ersten Weltkrieges geweiht. Hinter dem Hauptportal erinnert eine schlichte, in den Boden eingelassene Marmorplatte an den früheren Premierminister *Winston Churchill* (1874–1965). Daneben steht das Grab des **Unbekannten Soldaten [4]**, in dem ein im Ersten Weltkrieg gefallener englischer Soldat in flandrischer Erde ruht. Das an einem Pfeiler neben der St. George's Chapel angebrachte Porträt **Richards II. [5]** aus dem Jahr 1398 (vermutlich von dem französischen Hofmaler André Beauneveu de Valenciennes) gilt als das älteste englische Königsporträt. Links neben dem Eingang würdigen Platten und Gedenksteine in der **Socialists' Corner [6]** bedeutende Sozialisten. Weiterhin befinden sich im Mittelschiff **Gedenkplatten [7]** für die Architekten *Sir Charles Barry* und *Sir George Gilbert Scott*, den Ingenieur *Robert Stephenson* sowie die Politiker *Bonar Law* und *Neville Chamberlain* – um nur einige zu nennen.

In das **nördliche Seitenschiff** fällt das Tageslicht durch die ›Comper Windows‹. Anfang des 20. Jh. schuf Sir John Ninian Comper die acht großartigen *Glasmalereien*. Sie stellen jeweils einen Monarchen und den zu seiner Zeit amtierenden Abt von Westminster dar. Unterhalb befinden sich Grabsteine und Denkmäler, eine Gedenktafel für den Begründer der Evolutionslehre, **Charles Darwin [8]**, und im *Musicians' Corner* die Gräber berühmter Musiker und Komponisten, darunter Orlando Gibbons, Henry Purcell, William

Auf seine Hauptwerke gestützt, blickt Isaac Newton von seinem Monument herab

Croft und Benjamin Britten. An der Westseite trifft man auf das Grab des Hofdichters **Ben Jonson [9]**. Er wurde in aufrechter Stellung beigesetzt, um Platz und somit Kosten für die Grabstelle zu sparen.

Im **südlichen Seitenschiff** sind Wandgemälde aus dem späten 13. Jh. angebracht, den hl. Christophorus und den ungläubigen Thomas darstellend. Außerdem sind hier Abbot's Pew, eine kleine, aus dem 16. Jh. stammende *Eichengalerie*, erbaut von dem Abt John Islip, sowie Büsten und Denkmäler verdienter Offiziere, Theologen, Pädagogen, Künstler und Literaten zu finden. Skandalumwoben ist das Denkmal für den Komödienautor der Restaurationszeit **William Congreve [10]**, errichtet von einer verheirateten Verehrerin, Henrietta, Duchess of Marlborough, die Congreves gesamtes Vermögen erbte.

Weitergeführt wird die Parade der Gedenktafeln für die Großen und Berühmten der Nation in den beiden Querschiffen. Im **nördlichen Querschiff [B]**, unter der eindrucksvollen gotischen Fensterrose mit Darstellungen von Evangelisten und Aposteln, verläuft die **Statesmen's Aisle [11]**. Angeführt von einem gigantischen Monument für *William Pitt d. Ä.*, gefertigt aus weißem Marmor, versammeln sich hier Politiker und Militärs, Kleriker und Adelige. Unter ihnen Peel, Palmerston, Disraeli, Gladstone und Asquith. An der Ostseite des nördlichen Querschiffes bergen drei kleine **Kapellen [12]** – Chapel of St. Andrew, Chapel of St. Michael und Chapel of St. John the Evangelist weitere Grabmälern.

Die *›Poets' Corner‹* im **südlichen Querschiff [C]** ist für viele Besucher der attraktivste Teil der Kirche. **Geoffrey Chaucer [13]** war der erste Dichter, der hier begraben wurde (um 1400). Nach ihm kam **Edmund Spenser [14]**, dessen trauernde Kollegen ihre Schreibfedern in sein Grab geworfen haben sollen. Seither ist das südliche Querschiff mit zahlreichen Gräbern und Gedenktafeln den großen Literaten des Landes gewidmet. Zu ihnen gehören auch **William Shakespeare [15]**, Milton, Gray, Coleridge, Wordsworth, Shelley, Byron, Keats, John Ruskin, Jane Austen, die Brontës, Thackeray, Dickens, Kipling, T. S. Eliot, Dylan Thomas und W. H. Auden. Bemerkenswert sind im südlichen Querschiff auch die *Engelsfiguren* aus dem 13. Jh. Sie sind in Höhe des Triforiums angebracht und gelten als die großartigsten aus dieser Zeit erhaltenen

Einer architektonischen Spitzendecke gleicht das Gewölbe der Chapel of Henry VII.

Skulpturen Englands. Der Eingang darunter führt in die **St. Faith Chapel [16]**, die dem stillen Gebet vorbehalten ist.

Östlich der Vierung blickt man in das dem Altar zugewandte **Sanktuarium [17]**. Hier findet die Krönungszeremonie statt. Der reich skulptierte **Hochaltar [18]** ist ein Werk von Sir Gilbert Scott (1867): über einem Fries mit Szenen aus dem Leben Christi im Zentrum stellt ein Glasmosaik das Letzte Abendmahl dar. Es stammt aus der venezianischen Glasfabrik Salviati. Der marmorne *Mosaikfußboden* aus dem 13. Jh. ist leider oft unter einem Teppich verborgen. Über den Holzbänken hängen zwei Königsporträts. Dargestellt sind vermutlich Edward I. und Henry III. An der Nordseite des Altarraumes ruhen seit dem 13./14. Jh. **Edmund Crouchback [19]** (der Bucklige), Earl of Lancaster und Bruder Edwards I., seine Gattin Aveline sowie ein Cousin der Brüder, **Aymer de Valence [20]**. Die Liegefiguren auf ihren Gräbern werden von steinernen Spitzenbaldachinen überwölbt.

In der **St. Edward's Chapel [21]** unmittelbar hinter dem Altarraum steht der 1270 fertig gestellte Heiligenschrein des Königs. Im Mittelalter war er Ziel vieler Pilger. Neben dem Schrein sind weitere Königsgräber zu sehen, großteils mit kunstvollen Liegefiguren geschmückt. Hier ruhen Edward I. und seine Gemahlin Eleonore von Kastilien, ferner Henry III. und Edward III. mit seiner Frau Philippa von Hainault sowie Richard II. Das Fries an der Altarrückwand zeigt Szenen aus dem Leben Edwards.

Gleich im Anschluss nach Osten hin liegt die **Henry V. Chapel [22]** mit einem in Eiche geschnitzten Abbild des Königs auf dessen Marmorgrab. Hier steht der hölzerne, von vier vergoldeten Löwen getragene Krönungsstuhl. Walter of Durham schuf diesen Thron im 13. Jh. Unter seinem Sitz ist eine Aussparung für den ›Stone of Scone‹ zu erkennen. Er war Krönungssitz aller schottischen Herrscher bis 1296. Dann erbeutete ihn der englische König Edward I. Er brachte ihn als Zeichen seiner Hoheit über Schottland in die Westminster Abbey. 1996 kehrte der Stein in den Norden zurück und befindet sich nun im schottischen Edinburgh Castle. Bei der nächsten Krönung eines britischen Königs wird er kurzzeitig an die Themse zurückkehren.

Von den drei nördlichen **Radialkapellen** ist eine dem **Abt John Islip [23]** geweiht, während dessen Amtszeit der Bau der Abbey entschieden vorangetrieben wurde. Darüber hinaus würdigt sie alle Menschen in Pflegeberufen. Die nächste, etwas größere Kapelle weihte man **St. John the Baptist [24]**, die nachfolgende **St. Paul [25]**. – Auch diese beiden sind bestückt mit Grabmälern, Skulpturen und Monumenten, desgleichen die Pendants an der Südseite der Abbey, für die St. Benedict, St. Edmund und St. Nicholas die Namenspatrone waren. Herausragend sind hier das vielfarbige *Marmormonument* in der **St. Nicholas' Chapel [26]**, das Lord Burleigh Ende des 16. Jh. für seine Frau und seine Tochter errichten ließ, sowie in der **St. Edmund's Chapel [27]** das *Grabmal* für Eleanor, Duchess of Gloucester, und das für William de Valence, Lord of Pembroke.

Den östlichen Abschluss der Abtei bildet die 1503–19 von Robert Vertue erbaute **Chapel of Henry VII. [D]**, ein Meisterwerk des Perpendicular Style. Seit 1725 versammeln sich die Ritter des ›Most Honourable Order of the Bath‹ unter dem Fächergewölbe der Kapelle. Mit den beiden Seitenschiffen und umlaufenden Kapellen ist die Chapel fast schon eine Kirche für sich. Auch sie ist Grablege ihres königlichen Auftraggebers. *Henry VII.* ruht hier zusammen mit seiner Gattin *Elizabeth of York* – die Ehe verband die Häuser Lancaster und York und beendete die Rosenkriege – in einem Sarkophag aus schwarzem Marmor; die beiden goldbronzenen **Liegefiguren [28]**, bewacht von Cherubinen und Löwen, wurden von Pietro Torrigiani gefertigt. Ebenfalls im Mittelschiff ruhen Edward VI. und George II. Im nördlichen Seitenschiff findet sich das **Doppelgrab [29]** für *Elizabeth I.* und ihre katholische Halbschwester und Thronvorgängerin *Mary I.*, im Tode vereint. Östlich davon liegt **Innocents' Corner [30]** mit den rührenden Kindergräbern der beiden Töchter von James I., Sophia und Mary.

Das gegenüberliegende Seitenschiff schließlich birgt die Gebeine der stolzen Schottenkönigin **Mary Stuart [31]**. Das bombastische Grabmal ähnelt stilistisch dem von Elizabeth I. und wurde wie dieses von Jacob I. errichtet. Weiterhin ruhen hier Lady Margaret Beaufort, Mutter Henrys VII., das Königspaar William und Mary sowie Queen Anne. Insgesamt sind rund 100 Denkmäler und Grabstätten in der Kapelle versammelt.

Im äußersten Osten von Westminster Abbey, dort, wo Oliver Cromwell bis zur Exhumierung bestattet war, ist die **Royal Air Force Chapel [32]** den Piloten der britischen Luftwaffe gewidmet, die 1940 in der ›Battle of Britain‹ mitgekämpft haben. Die eindrucksvollen Abzeichen ihrer Geschwader schmücken das große Buntglasfenster von Hugh Easton.

Durch eine Pforte im südlichen Seitenschiff der Abbey gelangt man in den **Kreuzgang [E]**. Auf demselben Weg erreicht man die **Chapel of the Pyx [33]**. In der einstigen königlichen Schatzkammer steht der älteste Altar der Kirche. In der *Norman Undercroft*, der normannischen Krypta, zeigt das **Westminster Abbey Museum [34]** Abbilder vieler englischer Könige und Skulpturen aus dem 12. Jh. Sehenswert ist auch das lichtdurchflutete, achteckige **Chapter House [F]**, dessen Rippengewölbe von einem einzigen Pfeiler mit mehreren Schäften getragen wird und das früher den Mönchen als Versammlungsort diente. Von der Südwestecke des Kreuzgangs gelangt man in den **Dean's Yard [G]**, der der älteste Garten Englands sein soll.

St. Margaret's Church ist die kleine Schwester der Westminster Abbey nebenan

5 St. Margaret's Church

Neben Westminster Abbey gelegene Pfarrkirche der Unterhausmitglieder.

Parliament Square/
St. Margaret Street, SW1
Tel. 020/76544840
www.westminster-abbey.org/st-margarets
Mo–Fr 9.30–15.30, Sa 9–13.30, So 14–17 Uhr
U-Bahn Westminster

Nur wenige Schritte von Westminster Abbey entfernt steht die deutlich kleinere, ebenfalls im gotischen Stil gehaltene St. Margaret's Church. Die Mönche der Westminster Abbey ließen sie erbauen, weil sie während ihrer Gottesdienste nicht von den Bürgern der Ortschaft Westminster gestört werden wollten.

Der aktuelle Bau entstand ab 1482. Seit 1614 versammeln sich die Parlamentarier des Unterhauses hier zum Gebet. Sie zogen den nüchternen Gottesdienst in St. Margaret's der stark ritualisierten, noch vom verhassten katholischen Glauben geprägten Messe in der Abbey vor. Seither ist die vorderste Bank dem Mr. Speaker vorbehalten und St. Margaret's die Kirche des Unterhauses.

Meisterhafte flämische Glasmalerei ziert das Ostfenster. Der spanische König Ferdinand schenkten es der Kirchengemeinde aus Anlass der Hochzeit seiner Tochter Katharina von Aragon mit dem Thronfolger Henry VIII. Die *Altarwand* zeigt eine holzgeschnitzte Kopie von Tizians ›Mahl zu Emmaus‹. Sir Walter Raleigh, Günstling Königin Elizabeths, soll hier nach seiner Hinrichtung begraben worden sein. Sein Kopf allerdings liegt in West Horsley, Surrey. Winston Churchill hat in St. Margaret's geheiratet, und noch heute finden hier die Hochzeiten zahlreicher Prominenter aus London und Umgebung statt.

6 Parliament Street und Whitehall

Von hier aus wird England regiert.

SW1
U-Bahn Charing Cross oder Westminster

Eine prächtige Allee, mächtige Häuserblocks mit streng klassizistischen Fassaden, Beamte und Politiker in dunklen Anzügen und meist auch eine ganze

Parliament Street und Whitehall führen vom Trafalgar Square auf Big Ben zu

Menge Touristen, das sind Parliament Street und die anschließende Whitehall. Sie verbinden die Houses of Parliament mit dem Trafalgar Square. Der Straßenname erinnert an den Königspalast *Whitehall Palace*, den ein verheerendes Feuer 1698 vernichtete.

In der Presse wird Whitehall oft mit Regierungsangelegenheiten gleichgesetzt, da hier zahlreiche Ministerien versammelt sind, allen voran das Schatzamt (Her Majesty's Treasury) am Parliament Square. In seinem Keller befinden sich die Bunker der *Churchill War Rooms* [Nr. 7]. Jenseits der Charles Street folgt das britische Außenministerium (Her Majesty's Foreign Office). Seine klassizistische Fassade orientiert sich am Vorbild römisch-antiker Architektur. Auf einer Verkehrsinsel vor dem Ministerium erhebt sich der *Cenotaph* [Nr. 8], das Denkmal für die Gefallenen der beiden Weltkriege des 20. Jh. Wenige Meter weiter zweigt Downing Street [Nr. 9] von Whitehall ab. Einige Schritte weiter folgen die Horse Guards [Nr. 10]. Gegenüber beeindruckt das Banqueting House mit seiner stilvollendet klassizistischen Architektur [Nr. 11]. Schließlich mündet Whitehall in den Trafalgar Square [Nr. 12].

7 Churchill War Rooms

Originalgetreu ausgestatteter, zum Museum umfunktionierter Kriegsbunker für Winston Churchill.

Clive Steps, King Charles Street/
Eingang Horse Guards Road, SW1
Tel. 020/79 30 69 61
www.iwm.org.uk
tgl. 9.30–18 Uhr, letzter Einlass 17 Uhr
U-Bahn Westminster oder
St. James's Park

Eigentlich ist es eine recht schaurige Angelegenheit: Eben stand man noch am Rande des St. James's Park und blickte auf die prächtige Fassade des britischen Finanzministeriums. Doch dann geht es ein paar Stufen hinunter und man befindet sich in der Kommandozentrale, die die britische Regierung während der schlimmsten Bombenangriffe des Zweiten Weltkriegs eingerichtet hatte.

In diesen *Bunkerräumen* wurden damals hochbrisante Entscheidungen getroffen. Wer heute durch die engen Gänge wandert, wird das Gefühl nicht los, Sir Winston Churchill persönlich könnte plötzlich durch eine dieser Türen treten, denn hier unten ist alles betriebsbereit. Im **Sitzungszimmer** liegen fein säuberlich Platzkarten, Tintenfässer und sonstiges Schreibmaterial auf dem Tisch, von der Decke baumeln trübe Lichtquellen, überall stehen Bakelit-Telefone, und quer verstreut liegen Churchills Zigarren. Im Flur hängen Jacken, Schutzhelme und Gasmasken griffbereit. Ganz wichtig: die ›*Hot Line*‹, die direkte Telefonverbindung zu Präsident Roosevelt, untergebracht in einer Art Besenkammer, zu verschließen mit einer ausrangierten Toilettentür. Um ungestört telefonieren zu können, musste Churchill den Hebel lediglich auf ›engaged‹, also: ›besetzt‹, schwenken. Eindrucksvoll sind auch der **Kartenraum** und die beiden winzigen **Schlafzimmer** für Churchill und seine Frau. Von dort aus hielt der Premierminister während des Krieges seine wortgewaltigen Hörfunkansprachen zur Stärkung des Durchhaltewillens der Nation.

Nebenan beschäftigt sich das **Churchill Museum** nicht nur mit der politischen Karriere des Staatsmannes, sondern auch mit seinem familiären Hintergrund und seiner künstlerischen Tätigkeit in Malerei und Literatur. Denn auch auf diesem Gebiet zeichnete Churchill sich aus: 1953 erhielt er für seine Geschichte des Zweiten Weltkriegs den Nobelpreis für Literatur.

8 Cenotaph

Kriegerdenkmal für die Gefallenen des Ersten und Zweiten Weltkriegs.

Whitehall, SW1
U-Bahn Westminster

Auf einer Verkehrsinsel in Whitehall steht Britanniens zentrale Gedenkstätte für die Toten der beiden Weltkriege des 20. Jh. Nur steinerne Lorbeerkränze an den Seiten und auf seinem Abschluss schmücken das von Sir Edwin Lutyens entworfene Denkmal, das laut Inschrift den *Glorious Dead* gewidmet ist.

Der Gedenktag an die Kriege ist der 11. November: An diesem Tag im Jahr 1918 wurde der Waffenstillstand des Ersten Weltkriegs unterzeichnet. Die offiziellen Feierlichkeiten finden allerdings am Remembrance Sunday, dem zweiten Sonntag im November, statt. Dann versammeln sich Königsfamilie und Parlamentsmitglieder zur Kranzniederlegung am Cenotaph. Anschließend zelebriert der Bischof von London einen Gottesdienst. Gewehrsalven und Blashörner markieren Anfang und Ende der zweiminütigen Schweigepause, die Punkt 11 Uhr eingelegt wird.

9 Downing Street No. 10

Der von außen eher unscheinbare Wohn- und Amtssitz des britischen Premiers.

SW1
Virtuelle Tour: www.number10.gov.uk
U-Bahn Westminster

Robert Walpole, der erste englische Premierminister, war es, der 1735 in das Haus mit der unprätentiösen Fassade einzog. George II. hatte ihm das Gebäude als Regierungsamtssitz zur Verfügung gestellt. Seither wohnen alle amtierenden Premierminister in der Nummer 10 dieses winzigen Sträßchens zwischen Whitehall und St. James's Park (es ist nach Whitehall hin abgesperrt). Namenspatron war Sir George Downing, Diplomat und Bauspekulant: Er erwarb Land in Whitehall und baute dort eine Häuserzeile, die er später dem König verkaufte.

Der äußere Schein trügt hier ganz entschieden, denn was zunächst wie ein einfaches Reihenhaus aussieht, beherbergt in Wirklichkeit mehr als 100 Räume! Darunter ist der Sitzungssaal des Kabinetts im Erdgeschoss sowie Empfangsräume mit Gemälden von Romney, Turner und van Dyck. Eine Porträtgalerie ehrt alle ehemaligen Premierminister von Robert Walpole bis Gordon Brown. Im zweiten und dritten Stock schließlich befinden sich die Wohnräume des Premiers. Nebenan in **No. 11** wohnt traditionell der Schatzkanzler. Beide Häuser sind miteinander verbunden und wurden überwiegend von Sir John Soane (1753–1837) ausgestattet. Auch die No. 12 ist ein Regierungsgebäude. Dort befindet sich das Büro des ›Party Whip‹, der für Disziplin in der jeweiligen Regierungsfraktion sorgt.

Wachablösung – die Reitergarde der Queen inszeniert vor ihrem Quartier in Whitehall regelmäßig ein prächtiges Hofzeremoniell

10 Horse Guards

Quartier und Paradeplatz der berittenen Garde der Königin.

Whitehall, SW1
Household Cavalry Museum:
Tel. 020/79 30 30 70
www.householdcavalrymuseum.co.uk
März–Sept. tgl. 10–18, Okt.–Febr. tgl. 10–17 Uhr
Changing of the Guards: Mo–Sa 11, So 10 Uhr
U-Bahn Charing Cross oder Westminster

Am oberen Ende von Whitehall, schon kurz vor dem Trafalgar Square, erstrecken sich die Horse Guards. Diese Gebäude sind Heimat der berittenen Leibgarde Ihrer Majestät. Der Architekt William Kent (1685–1748) orientierte sich bei seinen Entwürfen an der palladianischen Baukunst. Diese Spielart des Klassizismus übernahm die strenge Formgebung der römischen Antike. John Vardy verwirklichte Kents Pläne kurz nach dessen Tod. So ist auch die Fassade der Horse Guards nach Whitehall symmetrisch aufgebaut: Ihren Mittelpunkt bildet die von der Straße zurückgesetzte Toranlage mit einem Haupt- und zwei Seitentoren. Darüber erhebt sich ein Zentralturm. An der Straße stehen beiderseits des Torbaus zwei Pavillons, vor denen berittene Soldaten tagaus, tagein zwischen 10 und 16 Uhr Wache schieben. Ihre Ablösung erfolgt stündlich, die Posten im Torbogen werden alle zwei Stunden ausgetauscht.

Ein Flame in London – Rubens schuf das Deckengemälde im Banqueting House

Jenseits der Torbögen erstreckt sich **Horse Guards Parade**. Der ausgedehnte Platz wird im Westen vom St. James's Park begrenzt, auf seiner Nordseite steht der rot-weiße Prachtbau der Old Admiralty, dessen Räume das Foreign Office nutzt. Seit der Zeit Henrys VIII. dient der Platz immer wieder für Schaugefechte und Paraden. Trooping the Colour, die alljährlich am 2. Samstag im Juni stattfindende Geburtstagsparade für die Queen, führt diese Tradition fort. Die Königin nimmt als Oberkommandierende ihrer sieben Regimenter in der Uniform der Foot Guards an dem farbenprächtigen Spektakel teil.

Im nördlichen Flügel der Horse Guards befindet sich das *Household Cavalry Mu-*

seum. Seine Ausstellung zeigt Waffen der königlichen Leibgarde. Durch große Glasfenster kann man in die Pferdeställe blicken, wo Soldaten sich um ihre Rösser kümmern.

11 Banqueting House

Prachtvoller Bankettsaal aus der Stuart-Zeit mit Rubens-Decke.

Whitehall, SW1
Tel. 020/31 66 61 54
www.hrp.org.uk
Mo–Sa 10–17 Uhr, bei Events geschl.
U-Bahn Charing Cross oder Westminster

Horse Guards und Banqueting House stehen sich an Whitehall gegenüber. Beide präsentieren sich im Stil des Palladianismus, doch Banqueting House ist 130 Jahre älter. Als **Inigo Jones** es 1619–22 für den Stuart-König James I. errichtete, schuf er mit ihm das erste klassizistische Bauwerk Londons.

Streng gegliedert, klar und elegant wirkt die Fassade aus Portland-Stein. Sie wird umrankt von einem Girlandenfries und findet ihren Abschluss in einer steinernen Balustrade. Wohl um das Kernstück des Gebäudes hervorzuheben und dem lang gestreckten Bau optisch mehr Höhe zu verleihen, werden die drei mittleren der sieben Fenster von ionischen (unten) bzw. korinthischen (oben) Halbsäulen flankiert. Den äußeren Fenstern stehen Pilaster zur Seite, die die Ecken des Gebäudes doppelt betonen.

Über dem Haupteingang befindet sich eine Büste von Charles I. Der von den Revolutionären um Oliver Cromwell zum Tode verurteilte Monarch verbrachte seine letzten Stunden als Gefangener in seinem eigenen Festsaal, das Schafott stand vor der Banqueting Hall.

Als Charles noch zum Feiern zumute war, war der zweigeschossige, doppelt kubische **Bankettsaal** (17 x 34 x 17 m) Schauplatz großer Feste. Dort versammelte sich die höfische Gesellschaft zu Maskenbällen und Empfängen, es wurde getafelt und gefeiert. Auf halber Höhe gliedert eine umlaufende Galerie den Saal. Die monumentale Säulenordnung der Außenfassade wurde hier wieder aufgenommen: Ionische Säulen stützen die Galerie, von der aus korinthische Säulen nach oben zur Decke streben.

Mit ihrer Gestaltung betraute König Charles I. **Peter Paul Rubens,** den renommiertesten Maler seiner Zeit. Sein *Deckengemälde* ist eine einzige Huldigung an die Herrscher der Stuart-Dynastie. Das Bild direkt über dem Eingang zur Halle feiert die Vereinigung der Kronen von England und Schottland unter Charles' Vater, James I. Auf dem zentralen Gemälde wird James geradezu vergöttlicht, setzt er seinen Fuß doch auf einen Erdball. Die letzte Bildfolge würdigt die friedliche Regierungszeit James I. Auf diese Weise unterstreicht das Bildprogramm den Glauben des Auftraggebers an ein Königtum von Gottes Gnaden. Um das Kunstwerk vor Rauch zu schützen, verzichtete Charles fortan bei seinen Feierlichkeiten auf Kaminfeuer und Kerzen.

12 Trafalgar Square

Großräumiger Platz im Zentrum Londons, überragt von Admiral Nelson.

WC2
U-Bahn Charing Cross

Für viele Londoner schlägt am Trafalgar Square, wo Whitehall, The Mall, Charing Cross und Strand zusammentreffen, das Herz der Stadt. Der größte Platz Londons ist ein Treffpunkt im Großstadtgewimmel, und an Silvester begrüßen die Londoner hier das neue Jahr.

Der Name des Platzes ist seiner Größe angemessen. Denn er erinnert an die *Schlacht von Trafalgar*, mit der Britannien seine uneingeschränkte Herrschaft über die Weltmeere für über ein Jahrhundert sicherte. Admiral Horatio Viscount Nelson (1758–1805), der größte Seeheld der Nation, führte die Flotte zum Sieg über das napoleonische Frankreich und verlor in der Schlacht sein Leben.

Seit dem Jahr 1843 steht seine Statue nun auf einer 55 m hohen korinthischen Granitsäule. Nach einem Entwurf von William Railton wurde sie in dreijähriger Arbeit errichtet und anschließend Nelsons *Steinstatue* von E.H. Bailey aufgesetzt. Ihr Blick geht nach Süden, in Richtung Admiralität.

Die vier *Bronzereliefs* am Fuß der Säule, gefertigt aus erbeuteten französischen Kanonen, stellen die Schlachten um St. Vincent, am Nil und in Kopenhagen sowie den Tod Nelsons dar. 1868 kamen die von dem viktorianischen Bildhauer Sir Edwin Landseer entworfenen vier bronzenen *Löwen* dazu, die dem Admiral zu Füßen liegen. Die zwei Brunnen beiderseits der Statue wurden 1939 von Sir Edwin Lutyens geschaffen und nach dem Weltkrieg mit Tritonen geschmückt.

Repräsentative Gebäude umgeben den Platz: Im Norden steht die National Gallery [Nr. 13]. Rechts von der Freitreppe, die zu ihr hinaufführt, blicken die Büsten der Admiräle Jellicoe, Cunningham und Beatty zu ihrem ruhmreichen Kollegen Nelson auf. Nebenan erhebt sich die National Portrait Gallery [Nr. 14]. Jenseits von Charing Cross befindet sich die ehrwürdige Kirche St. Martin-in-the-Fields [Nr. 15].

Eine Plakette an der Ecke, wo Strand und Charing Cross Road auf den Platz treffen, markiert den Punkt, von dem aus alle Entfernungen für die Angaben auf Straßenschildern berechnet werden. An der gegenüberliegenden Nordmauer

Wie ein Fels in der Brandung steht die Statue Charles I. im Verkehr um Trafalgar Square

kann man die *Imperial Measures*, die Maßeinheiten für Yard, Foot und Inch, ablesen.

Den Sockel an der Nordostecke des Platzes ziert eine Reiterstatue von George IV. Den gegenüberliegenden Sockel an der Nordwestecke hat man nie endgültig vergeben. Er wird seit Jahren mit wechselnden Kunstobjekten bestückt.

13 National Gallery

Eine der bedeutendsten Gemäldegalerien der Welt.

Trafalgar Square, WC2
Tel. 020/77 47 28 85
www.nationalgallery.org.uk
Sa–Do 10–18, Fr 10–21 Uhr
U-Bahn Charing Cross

Die National Gallery zeigt Meisterwerke der europäischen Kunst von 1250 bis 1900. William Wilkins entwarf den neoklassizistischen Bau am Trafalgar Square, den eine Haupt- und zwei Nebenkuppeln konturieren. An der Ostfassade befindet sich Flaxmans ›*Minerva*‹, auf dem Rasen vor der Galerie stehen zwei *Bronzestatuen*: James II. von Grinling Gibbons und eine Marmorstatue George Washingtons. Ihr Inneres gestaltete Edward Barry.

Dem Haupteingang ist ein korinthischer Säulenportikus mit breitem Dreiecksgiebel vorgelagert. Beim Betreten der Galerie sollte man den Blick zunächst auf den Fußboden richten. Denn auf dem ersten Treppenabsatz im Vestibül illustriert ein *Mosaik* anhand geeigneter Persönlichkeiten Eigenschaften wie Humor, Mitleid, Erleuchtung oder den sechsten Sinn. Winston Churchill verkörpert die Herausforderung, Sir Osbert Sitwell die Musik, Virginia Woolf wird als Muse der Geschichte und Greta Garbo als jene der Tragödie dargestellt.

Die Sammlung ist chronologisch geordnet. Die Central Hall bildet den Auftakt mit Kunst des 16. Jh. Darunter sind Gemälde von Cranach, Holbein, Michelangelo, Tizian und El Greco.

Ein Verbindungsgang führt hinüber in den *Sainsbury Wing*. Dieser westliche Anbau ist nach den Brüdern Sainsbury benannt. Die Inhaber der gleichnamigen Lebensmittelkette stifteten den 1991 eröffneten Appendix. Besonders gelungen ist der lichtdurchflutete Treppenaufgang mit seinen dekorativen Eisenbögen.

Präsentiert wird hier die Kunst der Gotik und der Renaissance. Zu den Exponaten zählen winzige Porträts ebenso wie voluminöse Altäre. Zu den Highlights

gehören Paolo Uccellos ›Schlacht von San Romano‹, Piero della Francescas ›Taufe Christi‹ und Leonardo da Vincis ›Felsgrottenmadonna‹.

Der *North Wing* ist dem 18. Jh. gewidmet. Spitzengemälde dieses Jahrhunderts stammen von Rubens, Rembrandt, Vermeer, Velázquez, Poussin und Lorrain.

Im *East Wing* schließlich wird der Übergang vom Naturalismus zur Moderne an der Wende vom 19. zum 20. Jh. anhand von Werken von Gainsborough, Turner, Constable, Monet, Renoir, Cezanne und van Gogh beleuchtet.

14 National Portrait Gallery

Porträts berühmter Briten vom Mittelalter bis in die Gegenwart.

St. Martin's Place, WC2
Tel. 020/73 06 00 55
www.npg.org.uk
Sa–Mi 10–18,
Do/Fr 10–21 Uhr
U-Bahn Charing Cross

Einzigartig in London: In der National Portrait Gallery ist nicht der Künstler, sondern das dargestellte Sujet die Hauptattraktion. Die Gemälde, Skulpturen und Fotografien zeigen Porträts von Briten, die sich um ihr Vaterland verdient gemacht haben. Ersonnen haben die Viktorianer dieses Who's Who Britanniens in der Hoffnung, die Besucher würden sich die hier Dargestellten zum Vorbild nehmen.

Die Architektur der Galerie ist von der italienischen Renaissance beeinflusst. Die Säulen an der Eingangshalle stammen von der Fassade des Carlton House.

Ganz oben in der *2. Etage* werden in der *Tudor Gallery* die ältesten Werke der Sammlung (16. Jh.) präsentiert, darunter Holbeins Darstellung Henrys VIII. in voller Lebensgröße. Neben den Porträts großer Staatsmänner und -frauen wie Elizabeth I. findet man Literaten wie Shakespeare, Milton, Chaucer, die Romantiker Wordsworth, Coleridge, Byron und Shelley oder die Brontë-Schwestern, verewigt von ihrem Bruder Branwell Brontë.

In der 1. Etage sind die Viktorianer zu sehen: die junge Queen Victoria in der Robe, in der sie 1834 ihre Regentschaft antrat, Gladstone und Disraeli, Gilbert und Sullivan sowie Oscar Wilde. Weitere Säle sind dem 20. Jh. gewidmet. Virginia Woolf und ihre Schwester Vanessa Bell, Sir Winston Churchill und John Maynard Keynes blicken uns entgegen. Frisch und frech sind die gemalten Persönlichkeitsstudien von Paul McCartney, Prinz

Ein Tempel der Kunst ist die Londoner National Gallery mit ihren Werken Canalettos

Charles, Prinzessin Diana und Francis Bacon. Andy Warhol porträtierte sowohl Elizabeth II. als auch Elizabeth Taylor.

Gemälde des 21. Jh. füllen die Säle des Erdgeschosses mit unbekümmerter Stilvielfalt: Julien Opie inszeniert die Musiker der Band ›Blur‹ um Damon Albarn in quietschbunten Digitalbildern, Paul Emsley verewigt den Literaturnobelpreisträger V. S. Naipaul im Stil des Fotorealismus, umkleidet von mystischem Dunkel.

›Elizabeth I.‹ von Marcus Gheeraerts d. J. (um 1592) in der National Portrait Gallery

15 St. Martin-in-the-Fields

Die charaktervolle Kirche am Trafalgar Square war Vorbild für viele Kirchen im englischsprachigen Raum.

St. Martin's Place, WC2
Tel. 020/77 66 11 10
www.smitf.org
Kirchenkonzerte: Mo/Di, Fr 13, Di, Do–Sa 19.30, Mi 20 Uhr
London Brass Rubbing Centre: Mo–Mi 10–18, Do–Sa 10–20, So 12–17 Uhr
U-Bahn Charing Cross

Unmittelbar gegenüber der National Portrait Gallery steht St. Martin-in-the-Fields. Als ihr erster Vorgänger 1222 gebaut wurde, befand er sich tatsächlich noch ›in the fields‹ – also auf freiem Feld.

Diese Zeiten waren längst vorbei, als der schottische Architekt James Gibbs die Pläne für den Neubau der 1721 abgerissenen Kirche entwarf. 1726 wurde er vollendet. Mit seiner korinthischen Säulenvorhalle orientiert sich das Gotteshaus am Vorbild griechischer Tempel. Gleich über der Vorhalle erhebt sich der 56 m hohe, feingliedrige **Turm**.

Das königliche *Wappen* auf dem Dreiecksgiebel weist darauf hin, dass St. Martin-in-the-Fields die Pfarrkirche der königlichen Familie ist. So ist es auch kein Zufall, dass Kirchen in den amerikanischen Neuengland-Staaten St. Martin-in-the-Fields oft verblüffend ähnlich sehen. Denn im 18. Jh. waren die englischen Auswanderer noch königstreu und orientierten sich daher gern am Vorbild der Pfarrkirche Ihrer Majestät.

Wendet man im Inneren den Blick nach oben, so sieht man eine italienische Stuckdecke. Die Chorfenster stammen aus venezianischer Produktion. An der Nordseite des Altars befindet sich die *königliche Loge*, ihr gegenüber die der Admiralität, denn auch deren Pfarrkirche ist St. Martin-in-the-Fields. Stufen führen hinunter in die von Gewölben aus rohem Backstein überfangene Krypta. Hier gibt es das *Café in the Crypt* und das *London Brass Rubbing Centre*, wo Kinder mit Wachskreide alte Messingplatten abpausen und so originelle London-Mitbringsel für zu Hause gestalten können.

16 Benjamin Franklin House

Hier wurde der Blitzableiter erfunden.

36 Craven Street, WC2
Tel. 020/79 25 14 05
www.benjaminfranklinhouse.org
Führungen Mo 12, 13, 14, 15.15 und 16.15 Uhr (Schwerpunkt Architektur), Mi–So 12, 13, 14, 15.15 und 16.15 Uhr (in historischen Kostümen)
U-Bahn Charing Cross

Dieses vierstöckige Stadthaus im frühen georgianischen Stil unweit vom Trafalgar Square diente dem amerikanischen Diplomaten Benjamin Franklin Mitte des 18. Jh. fast zwei Jahrzehnte lang als Wohnhaus. Der gelernte Buchdrucker und Mitunterzeichner der amerikanischen Unabhängigkeitserklärung führte in Craven Street zahlreiche physikalische Experimente durch und gab eine eigene kleine ›Zeitung‹ für seinen Haushalt heraus. Leider ist vom Inventar Franklins nichts erhalten. Stattdessen mimt bei den Führungen eine Darstellerin in zeitgenössischen Kostümen Polly, die Tochter von Franklins Vermieterin. Sie berichtet von jenem Tag, an dem Franklin sich für die Rückkehr nach Amerika einschiffte: Seine Verhandlungen über größere Freiheiten für die Kolonien waren gescheitert. Bei seiner Landung in Philadelphia hatte der Unabhängigkeitskrieg schon begonnen.

17 The Mall

Prachtstraße und Zufahrt zum Buckingham Palace.

SW1
U-Bahn Charing Cross oder Green Park

Die Mall ist eine vortreffliche Flaniermeile, die an Sonntagen gänzlich den Fußgängern vorbehalten ist. Zugleich ist sie die wichtigste Paradestraße Londons. Für jedes noch so weit gereiste Staatsoberhaupt dürfte die Fahrt in Begleitung Ihrer Majestät die fahnengeschmückte Mall hinunter ein echtes Erlebnis sein.

Den imposanten Auftakt der Mall bildet der Triumphbogen *Admiralty Arch* am Trafalgar Square [Nr. 12]. Von dort führt die nach der Restauration im Jahr 1660 angelegte Allee am St. James's Park [Nr. 23] zur Linken vorbei. Rechter Hand be-

eindrucken hochherrschaftliche Häuser wie Carlton House Terrace [Nr. 18]. Einige Hundert Meter später wird der St. James's Palace [Nr. 20] passiert. Nach einem Kilometer endet die Mall schließlich am *Queen Victoria Memorial* vor dem Buckingham Palace [Nr. 25].

18 Carlton House Terrace

Elegante Häuserzeile an der Mall, in der zwei Galerien beheimatet sind.

The Mall, SW1
Mall Galleries: Tel. 020/79 30 68 44
www.mallgalleries.org.uk
tgl. 10–17 Uhr
ICA: Tel. 020/79 30 36 47, www.ica.org.uk, Fr–Mi 12–19, Do 12–21 Uhr
U-Bahn Charing Cross oder Piccadilly Circus

Die zwei Häuserblocks von Carlton House Terrace zählen zu den exklusivsten Adressen der britischen Hauptstadt. John Nash schuf mit ihnen in den 1830er-Jahren ein

Die Paradestraße des Königreichs: Die Mall führt von Buckingham Palace zum Admiralty Arch

Meisterwerk des Klassizismus. Jeweils 140 m lang, wenden sie ihre cremefarbenen Prachtfassaden der Mall zu. Gegliedert werden sie von dorischen Säulen.

Zwischen den beiden Blöcken führt eine großen Freitreppe zur *Duke of York's Column*, die zu Ehren des zweiten Sohnes von George III. errichtet wurde. Eine von Richard Westmacott geschaffene Bronzestatue des Herzogs krönt die 42 m hohe Säule. Damit war sie hoch genug, so die Spötter, um dem arg verschuldeten Frederick eine Zuflucht vor seinen Gläubigern zu bieten. Bezahlt wurde das Denkmal übrigens, indem man allen Armeesoldaten einen Tag den Sold strich.

Wo einst britische Premierminister und die Botschafter des Deutschen Reichs residierten, sind nun Büros und Kunstgalerien zu Hause. Vom Trafalgar Square kommend passiert man zunächst die **Mall Galleries**. Sie zeigen Wechselausstellungen zeitgenössischer britischer Künstler.

Einen festen Platz im Londoner Kulturleben hat auch das **Institute of Contemporary Art (ICA)** im gleichen Block. Das Zentrum für zeitgenössische Kunst aus aller Welt bietet jungen Dichtern ebenso eine Bühne wie avantgardistischen Malern. Im Kino werden Filme gezeigt, die man sonst nur selten zu sehen bekommt. Im Theater kommen ausgefallene Stücke zur Aufführung. Und im quietschbunten Café schmeckt das gut gezapfte Guinness ausgezeichnet.

Im zweiten Block befindet sich die Zentrale der ehrwürdigen **Royal Society.** Die älteste wissenschaftliche Akademie der Welt bezog jene Räume, in denen bis zum Ausbruch des Zweiten Weltkriegs die deutsche Botschaft ihren Sitz hatte. Regelmäßig berichten Forscher hier von ihren Forschungsergebnissen, oft bei freiem Eintritt. Informationen dazu gibt es unter www.royalsociety.org.

Säulenflucht – Carlton House Terrace ist seit 1830 eine architektonische Zier an der Mall

19 St. James's

Exklusive Clubs und teure Accessoires für den Gentleman von Welt.

SW1
U-Bahn Charing Cross oder Green Park

Nördlich der Mall, begrenzt von Piccadilly, Green Park und Haymarket, erstreckt sich **St. James's,** eines der vornehmsten Viertel der Stadt. Hinter klassizistischen Fassaden residiert ein guter Teil der Oberen Zehntausend Großbritanniens.

So ist es kein Wunder, dass St. James's Londons ›Clubland‹ ist. Besonders entlang der Straße Pall Mall finden sich die Versammlungsorte dieser vornehmen Gesellschaften. Hochrangige Politiker treffen sich im *Athenaeum* (Nr. 107), Weltenbummler im *Traveller's Club* (Nr. 106). Immer bedarf es der Einladung eines Mitglieds, um in die feinen Räume eingelassen zu werden. Und in einigen Clubs sind Frauen auch im 21. Jh. noch nicht erwünscht. Vielleicht liegt es daran, dass die Zahl dieser Vereinigungen beständig sinkt.

Im Westen passiert die Pall Mall Marlborough House [Nr. 21] und endet am St. James's Palace [Nr. 20]. Von ihm führt die **St. James's Street** nach Norden. Wem der Sinn nach erlesenen Zigarren steht, der wird bei *Davidoff* (35 St. James St.) oder der Konkurrenz *J.J. Fox* (19 St. James St.) fündig. Immer wieder zweigen schmale Seitenstraßen zu hochherrschaftlichen Häusern wie Spencer House [Nr. 22] von der St. James's Street ab.

Parallel zur Pall Mall verläuft die **King Street** durch St. James's. Hier hat das Auktionshaus *Christie's* (Nr. 8) seit 1823 seinen Sitz. Zu den üblichen Geschäftszeiten kann man in den Showrooms die zur Versteigerung anstehenden Kostbarkeiten begutachten.

Bury Street und Duke Street, beide zweigen von der King Street ab, sind für ihre Kunstgalerien bekannt. Einen Ruf wie Donnerhall genießt *White Cube* (Mason's Yard/Duke Street). Die postmoderne, würfelförmige Galerie, ganz in kühlem Weiß gehalten, präsentiert die Artefakte in ganz nüchternem Rahmen. In ihren Räumen stellen zeitgenössische Großkünstler wie Damien Hirst, Andreas Gursky und Anthony Gormley aus. Überbordende Finanzkraft vorausgesetzt, kann man ihre Werke sogar erwerben.

Nur mit einer gut gepolsterten Brieftasche sollte man sich zu den Schneidern an der **Jermyn Street** wagen. Dort versorgt sich der traditionsbewusste Gentleman mit maßgeschneiderten Hemden und anderen Accessoires.

Zu den renommiertesten Geschäften gehört *Turnbull & Asser* (Nr. 71–72), wo auch Prince Charles seine Hemden kauft. Edelste Feuerwaffen – ein echter Gentleman geht schließlich auf die Jagd – führt *Beretta* an der Ecke zur James Street. Die besten und teuersten Maßanzüge bekommt man übrigens in der Savile Row.

20 St. James's Palace

Verwaltungssitz des britischen Königshauses mit original erhaltener Tudor-Architektur.

Pall Mall, SW1
www.royal.gov.uk
keine Besichtigung möglich
U-Bahn Green Park

Der St. James's Palace ist Verwaltungssitz des britischen Königshauses, und das, obwohl Queen Elizabeth, wie alle ihre Vorgänger seit 1837, in Buckingham Palace residiert. Wer also kein Staatsgast oder Botschafter ist, darf den Palast nicht betreten. Das sollte aber niemanden davon abhalten, das Schloss anzusteuern, denn der nüchterne Ziegelbau im Tudorstil verströmt einen ganz eigenen Reiz. Blickfang ist das **Gatehouse** mit seinen achteckigen Türmen. *Changing of the Guard*, die Wachablösung, findet dort von April bis Juli täglich um 11.15 Uhr statt – sonst jeden zweiten Tag.

Gebaut wurde der Palast unter Henry VIII. bis 1532. Er wünschte sich einen Jagdsitz in der Nähe seiner Residenz Whitehall Palace – so ließ er das hier ansässige Lepra-Krankenhaus abreißen und anschließend St. James's Palace errichten. Mehr als 100 ha Land südlich des Palastes schloss er gleich mit an, den heutigen St. James's Park. Die Planung wurde Hans Holbein d. J. übertragen. Nachdem Whitehall Palace 1698 vollkommen ausgebrannt war, zog der gesamte Hof in den St. James's Palace um.

Die ebenfalls aus der Zeit Henrys VIII. stammende **Chapel Royal** ist zum Sonn- und Feiertagsgottesdienst (Okt.–Karfreitag 8.30 und 11.15 Uhr) geöffnet. William Byrd und Henry Purcell waren hier einst als Organisten tätig. Die Malerei der Kassettendecke wird Holbein zugeschrieben. Viele Könige und Königinnen wurden in der Kapelle vermählt, auch Victoria und ihr deutscher Prinzgemahl Albert.

Über die Stable Yard Road erreicht man **Clarence House** (Tel. 020/77 66 73 03, www.royalcollection.org.uk, nach Voranmeldung im Rahmen von Führungen nur im Aug./Sept. tgl. 10–16 Uhr) am westlichen Ende des Palastes. Die offizielle Residenz von Charles, Prince of Wales, seinem Sohn Harry und seiner Frau Camilla, der Duchess of Cornwall, wurde 1825–28 von John Nash für den Duke of Clarence, den späteren William IV., erbaut. Die Besichtigungstour führt durch fünf Räume im Erdgeschoss, die mit Werken aus der königlichen Kunstsammlung und wertvollem Mobiliar ausgestattet sind.

Clarence House gegenüber steht **Lancaster House**, ein klassizistischer Bau aus hellem Bath-Stein. Es war für Frederick, Duke of York, den Sohn George III., gedacht. Nach Fredericks Tod 1827 kaufte die Familie Stafford den halbfertigen Bau und ließ ihn von den Architekten Sir Robert Smirke, Benjamin Dean Wyatt und Sir Charles Barry fertig stellen. Das Foreign and Commonwealth Office nutzt das Gebäude für Festbankette und Empfänge. Deshalb ist es nicht öffentlich zugänglich.

Rustikales Erscheinungsbild: St. James's Palace wurde als Jagdhaus für Henry VIII errichtet

21 Marlborough House

Von Christopher Wren entworfenes, hochherrschaftliches Haus.

Pall Mall, SW1
keine Besichtigung möglich
U-Bahn Green Park oder St. James's

»Strong, plain and convenient« sollte Marlborough House werden, so lautete der Auftrag von Bauherrin Sarah, Duchess of Marlborough an den Architekten Christopher Wren. Also schuf er einen nach außen hin schlichten roten Ziegelbau, der den St. James's Palace nebenan nicht übertrumpfte. Nach der Fertigstellung im Jahr 1711 musste Sarah nur noch die Straße überqueren, um ihrer Freundin Queen Anne einen Besuch in der königlichen Residenz abstatten zu können.

Mit seinen vergleichsweise bescheidenen Ausmaßen war Marlborough House ein Gegenentwurf zum überaus opulenten Blenheim Palace bei Oxford. Diesen Palast hatte die Nation Sarahs Mann, dem tapferen Feldherrn John Churchill, Duke of Marlborough, für seine Erfolge im Spanischen Erbfolgekrieg geschenkt. Seine Gattin allerdings hatte das riesige Bauwerk nie so recht leiden mögen. Auf eine gewisse Prachtentfaltung wollte sie in London dennoch nicht verzichten. Deshalb engagierte sie den französischen Maler Louis Laguerre, der in *Wandgemälden* die siegreichen Schlachten ihres Gemahls verherrlichte. Im Salon etwa ist die Schlacht bei Höchstädt zu sehen. Das Deckengemälde von Gentileschi zeigt die neun Musen und die schönen Künste.

Marlborough House fiel 1817 an die Krone. Seit 1959 gehört es dem Staat und beherbergt das Sekretariat des Commonwealth Centre.

22 Spencer House

Das Herrenhaus war Stadtresidenz der Vorfahren von Prinzessin Diana.

27 St. James's Place, SW1
Tel. 020/74998620
www.spencerhouse.co.uk
So 10.30-17.45, letzter Einlass 16.45 Uhr, Jan. und Aug. geschl., nur im Rahmen von Führungen für max. 20 Pers., daher zeitgebundene Tickets am Besuchstag frühzeitig kaufen.
U-Bahn Green Park

Spencer House war bis in die 1920er-Jahre Londoner Residenz der Familie Spencer. Berühmteste Angehörige dieser Adelsdynastie war Prinzessin Diana (1961–1997). Während die oberen Stockwerke als Büroräume dienen, können die opulent ausgestatteten State Rooms besichtigt werden. Hervorzuheben sind der kostbare *Palm Room*, ferner *Great Room* und *Painted Room* mit ihren aufwendigen Wand- und Deckenmalereien sowie die qualitätvolle *Gemäldesammlung* aus dem 18. Jh. Nur gelegentlich ist der nach den ursprünglichen Plänen angelegte Garten für die Öffentlichkeit zugänglich.

23 St. James's Park und Green Park

TOP TIPP *Der älteste königliche Park Londons ist eine grüne Oase.*

The Mall/Birdcage Walk/
Horse Guards Road, SW 1
www.royalparks.org.uk
U-Bahn St. James's Park

Charles I. war es, der beschloss, seinen Privatgarten auch den Untertanen zugänglich zu machen. Er hatte auf dem sumpfigen Gelände, das im Zuge der Bauarbeiten an St. James's Palace unter Henry VIII. trockengelegt worden war, einen Garten mit Vogelhaus, Tierschau und Heilkräuterbeeten geschaffen. Sein Sohn *Charles II.*, der sich auch um andere Londoner Parks verdient machte, vergrößerte im Jahr 1660 das Gelände und ließ sich bei der Neuanlage des Parks von *André Le Nôtre* beraten, der zuvor die Gartenanlage von Versailles gestaltet hatte. Damals entstand auch der reizvolle **Kanal**. Hier flanierte die Londoner *Beau Monde*.

Bei der Neugestaltung unter George IV., die dem Park weitgehend sein heutiges Aussehen verlieh, hatte der große John Nash die Hand im Spiel. Die französisch-strenge Anlage wurde mit romantischen Elementen aufgelockert: Verschlungene Pfade wurden angelegt und wildes Gebüsch gepflanzt. Aus dem Kanal wurde ein See mit kurvenreicher Uferlinie. So wurde St. James's Park zum Prototyp des öffentlichen viktorianischen Parks. Mehr denn je ist er heute eine Oase der Ruhe inmitten des hektischen Treibens der Großstadt. Und am schönsten ist es, sich im Sommer einen Liegestuhl zu mieten und einer der hier auftretenden Musikkapellen zu lauschen.

Der königliche St. James's Park bezaubert mit sattem Grün vor der Großstadtkulisse

Wer an der Nordwestecke des St. James's Park die Mall überquert hat, befindet sich im **Green Park**. Das grüne, von Bäumen bestandene Dreieck erstreckt sich bis Piccadilly und wird im Westen von Hyde Park Corner begrenzt. Jedes Jahr im Frühling sind seine Wiesen übersät mit sattgelben Narzissen. *Georg Friedrich Händel* komponierte seine Feuerwerksmusik speziell für eine Feier in diesem Park.

24 Queen Victoria Memorial

Tribut an eine außergewöhnliche Königin und das von ihr geprägte Zeitalter.

The Mall, SW 1
U-Bahn Green Park oder St. James's Park

Es gibt neun Victoria-Statuen in London, doch diese, von Sir Aston Webb als Blickfang und zugleich Abschluss seiner Prachtstraße The Mall gedacht, ist zweifellos die üppigste. Nicht umsonst trägt sie den Spitznamen ›The Wedding Cake‹ – die Hochzeitstorte. Thomas Brock, der mit der Gestaltung des gigantischen, aus einem einzigen Marmorblock gemeißelten Denkmals, auf dem eine 4,30 m hohe Victoria thront, beauftragt war, wurde bei der Enthüllung von George V. spontan zum Ritter geschlagen.

Buckingham Palace im Rücken, blickt die Königin auf die Memorial Gardens und die Mall hinunter, umgeben von einer Reihe allegorischer Figuren, die viktorianische Werte wie Mut, Ausdauer, Wahrhaftigkeit, Gerechtigkeit und Mildtätigkeit darstellen. Sie werden ergänzt von mehreren Bronzefiguren, die für Frieden und Fortschritt, Kunst und Wissenschaft, Landwirtschaft und Industrie sowie Marine und Armee stehen. Über allem schwebt in luftigen 25 m Höhe und mit elegant erhobenen Schwingen der goldene Siegesengel.

25 Buckingham Palace

TOP TIPP

Der weltberühmte gigantische Königspalast – ein Muss für jeden London-Besucher.

The Mall, SW1
Tel. 020/77 66 73 00
www.royal.gov.uk
www.royalcollection.org.uk
in der Regel Aug./Sept. tgl. 9.45–18 Uhr, letzer Einlass 15.45 Uhr (Karten frühzeitig online kaufen)
U-Bahn St. James's Park, Green Park oder Victoria

Die familienbewusste Queen Victoria war die erste englische Königin, die 1837 nach über 17-jährigen Umbau- und Renovierungsarbeiten in Buckingham Palace Einzug hielt. Seither ist der Palast **Stadtresidenz** des jeweiligen Monarchen, dessen Anwesenheit durch die gehisste königliche Standarte angezeigt wird.

Ursprünglich hatte James I. an dieser Stelle einen Maulbeerbaum-Garten zur Seidengewinnung angelegt. Das Projekt scheiterte, und so errichtete John Sheffield, Duke of Buckingham, 1703 ein schlichtes Ziegelhaus, das George II. wegen der idealen Lage rund 60 Jahre später für seine Frau Charlotte kaufte. George IV. wollte einen Palast daraus machen und beauftragte seinen Hofarchitekten *John Nash* mit der Planung. Der Bau verschlang Unsummen und wuchs sich zu einem regelrechten Finanzskandal aus. Schließlich wurde Nash entlassen. Der wesentlich realistischer denkende *Edward Blore* übernahm die Fertigstellung des Gebäudes, die jedoch weder George IV. noch sein ihm als König nachfolgender Bruder William erlebten.

Die **Ostfassade** des 775 Räume zählenden Palastes wurde 1846 angefügt und 1913 von Sir Aston Webb im klassizistischen Stil neu gestaltet. Bei festlichen Anlässen zeigt sich die Königliche Familie auf dem Mittelbalkon, um der jubelnden Menge zuzuwinken. Die Queen und Prince Philip bewohnen inmitten dieser

Einst lag ihr ein Empire zu Füßen – das Denkmal für Queen Victoria steht vor den Toren von Buckingham Palace

riesigen Zimmerflut übrigens nur eine 12-Zimmer-Suite im Nordflügel von ›Buck House‹, wie der Palast lässig genannt wird, mit Blick auf den Green Park. Die Royals benutzen einen dem Constitution Hill zugewandten Seiteneingang, um hineinzugelangen.

Zu besichtigen sind Prunk- und Zeremonienräume wie Thronsaal und Speisesaal, alle opulent geschmückt mit Meisterwerken aus der Royal Collection. Eine weitere Attraktion ist die mittäglich vor dem Palast stattfindende Wachablösung **Changing of the Guard** (Mai–Juli tgl. 11.30 Uhr, die übrige Zeit des Jahres jeden zweiten Tag).

Ganzjährig zugänglich ist **The Queen's Gallery** (Tel. 020/77 66 73 01, www.royal collection.org.uk, tgl. 10–17.30 Uhr, letzter Einlass 16.30 Uhr, Karten frühzeitg online kaufen). Ihr Äußeres mit Tempelvorbau und anderen eklektischen Architekturzitaten ist schon sehr ansprechend. Im Inneren sind Exponate aus der reichen Kunstsammlung der Königin zu sehen, darunter Gemälde von Rembrandt, Rubens, van Dyck, Canaletto, Hans Holbein und Vermeer.

Im **Guards' Museum** (Wellington Barracks, Birdcage Walk, Tel. 020/74 14 34 28, www.theguardsmuseum.com, tgl. 10–16 Uhr), schräg gegenüber von Buckingham Palace, erfahren Besucher alles über die Geschichte der sieben Regimenter der königlichen Foot Guards. Ihre öffentliche Aufgabe besteht vor allem darin, zeremonielle Paraden in London abzuhalten. Eingesetzt werden sie aber auch im Irak oder in Afghanistan.

26 The Royal Mews

Der königliche Marstall mit den Prachtkutschen der Windsors.

Buckingham Palace Road, SW1
Tel. 020/77 66 73 02
www.royalcollection.org.uk
Jan.–März Mo–Fr 11–16, April–Okt. tgl. 10–17, Nov.–Dez. Mo–Sa 11–16 Uhr, während Staatsempfängen geschl.
U-Bahn St. James's Park oder Victoria

Glanzpunkt des Fuhrparks in den Royal Mews ist die von Sir William Chambers 1762 für George III. entworfene *Gold State Coach*, eine üppig vergoldete Staatskarosse mit Malereien des Florentiner Künstlers Cipriani. In ihr wird der Monarch zur Krönung in die Westminster Abbey gefahren. Auch beim Diamond Jubilee aus Anlass des 60. Jahrestages ihrer Thronbesteigung im Jahr 2012 fuhr Königin Elizabeth II. mit dieser Kutsche durch London. Das zur Kutsche gehörige Zaumzeug soll das kostbarste der Welt sein. Die von Queen Victoria erworbene *Irish State Coach* wird bei der Parlamentseröffnung eingesetzt, während die *Glass State Coach* königlichen Hochzeitspaaren vorbehalten ist. Deutlich zeitgemäßer sind die rund 20 Luxusautos der Queen. Zu ihnen gehört beispielsweise ein Rolls Royce Phantom. Daneben stehen zwei Bentleys. Blank gewienert und stets einsatzbereit sind sie eine wahre Pracht.

Die Mews entstanden 1824/25 und stellen, von einem kleinen Uhrturm bekrönt, einen Rest unverfälschter John-Nash-Architektur dar.

Tower of London, City of London und St. Paul's – Grundpfeiler der Stadtgeschichte

Die City of London ist der älteste Teil der Metropole und umfasst etwa eine Quadratmeile – »die reichste Quadratmeile der Welt«, wie es vielfach heißt. Noch vor New York ist die City das umsatzstärkste Finanzzentrum Das spiegeln auch futuristische Wolkenkratzer wie 30 St. Mary Axe von Sir Norman Foster wider, die hier in den Himmel ragen. Diese hochmodernen Bürotürme kontrastieren mit den historischen Attraktionen der City: der großartigen **St. Paul's Cathedral** von Christopher Wren oder dem **Tower of London**, in dem die Kronjuwelen Ihrer Majestät verwahrt werden.

Symphonie der Baustile – die viktorianische Tower Bridge und die zeitgenössische City Hall

27 Tower Bridge

TOP TIPP

Majestätisches Wahrzeichen ist die viktorianische Themsebrücke im Zuckerbäckerstil.

SE1
Tower Bridge Exhibition:
Tel. 020/74 03 37 61
April–Sept. tgl. 10–18.30, Okt.–März tgl. 9.30–18 Uhr
www.towerbridge.org.uk
U-Bahn Tower Hill oder London Bridge

Unmittelbar neben dem Tower quert die Tower Bridge die Themse. Mit ihren Türmen, Erkern und gotischen Fenstern sieht Londons Wahrzeichen aus, als stünde es schon seit dem Mittelalter am Fluss.

In Wirklichkeit ist die östlichste Themsebrücke ein Werk des 19. Jh. Unter der Leitung von Sir Horace Jones und des Ingenieurs John Wolfe Barry wurde sie 1886–94 erbaut. Der steinerne Zierrat ist nur Fassade, hinter der sich Stahlträger verbergen. Jones griff auf den neogotischen Stil zurück, um eine optische Einheit mit dem nahen Tower herzustellen. Die beiden Baumeister schufen ein technisches Meisterwerk, eine gewaltige **Zugbrücke**, bestehend aus zwei Teilen (ca. 9 m über dem Fluss), die innerhalb von nur 90 Sekunden geöffnet werden können, um großen Schiffen die Durchfahrt zu ermöglichen – ein Spektakel, das leider immer seltener zu sehen ist. Wann die Brückenhälften der Tower Bridge hochgezogen werden, verrät die Infostelle (Tel. 020/79 40 39 84).

Im Nordturm, also jenem auf der Towerseite der Themse, befindet sich der Eingang zur **Tower Bridge Exhibition**. Die interaktive Schau dokumentiert die Geschichte der Brücke. An ihrem südlichen Fuß kann die *Maschine* besichtigt werden, deren Kraft die Fahrbahn anhebt.

Nur wer ein Ticket für die Ausstellung löst, darf die Brücke in 40 m Höhe auf dem verglasten **Fußgängerweg** überqueren. Von dort oben bietet sich eine herrliche Aussicht flussauf- und flussabwärts über City und Docklands.

28 Tower of London

Meistbesuchte Touristenattraktion und historisch bedeutsamster Schauplatz des Landes.

Tower Hill, EC3
Tel. 020/31 66 60 00
www.hrp.org.uk
März–Okt. Di–Sa 9–17.30, So/Mo 10–17.30, Nov.–Febr. Di–Sa 9–16.30, So/Mo 10–16.30 Uhr, letzter Einlass 30 Min. vor Schließung
U-Bahn Tower Hill

Der klassische Weg, sich dem Tower zu nähern, ist die Themse. Gefangene wurden einst per Boot in die trutzige Anlage transportiert, denn sie diente nicht nur als Residenz und Festung, sondern fungierte auch als Gefängnis und Hinrichtungsstätte. Spätestens an der London Bridge wussten die Straffälligen, was ihnen blühte, denn dort waren die Köpfe bereits Hingerichteter aufgespießt.

Geschichte Der Tower geht zurück auf **William the Conqueror**, den normannischen Eroberer. Er errichtete nach seinem Sieg in der Schlacht um Hastings 1066 ein Holzfort am östlichen Stadtrand. Es sollte nicht nur der eigenen Sicherheit dienen, sondern ebenso eine Machtdemonstration gegenüber seinen neuen Untertanen sein. Auch die strategisch günstige Stelle auf einem Hügel am Lauf der Themse spielte eine Rolle bei der Wahl des Standorts. Rund zwölf Jahre später begann William, die hölzerne Anlage in eine steinerne umzuwandeln, ein Werk, das von seinem Sohn **William Rufus** vollendet wurde. Als erster und ältester Teil entstand der *White Tower*.

Was William I. begonnen hatte, wurde um 1300 von Edward I. zu Ende geführt. Unter ihm bekam der Tower in etwa das Aussehen, das wir heute kennen. Im 13. Jh. war **Henry III.** maßgeblich an der Erweiterung der Festung beteiligt gewesen. Er begann den Bau des *inneren Mauerrings*, legte die ersten Wassergräben an und gründete die bis 1835 bestehende Menagerie, aus der der London Zoo hervorging. **Edward I.** vervollständigte später den inneren Mauerring und ließ einen zweiten, *äußeren Mauerring* anlegen. Damals entstanden außerdem Middle Tower und Byward Tower sowie das zur Themse hin gelegene Traitors' Gate, durch das alle Gefangenen, die mit dem Boot gebracht wurden, den Tower betraten. Edward I. richtete ferner die königliche Münzstätte im Tower ein und brachte die Kronjuwelen hierher. Später entstanden das Zeughaus, das Museum und die Waterloo Barracks.

Trotz oder vielleicht auch gerade wegen der unzähligen **Gräueltaten**, die hier über die Jahrhunderte begangen wurden, hat der Tower bis heute eine besondere Faszination. Hier waren Personen von Rang und Namen eingekerkert, darunter auch Prinzen, Könige und Königinnen, und viele von ihnen wurden ermordet oder hingerichtet. Während der Rosenkriege etwa ließ Edward IV. seinen Rivalen Henry VI. umbringen. Edwards Söhne wiederum sollen noch im zarten Kindesalter von ihrem Onkel, Richard III., der den beiden Buben die Thronfolge neidete, ermordet worden sein. Doch vermutlich handelt es sich bei dieser grausigen Geschichte um eine Erfindung seiner politischen Gegenspieler. Henry VIII. ließ gleich zwei seiner Ehefrauen, Anne Boleyn und Katharine Howard, im Tower hinrichten. Dasselbe Schicksal ereilte schließlich Lady Jane Grey, die Neun-Tage-Königin.

Eine Attraktion des Tower ist die seit rund 700 Jahren unverändert stattfindende **Ceremony of the Keys** (Teilnahme auf schriftlichen Antrag 2–3 Monate im Voraus), die allabendliche Zeremonie, mit der feierlich um Punkt 21.53 Uhr das Haupttor abgeschlossen wird. Schlag 22 Uhr hat der königliche Schlüsselbund alle Pflichten erfüllt und der Zapfenstreich ertönt. Den für die Sicherheit der Anlage

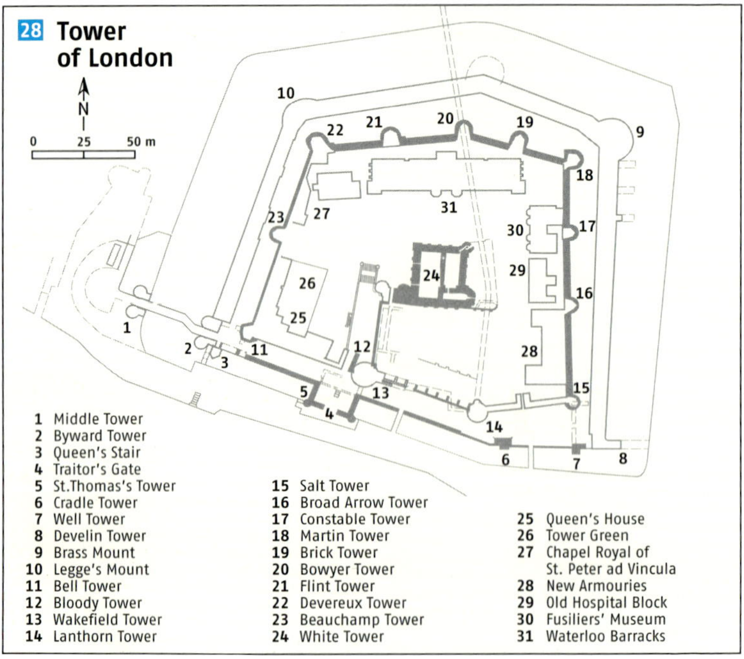

Strategisch günstig am Ufer der Themse stehen die trutzigen Mauern des Tower of London

verantwortlichen **Yeomen Warders** oder Beefeaters in ihren stattlichen Uniformen obliegt die Schlüsselzeremonie.

Besichtigung Besucher betreten das eine Fläche von 7 ha umfassende, fünfeckige Gelände an der Südwestecke. Den äußersten Gürtel bildet der ehemalige Wassergraben. Es folgen die beiden Mauerringe mit ihren Türmen.

Äußerer Mauerring: Gleich hinter dem Eingang erhebt sich der trutzige **Middle Tower [1]**, von dem aus man über eine steinerne Brücke in den nicht minder trutzigen, mit einem Fallgitter versehenen **Byward Tower [2]** gelangt. Früher musste man hier ein Losungswort vortragen, heute genügt eine Eintrittskarte. In der Wachstube des Turmes wurde ein religiöses Wandgemälde aus dem 14. Jh. freigelegt. Südlich des Byward Tower führt eine Treppe zum Fluss hinunter, die **Queen's Stair [3]**, über die der jeweilige Monarch in den Tower gelangte. Weiter östlich steht das **Traitors' Gate [4]**, unmittelbar am **St. Thomas's Tower [5]**. Dieser ist Teil des **Medieval Palace**, der Gebäudegruppe, die als Königsresidenz diente. Eine Ausstellung erläutert Baugeschichte und Wiederherstellung der Räume im Stil der Entstehungszeit unter Edward I. (13. Jh.). Über eine Galerie gelangt man in den zweiten Teil der Residenz, den älteren **Wakefield Tower [13]** mit dem Privatgemach Henrys III., das Edward I. später als Thronsaal diente. Es folgen der **Cradle Tower [6]**, der alte Wasserturm **Well Tower [7]** und der **Develin Tower [8]**. An der Nordostseite stehen **Brass Mount [9]** und im Nordwesten **Legge's Mount [10]**, die beiden unter Henry VIII. entstandenen Bollwerke.

Innerer Mauerring: Wiederum in Eingangsnähe befindet sich der **Bell Tower [11]**, in dem die als ›Bloody Mary‹ bekannte Mary I. ihre Halbschwester Elizabeth zwei Monate lang gefangen hielt. Auch Sir Thomas More (Thomas Morus), der sich weigerte, Henry VIII. als Kirchenoberhaupt anzuerkennen, wurde hier bis zu seiner Hinrichtung eingesperrt. Im weiter östlich gelegenen **Bloody Tower [12]** soll

Traditionell gekleidete Beefeater wachen tagein, tagaus über den Tower of London

der bereits erwähnte Mord an den beiden Söhnen Edwards IV. geschehen sein. Sir Walter Raleigh verbrachte zwölf lange Jahre hier und schrieb seine ›History of the World‹. Im **Wakefield Tower [13]** waren bis 1968 die Kronjuwelen untergebracht, und auch hier ist Blut vergossen worden: Henry VI. wurde in dem Gemäuer erstochen. Es folgen **Lanthorn Tower [14]** und der Salzturm, **Salt Tower [15]**, der das Südosteck der Innenmauer bildet.

An der Ostseite befinden sich **Broad Arrow Tower [16]** und **Constable Tower [17]**, im Norden **Martin Tower, Brick Tower, Bowyer Tower, Flint Tower** und **Devereux Tower [18–22]**.

Im Martin Tower, wo die Kronjuwelen zuallererst aufbewahrt wurden, zeigt die Ausstellung *Crowns and Diamonds* die Entwicklung der britischen Königskronen und erzählt jene Geschichten, die sich um diese Steine ranken. Einen *Wall Walk* (Mauerweg) gibt es auf der Ostmauer zwischen Martin Tower und Salt Tower. Hier hat man nicht nur eine schöne **Aussicht**, sondern auch einen hervorragenden Überblick über die mittelalterliche Festung. An der Westseite schließlich wacht der halbkreisförmige **Beauchamp Tower [23]**, in dem nicht nur Namenspatron Thomas Beauchamp gefangen gehalten wurde, sondern auch Lady Jane Grey mit ihrem Gemahl Guildford Dudley und dessen Familie. Ihr in die Kerkerwand eingeritzter Vorname ist heute neben zahlreichen anderen Graffiti eine kleine Attraktion.

Am Bloody Tower befindet sich der Durchgang zum **Innenhof** mit dem **White Tower [24]** als Mittelpunkt der gesamten Anlage. Das vierstöckige, zinnenbekrönte normannische Bauwerk hat 3,5 m dicke Wände. Seine Fassade wurde im 17. Jh. von Christopher Wren restauriert. Damals kamen auch die eher verspielten kleinen Kuppeln auf die vier Ecktürme. Heute beherbergt der White Tower eine große *Waffen- und Rüstungssammlung*. Ausführlich wird die Entwicklung von allerlei Kriegsgerät dargestellt. Besonderer Beliebtheit erfreuen sich die im dritten Stock dargebotenen Stücke aus der Privatsammlung Henrys VIII., dessen überdimensionale Rüstung immer wieder für Erstaunen und Heiterkeit bei den Besuchern sorgt.

Im Südostturm befindet sich die um 1080 erbaute *Chapel of St. John the Evangelist*, die älteste beinah unverändert erhaltene normannische Kirche Englands. Mary Tudor heiratete in der Kapelle mit dem schlichten Tonnengewölbe per ›Ferntrauung‹ Philipp II. von Spanien. Die ebenfalls hier geschlossene Ehe zwischen Elizabeth of York und Henry VII. beendete die blutigen Rosenkriege.

Queen's House [25] am Südwestende des Innenhofes ist ein hübscher Fachwerkbau im Tudor-Stil, in dem heute die Wohnung des Kommandanten untergebracht ist. Ursprünglich war das Gebäude für Anne Boleyn gedacht, doch erlebte die zweite Frau Henrys VIII. das Ende der Bauarbeiten nicht mehr. Sie wurde gleich ne-

Im Thronzimmer des Wakefield Tower empfing Edward I. Gäste und Bittsteller

benan auf dem Rasen von **Tower Green [26]** hingerichtet. Das zweifelhafte ›Privileg‹ einer Hinrichtung an dieser Stelle wurde nur einigen Wenigen gewährt. Alle anderen Exekutionen fanden auf dem Tower Hill außerhalb des Tower statt.

Nördlich vom Tower Green steht die im 12. Jh. errichtete, später häufig umgestaltete **Chapel Royal of St. Peter ad Vincula [27]**, in der viele der Hingerichteten (auch Anne Boleyn und eine ihrer Nachfolgerinnen, Katharine Howard) ihre letzte Ruhestätte fanden.

An der Ostseite des Innenhofes befinden sich die **New Armouries [28]**, das elegante Waffenmagazin des Tower, das frühere Hospital, der **Old Hospital Block [29]** und das **Fusiliers' Museum [30]**. Das Regiment der königlichen Füsiliere bewachte seit dem 17. Jh. die Kanonen des Tower, nahm jedoch auch an zahlreichen Kriegen teil, u. a. an den beiden Weltkriegen. Das Museum zeigt Uniformen, Trophäen und Ehrenabzeichen.

Höhepunkt der Tower-Besichtigung sind die **Waterloo Barracks [31]** mit den Kronjuwelen. Der die ganze Nordseite des Innenhofes einnehmende Komplex wurde 1845 als Kaserne für die Royal Fusiliers erbaut, die sie bis 1962 bewohnten. Im linken Flügel des Gebäudes befindet sich das *Jewel House* mit den kostbarsten Schätzen Großbritanniens. In den unterirdischen Räumen werden die **Crown Jewels** aufbewahrt. Was hier funkelt und glitzert, ist von unermesslichem Wert. Ganz alte Stücke gibt es allerdings nicht, denn die ließ Oliver Cromwell konfiszieren und einschmelzen oder verkaufen.

Die nur anlässlich einer Krönung von den Monarchen getragene *St. Edward's Crown*, die für Charles II. angefertigt wurde, ist aus purem Gold und wiegt über 2 kg. Queen Victoria war das wohl etwas zu schwer. Sie ließ sich für ihre Krönung die üppigst mit Diamanten besetzte *Imperial State Crown* fertigen, die auch heute noch von Elizabeth II. zu wichtigen Staatsereignissen getragen wird. Der große unpolierte Rubin an der Vorderseite, ursprünglich ein Geschenk an Edward, ›*the Black Prince*‹, wurde schon von Henry V. als Helmschmuck bei Schlachten getragen. Der Saphir, der das Kreuz schmückt, soll Edward the Confessor gehört haben. Prachtexemplare sind die beiden lupenreinen ›*Stars of Africa*‹. Diese beiden tropfen- und kissenförmig geschliffenen Steine stammen vom Cullinan, dem mit über 3100 Karat größten

Die Imperial State Crown der Königin zieren zahlreiche Diamanten und Perlen

Rohdiamanten, der je gefunden wurde. Der kleinere von ihnen ist ebenfalls in die Krone eingearbeitet, während sein Pendant das königliche Zepter schmückt. Weitere Glanzstücke sind die *Imperial Indian Crown*, die indische Kaiserkrone, mit einem hochkarätigen Smaragd, sowie die 1937 für die spätere Königinmutter angefertigte *Queen Elizabeth Crown* mit dem legendären ›*Koh-i-noor*‹-Diamanten, der aus Indien stammt und sich seit der Eroberung des Punjab 1849 im Besitz der englischen Krone befindet.

Abschließend gilt es noch die **Raben** des Tower zu erwähnen. Sie werden von fünf Beefeatern gehätschelt und gepflegt, denn, so geht die Sage, solange Raben in der Festung leben, bleibt das Königreich bestehen. Allerdings können die Vögel aufgrund ihrer gestutzten Flugfedern ohnehin nicht das Weite suchen.

29 St. Katharine Docks

Jachthafen-Atmosphäre inmitten der Großstadt.

www.skdocks.co.uk
U-Bahn Tower Hill oder London Bridge

Jenseits der Auffahrt zur Tower Bridge befinden sich die 1828 von Thomas Telford erbauten **St. Katharine Docks**. Alte Lagerhäuser säumen das Hafenbecken, das über einen schmalen Kanal mit der Themse verbunden ist. Wo einst Lastschiffe entladen wurden, liegen heute teure Privatboote vor Anker. In den Pubs am Wasser kann man sich ein Pint schmecken lassen. Sehr beliebt ist das *Dickens Inn* (Tel. 020/74882208, www.dickensinn.co.uk) aus dem 18. Jh.

Ein gut zehnminütiger Spaziergang an der Themse entlang führt zum traditionsreichen Pub *Town of Ramsgate*. Noch einmal so weit die Themse abwärts versorgt das Pub **The Prospect of Whitby** [s. S. 176] schon seit dem Jahr 1520 seine Gäste mit frischem Ale. Von seiner Terrasse hat man einen fantastischen Blick auf die Themse.

TOP TIPP

30 All Hallows by the Tower

Eindrucksvolle Kirche aus dem 7. Jh. mit antiken Reminiszenzen.

Byward Street, EC3
Tel. 020/74812928
www.ahbtt.org.uk
Mo–Fr 9–17.30, Sa/So 10–17 Uhr
U-Bahn Tower Hill

Zwischen nüchternen, glatten Hochhausfassaden steht die Kirche All Hallows by the Tower. Die älteste Kirche in der City of London ist eine Mischung verschiedener Stilepochen. Zuletzt wurde dem Turmstumpf des kantigen roten Ziegelbaus 1959 eine verspielt gestaltete grüne Spitze aufgesetzt.

Im **Museum** in der Krypta sind Exponate aus römischer und angelsächsischer Zeit versammelt. Ein Modell stellt das römische Londinium dar. Man beachte auch den Mosaikfußboden! Er gehört zu jener römischen Villa, auf deren Fundamenten All Hallows steht. Ebenfalls sehenswert ist der *Feldaltar*, den Richard I. Löwenherz auf seinen Kreuzzügen mit sich führte. Das alte *Taufbecken*, dessen Stein mit Cherubinen und üppigen Früchten geschmückt ist, wird von einem Täubchen bekrönt. Es gilt als eine Arbeit von Grinling Gibbons (1648–1721). Die *Kitchen@Tower* im Kirchhof lädt zur Rast, auf der Speisekarte stehen einfache Gerichte.

Gleich gegenüber in Seething Lane wohnte der London-Chronist des 17. Jh., *Samuel Pepys*. Der Präsident der Royal Society beobachtete vom Kirchturm von All Hallows aus das Große Feuer von 1666. Ein Übergreifen der Flammen auf die Kirche verhinderte Admiral Sir William Penn. Er ließ die umliegenden Häuser sprengen und schlug so eine Brandschneise in die Stadt.

Mahnmal – die Monument genannte Säule erinnert an den Großen Brand von 1666

31 The Monument

Die hoch aufragende Steinsäule erinnert an den Großen Brand.

Monument Street/Fish Street Hill, EC3
Tel. 020/76262717
www.themonument.info
tgl. 9.30–17.30 Uhr
U-Bahn Monument

Unübersehbar ragt eine dorische **Säule** aus weißem Portland-Stein an der Kreuzung von Monument Street und Fish Street auf. Sie erinnert an das verheerendste Feuer, das jemals in London wütete. Über eine Wendeltreppe mit 311 Stufen gelangt man zur Aussichtsplattform, von der sich ein großartiger Blick über die City bietet. Den Abschluss der Säule bildet eine 14 m hohe goldene Urne, aus der ein leuchtender Flammenball züngelt.

Sir Christopher Wren schuf 1671 mit diesem Mahnmal die höchste frei stehende Steinsäule der Welt. Ihr Höhenmaß von 61,5 m entspricht genau der Entfernung zu jener Bäckerei, in der am 2. September 1666 der Großbrand ausbrach. Vier Fünftel der City und mehr als 13 000 Häuser wurden binnen vier Tagen und Nächten zerstört. Nur ›The Blitz‹, die Bombardierung Londons während des Zweiten Weltkriegs, stellte eine vergleichbare Katastrophe dar.

32 Fishmongers' Hall

Von Zunfthäusern wie dem der Fischhändlergilde geht die Macht in Londons City aus.

London Bridge, EC3
Tel. 020/76 26 35 31
www.fishhall.co.uk
Besichtigung nur im Rahmen einer Führung nach Voranmeldung
U-Bahn Monument

Die *Fishmongers' Hall*, das Zunfthaus der Gilde der Fischhändler, ist ein klassizistischer Prachtbau im ›Greek Revival‹-Stil. Bei Führungen durch das Haus bekommt man den *Dolch* zu sehen, mit dem der Gildenvorstand und Bürgermeister William Walworth im 14. Jh. den Anführer aufständischer Bauern, Wat Tyler, tötete – außerdem wertvolle Gemälde, darunter ein Porträt des heutigen Königspaares aus den 1950er-Jahren von Pietro Annigoni. Seine Darstellung der Queen wurde auf Briefmarken und Banknoten millionenfach abgedruckt.

Die altehrwürdige, bereits im 13. Jh. gegründete Fischhändlergilde ist eine von annähernd 100 verschiedenen **City Livery Companies**, also Handwerksgilden. Nur knapp ein Drittel verfügt über eigene Zunfthäuser, und davon wiederum zeichnen sich nur die *Twelve Great Livery Companies* durch besonderen Wohlstand (und meist auch durch eigene Kunstsammlungen) aus. Alle gemeinsam wählen den Lord Mayor of London und bestimmen über die Geschicke der City.

Die Themse und ihre Brücken

Jahrhundertelang war die Themse die wichtigste **Hauptverkehrsader** der Metropole. Erst Eisenbahnschienen, Autostraßen und ein weitläufiges U-Bahnnetz machten ihr diese Vorrangstellung streitig.

Wenn man es nicht eilig hat, sondern auf angenehme Weise möglichst viel von London sehen möchte, sind **Ausflugsboote** [s. S. 178] die richtige Wahl. Sie fahren ab Westminster Pier (Victoria Embankment) flussabwärts bis nach Greenwich und flussaufwärts bis nach Hampton Court.

Zwischen Hampton Court und Tower Bridge gibt es insgesamt **34 Brücken**. Östlich der Tower Bridge muss man sich mit Fähren oder Tunnels behelfen. Die älteste Themsebrücke der Stadt, die **London Bridge** (www.oldlondonbridge.com), war jahrhundertelang die einzige.

Westminster Bridge wurde gegen den Widerstand der Fährschiffer erbaut und 1750 mit viel Pomp eröffnet. Sie war es, die den Romantiker William Wordsworth zu seinem berühmten Gedicht ›Composed upon Westminster Bridge, Sept. 3, 1802‹ inspirierte. Die jetzige Brücke wurde rund 100 Jahre später von Thomas Page und Sir Charles Barry erbaut. An ihrem Nordende, am Victoria Embankment, befindet sich eine Bronzestatue der legendären **Königin Boudicca**, die um 61 n. Chr. einen Aufstand gegen die Römer angeführt haben soll.

Besonders malerisch sind die **Albert Bridge** (1871–73) in Chelsea, eine dreigliedrige Hängebrücke, deren Aufhängung nachts hell erleuchtet ist, und die wesentlich berühmtere **Tower Bridge** [Nr. 27], die zum Wahrzeichen der Themsestadt avancierte.

An der Schwelle zum 21. Jh. leistete man sich etwas ganz Besonderes: Die Architekten Sir Norman Foster und Spencer de Grey schufen die **Millennium Bridge**, eine filigrane Stahl- und Holzkonstruktion zwischen St. Paul's Cathedral und Tate Modern. Die Eisenbahnbrücke Hungerford Bridge flankieren die beiden 2002 eröffneten Fußgängerbrücken namens **Golden Jubilee Bridges**.

In der Guildhall versammeln sich die Zünfte der City of London zur Wahl des Lord Mayor

33 London Stone und Temple of Mithras

Geheimnisvolle Steine, Reste von Tempeln und Palästen.

111 Cannon Street und
11 Queen Victoria Street, EC4
U-Bahn Bank und Mansion House

Ein Gitter in der Außenmauer von No. 111 Cannon Street schützt den **London Stone**. Eine Legende berichtet, London werde untergehen, sollte er jemals zerstört oder geraubt werden. Einer anderen Theorie zufolge berechneten die Römer von dem Stein aus alle Entfernungen in der Provinz Britannien. Plausibilität verleiht dieser Vermutung die Tatsache, dass sich jenseits der Cannon Street im 1. Jh. n. Chr. der römische *Governor's Palace* befand. Nichts ist von ihm zu sehen: Die Grundmauern der Residenz sind unter den Fundamenten des Bahnhofs Cannon Street Station verborgen.

Etwas weiter nördlich, in der Queen Victoria Street, stößt man auf die Grundmauern des **Temple of Mithras**, ein römisches Heiligtum aus dem Jahr 250 n. Chr. Die dazu gehörigen Fundstücke – einige Marmorbüsten und Statuen – werden zusammen mit einer Rekonstruktion des Mithräums im nahen Museum of London [Nr. 44] gezeigt.

34 Guildhall

Rathaus der City of London mit Prachtsaal, Bibliothek und Art Gallery.

Gresham Street, EC2
Tel. 020/76 06 30 30
www.cityoflondon.gov.uk
Mo–Fr 9.30–17.30, Sa 9.30–17 Uhr, während der Sitzungen sind Gallery und Museum zeitweise geschl., telefonische Anfrage empfohlen
Guildhall Clock Museum: Mo–Sa 10–17, So 12–16 Uhr
Library: Mo–Fr 9.30–16.45 Uhr
Guildhall Art Gallery: Mo–Sa 10–17, So 12–16 Uhr
U-Bahn Bank oder St. Paul's

Die Fassade der Guildhall vereint gotische und klassizistische Stilelemente auf harmonische Weise. George Dance schuf sie 1788/89. Auf dem Stadtwappen über dem Portal prangt der Wahlspruch der City of London: ›Domine dirige nos‹ – ›Führe uns, Herr‹.

Durch eine Säulenvorhalle mit gotischem Kreuzgewölbe betritt man die Great Hall. Dort versammelten sich die Zünfte der City of London, um über die Geschicke der Stadt zu entscheiden. Die Wappen der wichtigsten unter ihnen, der *Twelve Great Livery Companies* (Zwölf Großen Zünfte) zieren die Wände der

Halle. Wie seit dem Hochmittelalter werden auch im 21. Jh. Bürgermeister und Rat der City nicht von den einzelnen Einwohnern, sondern von den in der City ansässigen Unternehmen gewählt.

Die Statuen in der Great Hall stellen William Pitt d. Ä. und William Pitt d. J., Winston Churchill, Admiral Nelson und den Duke of Wellington dar. Außerdem sind ein Denkmal für die Royal Fusiliers, das Stadtschwert sowie Stadtzepter und die hölzernen Riesen und mythischen Fabelwesen Gog und Magog zu sehen. Die Krypta unter der Halle stammt aus dem 15. Jh. und wird von einem Kreuzrippengewölbe überspannt.

An jedem dritten Donnerstag um 13 Uhr findet in der Great Hall die Versammlung des *Court of Common Council* statt. Auch Touristen dürfen diese Gemeinderatssitzung, zu der Aldermen und Councilmen in historischen Kostümen erscheinen, besuchen. Nur ein erlesener Kreis kann dagegen der Amtseinführung des Lord Mayor am zweiten Freitag im November beiwohnen. Der feierlichen Zeremonie folgt am Tag darauf die pompöse *Lord Mayor's Parade*.

Ein eigener Eingang am Aldermanbury Square führt in die **Guildhall Library**. Sie verfügt über 150 000 Bände zur Stadtgeschichte. Ihr Gründer war der berühmteste aller Lord Mayors, Dick Whittington, der zwischen 1379 und 1419 viermal ins Amt gewählt wurde.

Im Westflügel präsentiert das **Guildhall Clock Museum** seine rund 700 tickenden Exponate. Die **Guildhall Art Gallery** zeigt Werke des 17.–20. Jh. von Constable, Millais, Copley etc. Sie befindet sich im Ostflügel, der im 20. Jh. angebaut wurde.

35 Mansion House

Der offizielle Wohnsitz des Lord Mayor.

Mansion House Place, EC4
Tel. 020/76 26 25 00
www.cityoflondon.gov.uk
Führungen ohne Voranmeldung jeden Di 14 Uhr (Aug. geschl.) oder nach Anmeldung: tours.mansionhouse@cityoflondon.gov.uk
U-Bahn Bank

In Sachen Prachtentfaltung kann sich Mansion House, die Residenz des Lord Mayor der City of London, mit manchem Herrenhaus messen. An der Schauseite führen zwei Freitreppen hinauf zur korinthischen Säulenvorhalle. Von hier nimmt der Lord Mayor offizielle Veranstaltungen und Paraden ab. Die Skulpturengruppe am Giebel ist eine allegorische Darstellung von Reichtum und Würde. Entworfen wurde der 1739–53 errichtete Bau von George Dance d. Ä.

Im Rahmen von Führungen kann man das Erdgeschoss von Mansion House besichtigen. Vom repräsentativen Empfangssaal geht es in die 30 m lange *Egyptian Hall*, in der große Bankette veranstaltet werden Zugänglich sind auch verschiedene Parlours und Drawing Rooms – Gesellschaftsräume von geradezu überwältigender Pracht. Allenthalben schmücken Werke holländischer Künstler des 17. Jh. die Wände.

Im ersten Stock befinden sich die privaten Wohnräume des Lord Mayor. Dem dürfte es allerdings schwer fallen, sich hier so richtig gemütlich niederzulassen. Seine Amtszeit ist nämlich stets auf ein Jahr begrenzt. Während dieser Zeit allerdings ist er – gleich nach dem Monarchen – die zweitwichtigste Person der City. Er verfügt über eigene Gerichtsbarkeit und Polizei. Auch das aktuelle *Password*, die geheime Tagesparole für den Tower, wird dem Lord Mayor mitgeteilt.

36 St. Stephen Walbrook

Sie wird als schönste City-Kirche Sir Christopher Wrens gepriesen.

39 Walbrook, EC4
Tel. 020/76 26 90 00
www.ststephenwalbrook.net
Mo–Fr 10–16 Uhr
U-Bahn Bank

Von außen wirkt die Gemeindekirche des Lord Mayor eher unscheinbar – um so überwältigender ist das Innere: Hinter der schlichten Fassade verbirgt sich ein Meisterwerk Wrenscher Baukunst. St. Stephen Walbrook, erbaut 1672–79, diente ihm quasi als Modell für sein Lebenswerk, St. Paul's Cathedral [Nr. 47].

Ein einzigartiges Spiel von Licht und Schatten prägt den durch korinthische Säulen gegliederten **Innenraum**, in dem alles auf einen einzigen Punkt zuzustreben scheint: die riesige **Kuppel**, das Herzstück der Kirche, das umgeben wird von einem geschickt angeordneten Fenstergeschoss.

Der feingliedrige **Barockturm** wurde 1717 angefügt. Im Zuge der Restaurierungsarbeiten nach dem Zweiten Welt-

Zwischen der Bank of England (links) und der Royal Exchange steht das London War Memorial

krieg erhielt die Kirche einen kreisrunden steinernen **Altar**. Die Arbeit des Bildhauers Henry Moore wurde wegen ihrer ungewöhnlichen Form schon bald als ›The Camembert‹ bezeichnet.

37 Bank of England

Die Britische Zentralbank hütet die Goldvorräte des Landes.

Threadneedle Street, EC2
Tel. 020/76 01 55 45
www.bankofengland.co.uk
Museum: Bartholomew Lane
Mo–Fr 10–16 Uhr
U-Bahn Bank

Die Bank of England wendet ihre elegante Fassade der Threadneedle Street zu. Die korinthischen Doppelsäulen des Portikus tragen den Giebel, in dem eine Personfikation der ›Britannia‹ thront. Im 1. Geschoss stehen Statuen auf hohen Postamenten Spalier. Sir John Soane entwarf die Bank, erst 1833 wurde sie vollendet. Neueren Datums ist der siebenstöckige Büroriegel dahinter, dessen Bau der Platznot in der Zentralbank geschuldet ist und 1923–39 angefügt wurde.

Über den Seiteneingang an der Bartholomew Lane gelangt man ins **Bank of England Museum**. Der Rundgang beginnt in einer Rekonstruktion von Soanes Schalterraum, dem **Stock Office**. Mahagoni-Bankschalter und eichene Kassenbuchregale sorgen für die einer Zentralbank angemessene, seriöse Atmosphäre.

Anschließend geht es um die Anfänge des englischen Bankwesens und die Gründung der Bank of England. Die Idee für eine Zentralbank stammte von einem Schotten, dem Kaufmann William Paterson, ursprünglich mit dem Ziel, Geld zur Finanzierung des Kriegs mit Frankreich bereitzustellen. So wurde 1694 durch eine königliche Charta die Bank of England als private Gesellschaft gegründet.

Im nächsten Raum wird die Karikatur gezeigt, der die Bank of England ihr Alter Ego verdankt: Denn die Engländer stellen sie sich als knorrige alte Dame vor, so wie sie der Karikaturist James Gillray Ende des 18. Jh. in einem Cartoon als ›Old Lady of Threadneedle Street‹ zeichnete.

Im folgenden Saal sind Goldbarren und Silbermünzen versammelt, in einem Nebenzimmer werden unterschiedliche Pfundnoten gezeigt. Der Rundgang endet mit einem Blick auf all die Aufgaben, die der Bank of England obliegen, etwa der Festsetzung des jeweiligen Leitzinses. In den freilich nicht zugänglichen und streng gesicherten Kellergewölben ist die nationale Goldreserve untergebracht.

38 Royal Exchange

Luxuriöse Geschäfte in Londons Tempel des Geldes.

Threadneedle Street, EC2
www.theroyalexchange.com
U-Bahn Bank

Noch deutlicher als die Bank of England auf der anderen Seite der Threadneedle Street ist die Royal Exchange wie ein Tempel gestaltet. Ziemlich passend, schließlich ist die einstige Warenbörse inzwischen eine luxuriöse Weihestätte des Konsums. Sir William Tite schuf das Gebäude 1844 im klassizistischen Stil. Acht korinthische Säulen tragen die *Vorhalle*. Das breite Giebelfeld zeigt ein *Relief* von Richard Westmacott d. J.: Eine Personifizierung des Handels präsentiert die Charta der Börse dem Lord Mayor und Kaufleuten verschiedener Nationen.

Eine Freitreppe, von der aus früher für die Geschäftsleute der City wichtige Nachrichten verkündet wurden, führt zum Haupteingang hinauf. Dahinter öffnet sich ein wahres Paradies für gut betuchte Konsumenten. Gucci und Tiffany, Bulgari und Paul Smith sind mit Läden vertreten. Auch Besucher, denen das nötige Kleingeld für einen Einkaufsbummel fehlt, werden an einem Rundgang ihre Freude haben. Verweilen kann man im Grand Café inmitten des überdachten Innenhofs. Bis zum Zweiten Weltkrieg verhandelten dort Börsenmakler und Händler über den Preis von Getreide, Holz oder Schweinehälften.

Der Grashüpfer auf der Wetterfahne des Turms über der Royal Exchange erinnert an Sir Thomas Gresham, dessen Wappentier er war. Auf Betreiben dieses wohlhabenden Kaufmanns hin wurde 1566 die Royal Exchange, die Königliche Warenbörse, gegründet.

39 Lloyd's of London

Postmodernes Hochhaus einer traditionsreichen Versicherung.

Nicht öffentlich zugänglich
Lime Street, EC3
U-Bahn Bank oder Monument

Es war das erste Hochhaus Londons, das für Schlagzeilen sorgte: ein architektonisches Abenteuer aus Glas und Stahl im **High-Tech-Stil**, 1986 von der Queen persönlich eingeweiht. Architekt *Richard Rogers* kehrte bei Lloyd's of London das Innere nach außen: Alle Versorgungsleitungen, Treppen und Fahrstühle befinden sich in den sechs Türmen am Büroturm. Das spart Platz und sieht originell aus. Das Unternehmen Lloyd's of London ist seit Jahrhunderten ein Synonym für Zuverlässigkeit und Vertrauenswürdigkeit. So sehr sich das Geschäft der Gesellschaft in den letzten Jahren auch geändert hat: Schon seit 300 Jahren wird die *Lutine Bell* geläutet – eine aus dem 18. Jh. stammende Schiffsglocke, die im Erdgeschoss des Glaspalastes ihren Platz hat. Beim Eintreffen schlechter Nachrichten erklingt sie einmal, bei guten Neuigkeiten allerdings zweimal.

Bei Lloyd's ist ein Heer von Versicherungsträgern (Brokers) und Versicherungsnehmern (Underwriters) beschäf-

Im Innenhof der Royal Exchange wurde noch Anfang des 20. Jh. mit Waren gehandelt

tigt. Angefangen hatte alles in einem kleinen Kaffeehaus in der Nähe des Tower, das sich bald einen Ruf als zuverlässige Informationsquelle für Schifffahrtsnachrichten aller Art erwarb. Der Besitzer **Edward Lloyd** wurde zum Begründer des später weltweit tätigen Versicherungsimperiums. Versichert wurde so ziemlich alles – von den Beinen Marlene Dietrichs bis zur Ölplattform Piper Alpha.

Einige Straßen von dem Architekturriesen entfernt befindet sich der **Leadenhall Market**, eine schöne Passage des 19. Jh. mit Pubs, Fisch- und Lebensmittelständen und Sandwichshops. Hier treffen sich Banker und Angestellte zum Lunch.

40 30 St. Mary Axe

The Gherkin

Sir Norman Fosters gurkenförmiger Prestigebau und andere Hochhäuser.

30 St. Mary Axe
www.30stmaryaxe.co.uk
nicht öffentlich zugänglich
U-Bahn Aldgate

Kein anderes in den 00er-Jahren des 21. Jh. vollendetes Bauwerk hat Londons Skyline so nachhaltig verändert wie 30 St. Mary Axe (2004). Wie ein Projektil – die Londoner sagen wie eine Essiggurke, daher der Spitzname *The Gherkin* – ragt der Turm 180 m hoch in den Himmel über der Stadt. Sir Norman Foster schuf für seinen Auftraggeber, die Schweizer Rückversicherung Swiss Re, keinen blockhaften Hochhausriesen von der Stange, sondern ein organisch geformtes, nach oben rund zulaufendes Kunstwerk.

30 St. Mary Axe gab zugleich den Startschuss für eine Reihe weiterer ambitionierter Hochhausprojekte in der City of London. Nur 200 Meter Luftlinie entfernt am Bishopsgate erhebt sich seit 2011 der *Heron Tower* des amerikanischen Architekturbüros Kohn Pedersen Fox. Im Gegensatz zu Fosters Meisterwerk beeindruckt er nicht durch seine architektonische Raffinesse, sondern allein durch seine Höhe von 202 m.

Optisch ansprechender wird der von den gleichen Architekten geplante *Pinnacle* sein. Er wächst ebenfalls am Bishopsgate in die Höhe. Seine obersten Stockwerke werden sich nach Art einer Spirale verwinden – man könnte auch sagen wie ein Korkenzieher. Bis auf 288 m soll er sich emporschrauben. Wegen der Wirtschaftskrise in England gehen die Bauarbeiten aber nur schleppend voran.

Nicht minder extravagant wirkt *The Shard London Bridge* jenseits der Themse in Southwark [Nr. 115]. Der Italiener Renzo Piano zeichnet für den nach oben hin schmal zulaufenden Wolkenkratzer verantwortlich. Büros, ein 5-Sterne-Hotel sowie Luxusapartments verteilen sich auf seinen 310 m Höhe. Damit ist der Turm das höchste Gebäude in der Europäischen Union.

41 Barbican Centre

Die schönen Künste in einem Riesen aus grauem Beton.

Haupteingang Whitecross Street/
Silk Street, Barbican, EC2
Tel. 020/76 38 41 41 (Vermittlung),
Tel. 020/76 38 88 91 (Tickets)
www.barbican.org.uk
Mo–Sa 8–23, So 11–23 Uhr
U-Bahn Barbican, Moorgate, St. Paul's,
Bank oder Liverpool Street

Das Barbican Centre ist ein gigantisches Kultur- und Kunstzentrum. Dem der Bauzeit in den 1970er-Jahren vorherrschen-

Alt und neu vereint in der City of London: Vorn der Tower, hinten 30 St. Mary Axe

den Baustil entsprechend gleicht es einer Wüstenei aus Beton, Glas und Stahl. Es ist nicht gerade einfach, sich auf dem Gelände zurechtzufinden. Bei aller Kritik am Antlitz des Barbican muss man allerdings den Architekten Chamberlain, Powell und Bon zugute halten, dass ihr Werk den Anforderungen der hier ansässigen Galerien, Orchester und Theater gerecht wird.

Das Innere des 1982 eröffneten Kultur-Giganten bietet auf insgesamt zehn Ebenen (vier davon unterirdisch) für jeden etwas. So bringt das *London Symphony Orchestra* großartige Musik zu Gehör. Es gibt das Studiotheater ›The Pit‹,

Räume für die Kunst – im Barbican Centre wird auch moderne Malerei gezeigt

Blick durch das Schaufenster des Museum of London auf die Lord Mayor's State Coach

das Barbican Theatre und den Konzert- und Konferenzsaal Barbican Hall, außerdem drei Kinos, eine Galerie für Wechselausstellungen, eine Leihbibliothek, einen Wintergarten, diverse Läden, Coffee Bars und Restaurants. Über Mittag und am Wochenende finden im Foyer oft kostenlose Konzerte statt.

Streng genommen handelt es sich beim Barbican um ein viel umfassenderes, zwischen Aldersgate Street und Moorgate gelegenes Gelände, das im Zweiten Weltkrieg fast völlig zerstört und daraufhin als größtes und damals modernstes Wohngebiet der City wieder aufgebaut wurde. Ursprünglich wurde mit dem Namen Barbican ein Wachtturm der Stadtmauer London Wall bezeichnet. Die gibt es längst nicht mehr, stattdessen erheben sich die drei riesigen Hochhausblocks **Shakespeare**, **Cromwell** und **Lauderdale Tower** als weithin sichtbare Landmarken über dem Viertel, das allerdings nicht unbedingt als Renommierbeispiel für gelungene Architektur und Städteplanung gilt.

42 Wesley's House and Chapel

Wohnhaus des Begründers der Methodistenbewegung mit kleinem Museum.

47–49 City Road, EC1
Tel. 020/72 53 22 62
www.wesleyschapel.org.uk
Mo–Mi, Fr/Sa 10–16, Do 10–12.45 und 13.30–16, So 12.30–13.45 Uhr
U-Bahn Old Street

Den letzten Abschnitt seines langen Lebens verbrachte er hier: John Wesley (1703–1792), Erweckungsprediger und Missionar, der die methodistische Glaubensbewegung ins Leben rief. Wesley's House ist noch heute mit seinen schlichten Möbeln eingerichtet.

Die benachbarte Kapelle ließ Wesley im Jahr 1778 errichten. Hier wurde die frühere Premierministerin Margaret Thatcher getraut, die erst später zum anglikanischen Glauben übertrat. Die Säulen der Kapelle sind aus den Masten eines alten Kriegsschiffs gefertigt, ein Geschenk von George III. In der Krypta ist das **Museum of Methodism** untergebracht. Dort kann man kuriose Ausstellungsstücke wie z. B. einen Packen Spielkarten mit biblischen Texten sehen. Eine Statue im Kirchhof erinnert an Wesley, dessen Grab sich auf dem Friedhof hinter der Kapelle befindet.

43 Geffrye Museum

Das Geffrye Museum ermöglicht einen Blick in britische Wohnzimmer.

Kingsland Road, E2
Tel. 020/77 39 98 93
www.geffrye-museum.org.uk
Di–Sa 10–17, So 12–17 Uhr
U-Bahn Liverpool Street oder Old Street

In eleganten Backsteingebäuden aus dem frühen 18. Jh. ist das Geffrye Museum zu Hause. Hier kann man in die Lebenswelt der englischen Mittelklasse eintauchen. Denn chronologisch angeordnet wurden in seinen Räumen englische Wohnzimmer ab etwa 1600 bis zum Ende des 20. Jh. nachgebaut.

Ursprünglich waren die Reihenhäuser des Museums für bedürftige Mitglieder der Eisenwarenhändlergilde bestimmt. Gestiftet hatte sie Sir Robert Geffrye, ehemaliger Lord Mayor und zweimaliger Vorstand dieser Gilde, zusammen mit einer kleinen Kapelle im Jahr 1712. Damals lebten ganze Familien in einem einzigen, kärglich eingerichteten Zimmer.

Um wieviel gemütlicher ist da doch das Wohnzimmer eines Stadthauses in der Mitte des 19. Jh. Die Sessel sind gepolstert, es gibt ein Klavier und Gesellschaftsspiele. Besonders deutlich tritt dem Betrachter der technologische Wandel vor Augen, denn selbst der aktuellste Raum von 1998 wirkt fast altmodisch: In der Ecke steht noch ein Röhren- und kein Flachbildfernseher, es fehlen DVD-Player und MP3-Spieler. Präsentiert wird übrigens nicht nur das englische Wohnzimmer im Wandel der Zeit, sondern auch der englische Garten, denn auch dort haben sich über die Jahrhunderte immer wieder neue Moden entwickelt.

44 Museum of London

TOP TIPP *Sehr lebendiges Museum zur Londoner Stadtgeschichte.*

150 London Wall, EC2
Tel. 020/70 01 98 44
www.museumoflondon.org.uk
tgl. 10–18 Uhr
U-Bahn Barbican, St. Paul's, Moorgate

Das äußerst interessante und dank vieler interaktiver Stationen auch für Kinder spannende Museum of London liegt am Rande des Barbican-Viertels mit Blick auf die verkehrsreiche Straße London Wall.

Die chronologisch angeordnete Ausstellung beginnt im Prähistorischen und führt weiter durch die Römerzeit. Zu den Highlights zählen die Ausgrabungsstücke des 1954 bei Bauarbeiten in der City entdeckten *Temple of Mithras* [s. S. 54]. Auch ein römischer Hauswirtschaftsraum wurde nachgebaut. Es folgt die Abteilung zum Mittelalter, dann geht es

Auch mit dem rasanten Wachstum Londons im 17. Jh. befasst sich das Museum of London

durch die Epochen der Tudors und Stuarts. Dort gibt es Zimmer einer Kaufmannsvilla aus dem 17. Jh. zu sehen. Eine *Multimediashow* lässt die Besucher den Großen Brand von 1666 nacherleben.

Im Stockwerk darunter wird die Neuzeit erschlossen, also die Regierungsjahre der Hannoveraner und von Queen Victoria. Dort gibt es ein viktorianisches Pfandhaus sowie eine schaurige Gefängniszelle aus dem berüchtigten Newgate Prison. Der wunderschöne Art-Déco-Fahrstuhl, der in den 1920er-Jahren Kunden im Kaufhaus Selfridges auf und ab beförderte, lässt Wehmut aufkommen ob der Schönheit von Gebrauchsgegenständen vergangener Tage.

Das späte 20. und frühe 21. Jh. kommen in den *Galleries of Modern London* zu ihrem Recht. An sie schließt sich die zur Straße London Wall hin verglaste *City Gallery* an. Ihr Prunkstück ist die vergoldete *Lord Mayor's State Coach* von 1757. Die Kutsche verschwindet einmal im Jahr von ihrem angestammten Platz, wenn ein neuer Lord Mayor in sein Amt eingeführt wird. Durch die großen Fenster des Saals blickt man direkt auf London Wall, die Exponate in den Vitrinen thematisieren die enge Verknüpfung uralter Traditionen und hypermoderner Geschäftswelt im London des 21. Jh.

45 Charterhouse

Repräsentatives Altenheim in einem einstigen Karthäuserkloster.

Charterhouse Square, EC1
Tel. 020/72 53 95 03
www.thecharterhouse.org
Führung April–Aug. Mi 14.15 Uhr
nur auf schriftliche Anmeldung
U-Bahn Barbican

Der weitläufige Gebäudekomplex des Charterhouse gruppiert sich um vier große Innenhöfe nördlich des Charterhouse Square. Seit über 300 Jahren leben hier bedürftige Senioren in herrschaftlichem Ambiente.

Geschichte Sir Walter de Manny, ein tapferer Ritter und großherziger Mensch, pachtete 1348 ein Stück Land von St. Bartholomew's Hospital, um einen Friedhof für Pesttote anzulegen. Kurz vor seinem Tod 1371 beschloss der fromme Mann, an derselben Stelle ein *Kartäuserkloster* zu gründen. Henry Yevele, Baumeister von Westminster Abbey, errichtete die Anlage mit 24 Mönchszellen.

Nach der Auflösung der Klöster unter Henry VIII. ging der Besitz zunächst an Edward North über, 1611 wurde das Kloster an den steinreichen Bergwerksbesitzer *Thomas Sutton* verkauft. Dieser richtete eine Stiftung ein, die in Charterhouse ein Spital und Altenheim für 80 Junggesellen oder Witwer sowie eine Schule für 40 Buben aus mittellosen Familien finanzierte. Das Internat, das heute zu den elitärsten Public Schools Großbritanniens gehört, zog 1872 nach Godalming, Surrey. Die Pensionäre, sie werden *Brothers* genannt, leben noch im Charterhouse.

Besichtigung Die Fassade des Charterhouse zum Charterhouse Square hin stammt aus der Zeit, als hier Baron North, ein Berater König Henrys VIII., wohnte. Durch das Haupttor gelangt man auf den Master's Court, dessen östliche Mauern noch von der Klosterkirche erhalten sind. North ließ auch die imposante Great Hall erbauen. Dort nehmen die *Brothers* ihre Mahlzeiten ein.

In der **Kapelle** erinnert ein reich verziertes *Grabmonument* aus Alabaster und schwarzem Marmor – das Relief zeigt dankbare Schüler und Pensionäre – an den Wohltäter Thomas Sutton, dessen lebensgroße Statue von Nicholas Stone gefertigt wurde. In der aus dem 17. Jh. stammenden **Bibliothek** schließlich bekommt man großartige flämische Wandteppiche zu sehen.

46 St. Bartholomew-the-Great

Eine der besterhaltenen normannischen Kirchen Londons.

West Smithfield/Cloth Fair, EC1
Tel. 020/76 06 51 71
www.greatstbarts.com
Di–Fr 8.30–17 Uhr (Mitte Nov.–Mitte Febr. bis 16 Uhr), Sa 10.30–16, So 8.30–20 Uhr
U-Bahn Barbican, St. Paul's oder Farringdon

Wer die etwas versteckt liegende Kirche St. Bartholomew-the-Great besucht – ein Torbogen unter einem hübschen elisabethanischen Fachwerkhaus führt in den Kirchhof –, findet erstaunlich viel von der normannischen Bausubstanz erhalten: massive Rundpfeiler, hufeisenförmige Bogen, umlaufende Galerien sowie das Kreuzgewölbe des Wandelganges.

Kinder schauen in die Römerzeit – das Museum of London bietet spannende Einblicke

Das *Grabmal* des Kirchengründers Rahere mit einer Liegefigur aus dem 12. Jh. gehört zu den Kostbarkeiten der Kirche. Thomas Rahere, ein Höfling Henrys I., erkrankte auf einer Pilgerreise nach Rom und gelobte daraufhin, bei gesunder Rückkehr ein Krankenhaus errichten zu lassen. Nachdem ihm in einer Vision auch noch der hl. Bartholomäus erschienen war, versprach er zudem, eine Klosterkirche zu stiften. 1123 wurde beides in die Tat umgesetzt. Rahere selbst wurde der erste Prior des neu entstandenen *Augustinerklosters*. Am achteckigen *Taufbecken* aus dem frühen 15. Jh. wurde William Hogarth getauft. Sehenswert ist auch die *Marienkapelle* aus dem Jahr 1335. Im Kreuzgang gibt es ein nettes **Café**, das mit seiner großen Auswahl an in Klostern gebrauten Biersorten aus ganz Europa wirbt.

In den Schaufenstern des Einkaufszentrums One New Change spiegelt sich St. Paul's

47 St. Paul's Cathedral

TOP TIPP *Christopher Wrens sakrales Meisterwerk.*

St. Paul's Churchyard, EC4
Tel. 020/72 46 83 57
www.stpauls.co.uk
Mo–Sa 8.30–16 Uhr (letzter Einlass)
U-Bahn St. Paul's

Auch wenn der St. Paul's Cathedral in den vergangenen Jahrzehnten die Hochhäuser der City über den Kopf gewachsen sind, ist sie doch die zierende Krone der Innenstadt geblieben. Die Kathedrale ist dem Schutzheiligen Londons, dem Apostel Paulus, geweiht, fungiert als Sitz des Bishop of London und zugleich als Pfarrkirche des British Commonwealth.

Geschichte St. Paul's wurde nach dem Großen Feuer von 1666 errichtet. Schon seit dem Jahr 604 ist an dieser Stelle eine

Gebetsstätte bezeugt, zunächst der Sachsen und später der Normannen. Letztere begannen im 11. Jh. mit dem Bau von **Old St. Paul's**. Sie war eine der größten und schönsten Kirchen Europas. Im 16./17. Jh. befand sie sich in äußerst baufälligem Zustand, und so wurde zunächst Inigo Jones mit dringenden Restaurierungsarbeiten betraut. Nur wenige Tage bevor Old St. Paul's dann ein Raub der Flammen werden sollte, hatte auch Christopher Wren einige Pläne für die erneute Sanierung der Kirche vorgelegt. Nach dem Großen Brand fasste Wren einen kühnen Entschluss: St. Paul's sollte in Anlehnung an die Peterskirche in Rom ein **Kuppelbau** werden, mit einem Grundriss in der Form eines griechischen Kreuzes. Die Kirchenfürsten konnten sich mit diesem nach ihrem Geschmack zu unkonventionellen Great Model nicht anfreunden. Mehrere Entwürfe wurden abgelehnt, ehe man sich schließlich auf das

Warrant Design einigte, eine Verquickung Wrens früherer Ideen mit den Vorgaben der Kirchenoberen: Die Kuppel blieb, das griechische Kreuz als Grundriss wich einem lateinischen, und doch veränderte Wren die Pläne während der 36-jährigen Bauzeit der Kathedrale (1675–1711) so häufig, dass das Endergebnis von seinem ursprünglichen Plan nicht mehr allzu weit entfernt war.

Besichtigung Das **Hauptportal [1]** der gut 170 m langen und in der Kuppel 111 m hohen Kathedrale befindet sich an der Westseite. Eine Freitreppe führt hinauf zum zweigeschossigen Portikus mit korinthischen Doppelsäulen, bekrönt von einem Giebel. Die *Figurengruppe* im Giebelfeld stammt von Francis Bird und zeigt die Bekehrung des Saulus zum Apostel Paulus. Die den Giebel bekrönenden Statuen, rechts und links die Apostel Petrus und Jakobus, auf der Giebelspitze der hl. Paulus, stammen von demselben Künstler. Der Portikus wird flankiert von zwei weitgehend identischen *Barocktürmen*. Am Südturm zeigt die Turmuhr die Zeit an, im Inneren schlägt die Glocke *Great Paul*. Zwischen den Türmen erhebt sich die von korinthischen Säulen getragene riesige **Kuppel [2]**, die ihren Abschluss in einer von einem goldenen Kreuz bekrönten Laterne findet. Beim Bau der Kuppel galt es, ein ästhetisches und statisches Problem zu lösen: Äußerlich war eine gewisse Höhe nötig, um die Proportionen zu wahren und um die Kathedrale abzuheben von den anderen City-Kirchen. Im Inneren jedoch war diese Höhe unangebracht. Wren entschloss sich daher, insgesamt drei Kuppelschalen ineinanderzufügen, wobei die unsichtbare Mittelschale, eine metallverstärkte konische Ziegelkonstruktion, von der relativ leichten hölzernen Außenkuppel überwölbt wird und diese zugleich stützt.

Die unterste Kuppelschale bildet den Bereich, auf den der gesamte **Innenraum** der Kathedrale zuzustreben scheint. Sie zeigt acht Szenen aus dem Leben des Apostels Paulus, ein Werk des damaligen Hofmalers Sir James Thornhill, sowie Mosaiken von Salviati. Ehe man jedoch den Kuppelraum erreicht, sollte man, vom Westportal kommend, zunächst einmal den hellen, kühlen Innenraum auf sich wirken lassen.

Für viele Besucher ist der Aufstieg zur Kuppel die Hauptattraktion eines Besuchs in St. Paul's, wenngleich nicht jeder

genügend Puste für die über 600 Stufen bis ganz oben zur Golden Gallery mitbringt. Der erste Abschnitt hinauf zur **Whispering Gallery**, der Flüstergalerie, ist noch relativ harmlos. Ihren Namen verdankt sie einem verblüffenden akustischen Phänomen: Jedes Wort, und sei es nur geflüstert, ist im Rund der Galerie, deren Durchmesser über 30 m beträgt, hörbar. Thornhills bereits erwähnte Kuppelmalerei ist von hier aus am besten zu betrachten. Wesentlich enger und steiler ist der Aufstieg zur **Stone Gallery**, die in sehr luftiger Höhe den unteren Teil der Kuppel an der Außenseite umläuft. Der Blick über London ist von hier bereits grandios, weshalb dann nur wirklich durchtrainierte, schwindelfreie Besucher die letzten 166 Stufen hinauf zur **Golden Gallery** klettern, die lediglich von der Laterne überragt wird. Wer immer noch nicht genug hat: Auch die goldene Kugel über der Laterne bietet bis zu zehn Besuchern gleichzeitig Platz. Dort ist man dem Himmel sehr nah.

Im *nördlichen Seitenschiff* befindet sich **All Souls Chapel [3]**. Bei der Liegefigur in der Allerheiligenkapelle handelt es sich um den britischen Kriegsminister Lord Kitchener (1850–1916), der die Mobilmachung für den Ersten Weltkrieg leitete. **St. Dunstan's Chapel [4]** daneben ist privaten Gebeten vorbehalten.

Die **Chapel of the Order of St. Michael and St. George [5]** im südlichen Seitenschiff ist den Mitgliedern des gleichnamigen, im Jahr 1818 gegründeten Ordens geweiht. Die Auszeichnungen werden an jene Personen verliehen, die sich in besonderer Weise um den Commonwealth verdient gemacht haben. Die *Schnitzarbeiten* in der Kapelle stammen von Jonathan Maine.

Am Südende des *nördlichen Seitenschiffs* steht das bombastischere, marmorne **Wellington-Monument [6]** (1877) von Alfred Stevens. Der Baldachin über dem Bronzesarkophag ist geschmückt mit zwei allegorischen Figurengruppen, die Mut und Feigheit, Wahrheit und Lüge darstellen. Über allem thront die 1922 angefügte Reiterstatue des Duke of Wellington, der den Sieg in der Schlacht bei Waterloo errang.

Die Größe der St. Paul's Cathedral offenbart der Blick durch das Langhaus in den Chor

Im *nördlichen Querschiff* ist **The Light of the World [7]**, die Kopie eines Gemäldes des Präraffaeliten William Holman Hunt platziert, die der Künstler selbst im Jahr 1900 angefertigt hat. Außerdem werden im nördlichen Querschiff die Helden der Napoleonischen Kriege mit mehreren Monumenten geehrt.

Von den Denkmälern im *südlichen Querschiff* ist das **Nelson-Monument [8]** besonders hervorzuheben. Das Werk von John Flaxman zeigt den größten Seehelden der Nation, umgeben von Personifikationen der Nord- und Ostsee, des Mittelmeers und des Nils. Eine unter der Kuppel in den Boden eingelassene Steinplatte mit der Inschrift ›Si monumentum requiris, circumspice‹ (Wenn Du mein Denkmal suchst, schau Dich um) erinnert wieder an Christopher Wren. Dieselbe Inschrift finden wir auf Wrens Grab. Sie stammt von seinem Sohn.

Hinter der *Vierung* öffnet sich der **Chorraum [9]** mit Deckenbildern, die im 20. Jh. nach Originalvorlagen Wrens entstanden. Die Schnitzarbeiten an *Orgel* und *Chorgestühl* (17. Jh.) stammen von Grinling Gibbons. Hier pflegen der Lord Mayor und der Bishop of London zu sitzen, wenn sie St. Paul's besuchen. Der marmorne **Hochaltar [10]**, eine Arbeit aus dem Jahr 1958, entstand nach Skizzen von Christopher Wren. Die vergoldeten Holzsäulen auf beiden Seiten des Altars tragen einen ebenfalls hölzernen Balda-

47 St. Paul's Cathedral

1 Hauptportal
2 Kuppel
3 All Souls Chapel
4 St. Dunstan's Chapel
5 Chapel of the Order of St. Michael and St. George
6 Wellington-Monument
7 The Light of the World
8 Nelson-Monument
9 Chorraum
10 Hochaltar
11 Chorgitter
12 American Memorial Chapel (Jesus Chapel)
13 John Donne
14 Zugang zur Krypta

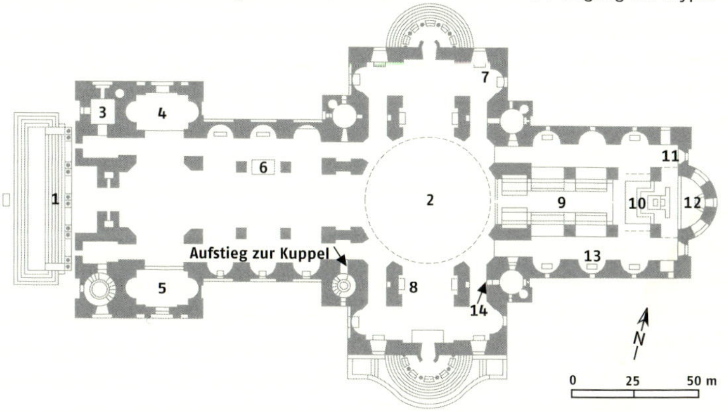

Christus Weltenherrscher – prächtige Mosaiken im Chorraum der St. Paul's Cathedral

chin, über dem eine Christus-Statue wacht. Bemerkenswert sind die schmiedeeisernen **Chorgitter [11]** von Jean Tijou. In der Apsis hinter dem Hochaltar findet sich schließlich die **American Memorial Chapel [12]** zum Gedenken an rund 25 000 amerikanische Soldaten, die im Zweiten Weltkrieg zusammen mit den Engländern kämpften und dabei ihr Leben lassen mussten. Ihre Namen sind auf einer Ehrenrolle verzeichnet. Die Buntglasfenster zeigen Szenen aus dem Leben Christi, die Aufopferung und Verherrlichung symbolisieren.

Ein schlichter Altar im nördlichen Chorumgang markiert die **Chapel of Modern Martyrs**, die Gedenkkapelle für all diejenigen, die nach 1851 für den anglikanischen Glauben gestorben sind. Im gegenüberliegenden südlichen Chorumgang öffnet sich die Marienkapelle und in einer Nische die Skulptur des Dichters und Dekans von St.Paul's, **John Donne [13]**. Die Figur, ein Werk des elisabethanischen Bildhauers Nicholas Stone von 1631, ist das Einzige, was aus Old St. Paul's gerettet werden konnte.

Südlich der Vierung befindet sich der Zugang zur **Krypta [14]**, die sich über das gesamte Untergeschoss der Kathedrale erstreckt und die für sich in Anspruch nimmt, weltweit die größte ihrer Art zu sein. Hier unten, in der früheren Schatzkammer, lädt *Oculus* zu einem 270°-Panorama-Filmerlebnis ein. Die künstlerisch inszenierte Dokumentation führt durch die 1400 Jahre überspannende Geschichte der St. Paul's Cathedral.

In der Krypta selbst liegen einige der bedeutendsten Persönlichkeiten der Nation begraben: Der Erbauer von St. Paul's, Sir Christopher Wren, fand unter einer schlichten Grabplatte seine letzte Ruhestätte. Die Büste und Totenmaske des großen Architekten sind ebenfalls in der Krypta zu sehen. Wrens Grab befindet sich in der ›Künstlerecke‹ von St. Paul's, quasi dem Gegenstück zur Poets' Corner (Dichterecke) in Westminster Abbey.

Die Maler Sir Joshua Reynolds und William Turner sind hier ebenso beigesetzt wie der Schriftsteller, Abenteurer und Orientalist T. E. Lawrence, die Präraffaeliten William Holman Hunt und John Everett Millais und viele andere mehr. Abermals stößt man auch auf *Admiral Nelson*, dessen eleganter schwarzer Marmorsarkophag unter einer eigenen kleinen, cremefarbenen Kuppel ruht. Der Sarg war ursprünglich von einem italienischen Steinmetz für Kardinal Wolsey gefertigt und später von Henry VIII. konfisziert worden, ehe man ihn als geeignete Ruhestätte für Nelsons Leichnam in Betracht zog. Der eigentliche, innere Holzsarg des Admirals wurde übrigens aus dem Mast eines in die Luft gesprengten französischen Flaggschiffes gefertigt. Auf einem Granitsockel gleich daneben steht der imposante Sarkophag *Wellingtons*, umgeben von Gedenksteinen für zahlreiche weitere Feldmarschälle, die im Zweiten Weltkrieg gekämpft haben.

Die *St. Faith Chapel*, die Kapelle des Order of the British Empire (OBE Chapel), befindet sich am Ostende der Krypta. Sie wurde 1957–63 von Lord Mottistone umgestaltet und ist seither – in zartem Grau und Rosé gehalten – offizielle Kapelle für die Träger des 1917 geschaffenen Verdienstordens. Auch Wrens von den Verantwortlichen als zu modern abgelehnter erster Entwurf für St. Paul's, sein Great Model, ist zusammen mit anderen Arbeiten des großen Meisters hier unten in der Krypta ausgestellt.

48 Paternoster Square

Rund um St. Paul's: Triumphsäulen und Einkaufstempel.

www.paternosterlondon.co.uk
U-Bahn St. Paul's

Rund um St. Paul's Cathedral bewegen Börsenmakler und Hedge-Fonds-Manager jeden Tag Milliarden Euros, Dollars und Pfund. Einer ihrer repräsentativsten Arbeitsplätze ist der Paternoster Square hinter St. Paul's Cathedral. Hier hat auch die London Stock Exchange, die Wertpapierbörse, ihren Sitz. Von St. Paul's Churchyard aus betritt man ihn durch Christopher Wrens Temple Bar von 1672. An seinem alten Standort an der Fleet Street [Nr. 49] markierte der Torbogen die Grenze zwischen der City of London und der übrigen Stadt. Im 18. Jh. blickten gelegentlich die aufgespießten Köpfe hingerichteter Verbrecher auf alle herab, die die City durch das Tor betraten.

Die Säule inmitten des Paternoster Square verbindet Ästhetik mit Nutzwert: Aus ihrem vergoldeten Abschluss werden die Abgase aus der Tiefgarage unter dem Platz nach oben gepustet.

Den besten Blick auf St. Paul's hat man aus dem Dachterrassen-Café des Shopping Centres **One New Change** (www.onenewchange.com) nahe dem Platz. Die exzentrischen Formen, für die der französische Architekt *Jean Nouvel* verantwortlich zeichnete, haben der Shopping Mall den martialischen Namen *Stealth Bomber* eingetragen.

Auch im 21. Jh. hat der Klassizismus noch Anhänger: Triumphsäule auf dem Paternoster Square

Rund um Fleet Street – wo die Gerechtigkeit regiert

In den Gassen um die Fleet Street erstreckt sich *Legal London* – das Zentrum der englischen Gerichtsbarkeit. Die **Inns of Court** blicken auf eine lange Tradition zurück. Viele Absolventen dieser Rechtsschulen sind an den beiden Gerichten tätig, dem Zivilgericht **Royal Courts of Justice** und dem als Old Bailey bekannten Kriminalgericht **Central Criminal Court**, – oder sie gehen wie Margaret Thatcher und Tony Blair in die Politik. An der **Fleet Street** schlug einst das Herz der englischen Zeitungswelt. Das lag auch daran, dass die Journalisten schnell von den Gerichtssälen in ihre Büros gelangen konnten.

49 Fleet Street

Zwei urige Pubs und viel Zeitungsgeschichte.

EC4
U-Bahn Temple, Blackfriars oder St. Paul's

Wer in Großbritannien von *Fleet Street* spricht, meint in aller Regel nicht die Straße, sondern die Presse im Allgemeinen. Der Straßenname behielt seine doppelte Bedeutung, auch wenn die allermeisten Zeitungen und Nachrichtenagenturen das Zentrum Londons in den 1990er-Jahren verließen. Schlendert man heute die Fleet Street hinunter, so kommt man an vielen Büros, einigen netten Pubs und den verblassenden Spuren einer großen journalistischen Vergangenheit vorbei.

Noch immer versammeln sich gläubige Journalisten und Drucker in der **St. Bride's Church** zum Gebet. Die Kirche befindet sich in der Bride Lane, einer Seitenstraße am östlichen Ende der Fleet Street. Ihre Krypta birgt ein kleines *Museum* (Mo–Fr 8–18, Sa 11–15, So 10–13 und 17–19.30 Uhr) zur langen Geschichte des Druckwesens in der Fleet Street. Begonnen hatte sie um das Jahr 1500, als ein gewisser Wynkyn de Worde seinen Druckereibetrieb hierher in die nach dem kleinen Flüsschen Fleet benannte Straße verlegte. 1702 erschien die erste Tageszeitung, der ›Daily Courant‹. Bald folgten ihm weitere Publikationen. Medienmogul Rupert Murdoch, der Besitzer von Blättern wie der *Times* und des Boulevardblatts *The Sun*, läutete 1986 schließlich das Ende der Fleet Street als Zeitungsmekka ein. Gegen den massiven Widerstand der Gewerkschaften verlagerte er seine Druckereien und Redaktionen nach Wapping. Bis zum Ende der 1990er-Jahre verließ ein Verlag nach dem anderen die Fleet Street. Mittlerweile gibt es nur noch einige Nischenpublikationen, die hier verlegt werden.

Auch der Schriftsteller Samuel Johnson (1709–1784) mag St. Bride's zum Gottesdienst besucht haben, befand sich sein Wohnhaus [Nr. 51] doch in unmittelbarer Nähe der Fleet Street. Seine Stammkneipe war jedenfalls das **›Ye Olde Cheshire Cheese‹** (145 Fleet Street, s. S. 176). Es zählt zu den berühmtesten Londoner Gasthäusern und wurde im Jahr 1667 eröffnet. Bis heute ist es eingerichtet wie im 19. Jh. Zu jener Zeit beehrte es allerdings nicht mehr Johnson, sondern Charles Dickens.

Im ersten Stock des 1611 erbauten Fachwerkgebäudes Fleet Street Nr. 17 befindet sich **Prince Henry's Room** (Tel. 020/79 36 40 04, www.cityoflondon.gov.uk, derzeit geschl.). Der holzgetäfelte Raum trägt den Namen des ältesten Sohns von James I., wird aber auch *Samuel Pepys Club* genannt. Heute kann man hier Gegenstände betrachten, die an den Chronisten Pepys (1633–1703) erinnern. Neben dem Fachwerkhaus führt eine Gasse zur Temple Church [Nr. 51], der einstigen Kirche des Templerordens.

Fast sakral wirken die neogotischen Royal Courts of Justice zwischen Strand und Fleet Street

Auf die Tempelritter verweist auch der Name des Denkmals am Übergang der Fleet Street zum Strand. Hier markiert Horace Jones' **Temple Bar Memorial** (1880) – ein von einer Drachenfigur gekrönter Steinsockel – die Grenze zwischen Westminster und der City of London. Noch heute muss die Queen vor offiziellen Besuchen in der City an dieser Stelle anhalten und nach altem Zeremoniell den Lord Mayor um Erlaubnis bitten, die City betreten zu dürfen. Verweigern darf der Mayor die Genehmigung freilich nicht. Der Torbogen, der einst an dieser Stelle stand, befindet sich heute am Paternoster Square [Nr. 48]. Auf Höhe des Temple Bar Memorials beeindrucken die Royal Courts of Justice [Nr. 53].

50 Dr. Johnson's House

Erinnerungen an den Verfasser des ersten englischen Wörterbuches.

17 Gough Square, EC4
Tel. 020/73 53 37 45
www.drjohnsonshouse.org
Mai–Sept. Mo–Sa 11–17.30,
Okt.–April Mo–Sa 11–17 Uhr
U-Bahn Temple, Blackfriars,
Holborn oder Chancery Lane

»When a man is tired of London, he is tired of life.« Dr. Samuel Johnson jedenfalls, von dem dieses Zitat stammt, wurde seiner Heimatstadt niemals müde – und er wurde immerhin 75 Jahre alt. Gut zehn Jahre (1748–59) lebte der berühmte Publizist und Literaturkritiker in dem schmucken Haus am Gough Square, das er gewählt hatte, um in der Nähe seines Druckers zu sein. Hier entstand der Hauptteil von Johnsons Lebenswerk: **Dr. Johnson's Dictionary**, das erste umfassende Wörterbuch der englischen Sprache, herausgegeben 1755. Sechs Schreiber hatte er beschäftigt, die tagaus, tagein in dem kleinen Speicherzimmer des Hauses an ihren Pulten standen und Eintragungen machten, während Dr. Johnson selbst Literatur wälzte und Wortlisten zusammenstellte. James Boswell, der in seiner Biografie ›Life of Dr. Johnson‹ das Leben hier detailliert beschrieb, war ein häufiger Gast. Lord Harmsworth rettete das Haus 1911 vor dem Abbruch und ließ es im Stil der Zeit von Dr. Johnson restaurieren. Selbst das Inventar stammt zum Teil von Freunden des Gelehrten.

Rechtsstaat ohne Gesetze - das englische Common Law

In Großbritannien erfolgt die Rechtsprechung nach dem Case Law. Dabei berufen sich Anwälte wie Richter auf Urteile in vergleichbaren Streitfällen. Mitteleuropäern ist diese Form der Rechtsfindung vor allem aus amerikanischen Filmen bekannt. Derart spektakulär wie in Romanen von John Grisham geht es aber nur selten zu.

So tief in der Tradition verwurzelt wie das Rechtssystem ist auch die juristische Ausbildung. Wer nach höchsten Ämtern in der Jurisprudenz strebt, muss sich zum Barrister ausbilden lassen. Diese sind an allen Gerichten akkreditiert und werden bei Bewerbungen zum Richteramt bevorzugt. Ihre Standesorganisation sind die vier Inns of Court. Die Inns sind gleichzeitig höchste Ausbildungsinstanz und allein prüfungsbefugt.

Am ältesten ist Lincoln's Inn (Lincoln's Inn Fields, WC2, Tel. 020/ 74 05 13 93, www.lincolnsinn.org.uk, nur geführte Touren für Gruppen, U-Bahn Chancery Lane). Die herrlichen Gärten von Gray's Inn (Gray's Inn Road, WC1, Tel. 020/74 58 78 00, www.graysinn.info, Mo–Fr 9–16 Uhr, U-Bahn Chancery Lane) stehen allen Besuchern offen. Sie wurden 1606 von Sir Francis Bacon angelegt. Außerdem gibt es Middle Temple Inn [Nr. 52] und Inner Temple Inn.

51 Temple Church

In der Kirche des legendenumwobenen Templerordens versammeln sich heute Rechtsanwälte zum Gebet.

King Bench Walk
Tel. 020/73 53 34 70
www.templechurch.com
WC1, U-Bahn Temple

Von der Fleet Street führt die Inner Temple Lane zur Temple Church. Kleine Höfe und gepflegte Gärten umgeben das Gotteshaus. Hier fühlt man sich rasch wie in einer Oase der Ruhe inmitten der geschäftigen City.

Die Kirche wurde 1185 von den Tempelrittern erbaut. Aus jener Zeit stammt das kreisrunde Schiff, *The Round*, das in Anlehnung an die Grabeskirche in Jerusalem im normannischen Stil entstand.

Der längliche Altarraum, *The Oblong*, wurde 1240 im Early English Style angefügt. Dem normannischen Rundbogen über dem Westeingang folgen im Schiff elegante Spitzbögen. Hier befinden sich, in den Boden eingelassen, die kostbaren Grabplatten der Tempelritter mit äußerst interessanten *Liegefiguren*. Sie stammen aus dem 12. und 13. Jh. Nicht alle konnten zweifelsfrei identifiziert werden. William Marshall, Earl of Pembroke, und seine beiden Söhne liegen vermutlich auf der Südseite, während der zu Lebzeiten ziemlich verhasste Geoffrey de Mandeville, Earl of Essex, auf der gegenüberliegenden Nordseite seine letzte Ruhestätte fand. Die Kirche wurde 1682 von Christopher Wren generalüberholt.

Nicht nur zu feierlichen Anlässen tragen die Richter an den Royal Courts of Justice ihre Roben

52 Middle Temple Inn

Ehrwürdige Rechtsschule mit grandioser Versammlungshalle und schönen Gärten.

Middle Temple Lane
Tel. 020/74 27 48 00
www.middletemple.org.uk
Gärten frei zugänglich, Middle Temple Hall auf Anfrage beim Pförtner, Mo–Fr 10–12 Uhr
WC1, U-Bahn Temple

Wie die Temple Church erinnert der Name der Rechtsschule Middle Temple Inn an den Orden der Tempelritter, der hier im 12. und 13. Jh. seine Niederlassung hatte. Nach der Auflösung des Ordens im Jahr 1312 ging der Besitz an den Earl of Pembroke und fiel nach dessen Tod dem Orden der Knights of Jerusalem zu. Der verpachtete das Areal mit Kirche und Great Hall Mitte des 14. Jh. an eine Gruppe von Rechtsgelehrten und Studenten – der Beginn des Temple als juristische Niederlassung.

Eindrucksvollstes Gebäude des Middle Temple Inn ist die **Middle Temple Hall**, der 1572 von Elizabeth I. eingeweihte Speise- und Versammlungssaal. Die Queen pflegte gelegentlich hier zu tafeln. Sie stiftete den aus einer einzigen Eiche aus dem Wald von Windsor gefertigten langen Tisch. Ein weiterer Tisch wurde aus dem Holz von Sir Francis Drakes Schiff ›Golden Hinde‹ geschnitzt. Wunderschön ist die Wandvertäfelung, kunstvoll geschnitzt die Zierschranke und mächtig die doppelte Stichbalkendecke.

Jeder Student muss während seiner gesamten Studienzeit mindestens dreimal pro Semester ein förmliches Dinner in seiner Hall einnehmen. Zur langen Liste ehemaliger Studenten und Ehrenmitglieder der Rechtsschule zählen viele bedeutende Persönlichkeiten, z. B. Sir Walter Raleigh, Henry Fielding, Charles Dickens oder William Thackeray. Vom **Fountain Court** aus hat man – ebenso wie vom Embankment – einen schönen Blick über die Gärten des Middle Temple.

53 Royal Courts of Justice

Richter in Robe und Perücke sorgen für Schauwert in den Law Courts.

Strand, WC2
www.hmcourts-service.gov.uk
tagsüber frei zugänglich
U-Bahn Temple

Die Law Courts, wie der Gerichtshof kurz genannt wird, sind ein Beispiel des Gothic Revival. Diese neogotische Architektur im Zuckerbäckerstil erfreute sich während des Viktorianismus großer Beliebtheit.

Erstaunlich, wie ein einzelner Baumeister sich so viele Türme und Türmchen, Giebel, Winkel und Zinnen ausdenken kann! Und es war in der Tat erschöpfend. George Edmund Street, einer der bekanntesten Architekten seiner Zeit, baute sich schier zu Tode. Ehe das Gebäude nach achtjähriger Bauzeit (1874–82) fertiggestellt werden konnte, traf ihn der Schlag, nachdem er in über 3000 Skizzen jedes noch so kleine Detail selbst entworfen und ausgearbeitet hatte.

Das Ergebnis ist ein riesiger Komplex mit über 1000 Räumen, zahlreichen Innenhöfen und einer 80 m langen Eingangshalle – ein Justizpalast im wahrsten Sinne des Wortes. Streets Denkmal – es zeigt den Architekten, wie er Berge von Entwürfen wälzt, während entlang des Frieses fleißige Handwerker seine Pläne in die Tat umsetzen – befindet sich in der Halle. Die Juristen treten stets in voller Amtstracht mit Perücke und Robe auf. Den Prozessen kann man beiwohnen.

54 Sir John Soane's Museum

Hochkarätige Kunst- und Kuriositätensammlung.

13 Lincoln's Inn Fields, WC2
Tel. 020/74 05 21 07
www.soane.org
Di–Sa 10–17, jeden 1. Di im Monat auch 18–21 Uhr
U-Bahn Chancery Lane oder Holborn

Für manche ist es ein überladenes Durcheinander, für die meisten jedoch eines der lebendigsten Museen Londons. *Sir John Soane* (1753–1837), einer der bedeutendsten Architekten seiner Zeit, hat all diese Schätze zusammengetragen. Er vermachte das Haus der Nation mit der Auflage, die Räume unverändert zu lassen und die Ausstellung der Öffentlichkeit zugänglich zu machen. Bis 2014 werden die acht Räume des Museums schrittweise restauriert.

Wer vor der Haustür des Stadtpalais ankommt, wird kaum ahnen können, welch kuriose Fantasiewelt sich im Inneren verbirgt: Kunst und Nippes – Büsten, Skulpturen, Gemälde, Urnen, Vasen und Sarkophage – in so außerordentlicher Vielfalt und Menge, dass sie einen schier zu erschlagen drohen. Doch bei näherem Hinsehen ist alles wohl überlegt platziert und miteinander verbunden, sorgen Bögen für Übergänge, kleine Nischen für Abgeschiedenheit und geschickte Spiegelkonstruktionen für optische Weite.

Die Deckengemälde im Esszimmer stammen von Henry Howard. Der dort stehende Schreibtisch mit einer raffiniert konstruierten astronomischen Uhr gehörte einst Robert Walpole. Soanes Porträt von Thomas Lawrence hängt über dem Kamin. Gegenüber prangt ›Liebe und Schönheit‹ von Joshua Reynolds. Zwei Bilderzyklen von Hogarth, ›The Rake's Progress‹ und ›The Election‹, findet man im Gemäldezimmer. Außerdem gibt es Werke von Canaletto, Piranesi, Thornhill, Turner und Watteau zu sehen. Soanes eigene Architekturzeichnungen – sein

In der Privatsammlung des Architekten Sir John Soane herrscht kreatives Durcheinander

Theke frei zur nächsten Runde

Was vereint Alt und Jung, Arm und Reich, Akademiker und Arbeiter gleichermaßen? Eine überaus demokratische Einrichtung, ein Stückchen Kultur, das zum Selbstverständnis aller Briten gehört: das **Public House** oder **Pub**, das englische Wirtshaus also, in dem vieles ein bisschen anders ist als auf dem Kontinent.

Wer einen Drink nehmen möchte, muss ihn sich an der Bar besorgen und auch gleich bezahlen, ein Trinkgeld ist nicht üblich. Es gilt als selbstverständlich, dass in einer Gruppe derjenige, der bestellt, auch für die jeweilige Runde bezahlt. Eingeschenkt wird bis zum oberen Glasrand.

Ein traditionelles englisches Bier ist das eher süßliche, obergärige **Ale** oder Real Ale, während das untergärige britische **Lager** dem deutschen Hellen geschmacklich am meisten ähnelt.

In den Londoner Pubs [s. S. 175] kann man jede Menge Atmosphäre in sich aufnehmen und vielleicht auch echte Londoner kennenlernen. Szenen der Geselligkeit sind vor allem an warmen Sommertagen nach Büroschluss zu beobachten. In Gruppen stehen die Briten dann vor ihren Lieblingspubs und genießen ihr wohlverdientes Feierabendbier.

größter Auftrag waren die Entwürfe für die Bank of England – kann man hintereinander gestaffelt aus der Wand klappen.

Die größte Attraktion des Museums ist wohl die Grabkammer mit dem *Alabaster-Sarkophag von Sethos I.* aus dem Tal der Könige. Sie stammt aus der Zeit um 1350 v. Chr. Soane erstand das Grabmonument für 2000 £, nachdem das British Museum den Kauf abgelehnt hatte, und gab schließlich ein dreitägiges Fest, um dessen Ankunft gebührend zu feiern.

55 Central Criminal Court

Old Bailey

In Londons Kriminalgericht können Besucher bei Prozessen zusehen.

Newgate Street, EC4
Tel. 020/72 48 32 77
www.cityoflondon.gov.uk
Mo–Fr 10–13 und 14–17 Uhr
U-Bahn St. Paul's

Neben St. Paul's gibt es in der City noch einen weiteren, ungleich bescheideneren Kuppelbau: den Strafgerichtshof, auch **Old Bailey** genannt, 1902–07 nach Plänen von Edward Mountford erbaut. Vom Giebel über dem Hauptportal grüßt ein würdevoller Engel. Daneben stehen Personifikationen von ›Wahrheit‹ und ›Gerechtigkeit‹. Die beiden Steinskulpturen stammen von William Pommeroy. Er schuf auch die vergoldete ›Justitia‹, die hoch oben über der Kuppel des Gerichtshofes wacht. Die Waagschale in der Linken, das erhobene Schwert in der Rechten, den Blick verhüllt, ist sie die weithin sichtbare Garantin für alles, was eine unabhängige Rechtsprechung ausmacht.

Wer mehr vom Geist des englischen Rechtswesens kennenlernen will, der kann an Werktagen ab 10 Uhr morgens von den Galerien in den Gerichtssälen den öffentlichen Prozessen beiwohnen. Nach altem Brauch haben die Richter im Frühling und Sommer an jeweils zwei Tagen im Monat Blumensträuße bei sich. Das erinnert an die Zeit, als sich hier noch das berüchtigte Newgate Prison befand, von dem ein bestialischer Gestank ausgegangen sein muss. Blumen und Kräuter sollten üble Gerüche übertünchen und Infektionen abwehren.

Strand, Embankment und Covent Garden – unterhaltsame Mixtur aus Kultur, Luxus und Kommerz

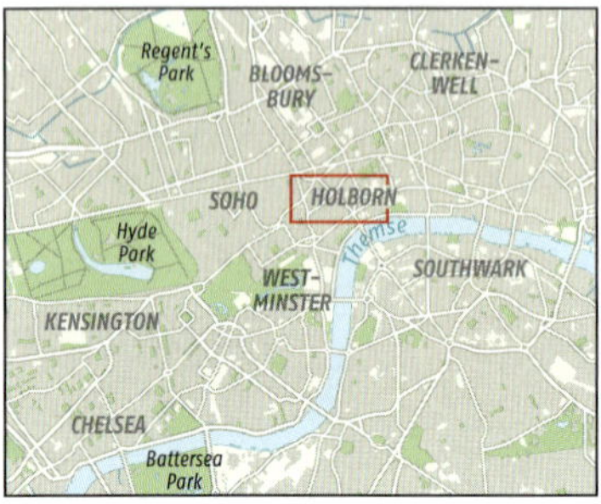

Die Straßenzüge **Strand** und **Embankment** bieten neben kulturellen Highlights wie dem **Somerset House** und einigen Theatern vor allem traditionsreiche Luxushotels und Restaurants. Einen Steinwurf entfernt kann man sich in **Covent Garden** ins Vergnügen stürzen. Scharen von Besuchern bevölkern die Markthallen und Cafés und erfreuen sich am bunten Treiben der Straßenkünstler. Begleitet von deren Darbietungen prüft man rund um den Platz das Angebot von Kunsthandwerkständen und Geschäften mit Klamotten – solchen, die besonders ›in‹ oder total ausgefallen sind.

56 The Strand

Nobelhotels und Theater zwischen Westminster und der City.

WC2
U-Bahn Charing Cross oder Temple

The Strand ist eine belebte Geschäftsstraße. Läden, Büros und einige Theater sind hier zu finden. Nur noch der Name der Straße erinnert daran, dass sie einst den Lauf der Themse begleitete: *Strand* heißt auf altenglisch nämlich Ufer.

Wer die Straße von Osten kommend Richtung Stadtzentrum entlanggeht, passiert zunächst die Royal Courts of Justice [Nr. 53], es folgen die Kirche St. Clement Danes [Nr. 57], das prächtige Somerset House [Nr. 58] und schließlich, auf Höhe der Waterloo Bridge, rechterhand das Waldorf Hilton Hotel, wo der Afternoon Tea im Palmengarten serviert wird. Gleich im Anschluss befinden sich Aldwych und Novello-Theater [s. S. 173 und S. 174]. Beide wurden 1905 von W. G. R. Sprague erbaut.

Jenseits der Waterloo Bridge kommt man zu einer der feudalsten Hoteladressen Londons, dem **Savoy** [s. S. 180]. Wie so häufig in London verweist dieser Name auf eine längst vergangene Zeit. Es befindet sich auf dem Gelände des Savoy Palace, des 1245 errichteten Stadtpalasts Peters von Savoyen. Schon im 14. Jh. wurde er von Wat Tylers Rebellen zerstört, der

Im Winter verwandelt sich der Innenhof von Somerset House in eine glitzernde Eisfläche

Außerordentlich gediegen ist das Ambiente im Restaurant Simpson's-in-the Strand

Name blieb. Im Jahr 1889 ließ Richard D'Oyly Carte das spektakuläre Savoy Hotel errichten. Mit elektrischem Licht und Fahrstühlen setzte es neue Standards. Ganz entgegen britischer Gepflogenheiten herrscht auf der kleinen Privatstraße vor dem Hotel Rechtsverkehr. Das Hotel teilt sich einen Eingang mit dem Savoy Theatre, das sich auf Musical-Produktionen spezialisiert hat.

Zum Savoy gehört auch **Simpson's-in-the-Strand** [The Strand 100, s. S. 168], eine

Institution in puncto traditionsreiche britische Küche. Legendär ist das unter funkelnden Silberhauben servierte Roastbeef.

Vis-à-vis befindet sich das *Strand Palace Hotel*. Das Adelphi Theatre etwas weiter gehört Andrew Lloyd Webber und zeigt Musicals und Komödien

Flämisches Feuer – in leuchtendem Rot sind die Rubens-Räume im Somerset House gehalten

57 St. Clement Danes

Durch einen Kinderreim berühmt gewordene Wren-Kirche.

The Strand, WC2
Tel. 020/72 42 82 82
tgl. 8–16.30 Uhr
U-Bahn Temple, Embankment oder Holborn

Der Überlieferung nach soll die erste Kirche hier im 9. Jh. von Dänen gebaut worden sein, die mit ihren englischen Frauen in der Gegend lebten. Sie gaben ihr den Namen des Schutzpatrons der Seefahrer. Über die Jahrhunderte mehrmals erneuert, wurde St. Clement Danes, wie wir es heute kennen, 1682 von Christopher Wren neu erbaut und der Turm an der Westseite 1719 von James Gibbs angefügt. Nach ihrer Beschädigung im Zweiten Weltkrieg konnte St. Clement Danes mit Spenden der Luftwaffe wieder aufgebaut werden und ist seither die Kirche der Royal Air Force. Sie ist bekannt für einen Kinderreim über ihr Glockenspiel, der so beginnt: »Oranges and lemons say the bells of St. Clement's (...)«. Dieses Glockenspiel kann man um 9, 12, 15 und 18 Uhr hören. Jedes Jahr im März findet ein Kindergottesdienst statt, bei dem Orangen und Zitronen verteilt werden.

Das **Denkmal** auf einer Verkehrsinsel vor der Westfassade zeigt den viktorianischen Politiker William Gladstone (1905 von Sir Hamo Thornycroft geschaffen), umgeben von vier allegorischen Frauenfiguren, die Mut, Strebsamkeit, Brüderlichkeit und Bildung symbolisieren.

58 Somerset House
Courtauld Gallery

Gemäldesammlung in grandiosem Interieur.

The Strand, WC2
Tel. 020/78 45 46 00
www.somersethouse.org.uk
www.courtauld.ac.uk
tgl. 10–18 Uhr
U-Bahn Embankment, Temple, Charing Cross oder Covent Garden

Der Haupteingang von Somerset House am Strand ist mit weißem Portland-Stein und prächtigen Steinmetzarbeiten geschmückt. Das Gebäude umschließt einen ausgedehnten Innenhof, in dessen Mitte Wasserfontänen aus dem Boden schießen. Bei Konzerten oder Kinovorführungen unter freiem Himmel werden sie natürlich abgeschaltet. Im Winter verwandelt sich der Innenhof in eine Eisfläche zum Schlittschuhlaufen.

Von der eleganten Eingangshalle aus gelangt man über eine Wendeltreppe – die *Rowlandson Stair Case*, benannt nach einem Bild des gleichnamigen Künstlers – in die *Fine Rooms*. Als Somerset House 1776–80 vom königlichen Hofarchitekten Sir William Chambers gebaut wurde, waren sie für die Royal Society, die Royal Academy of Arts und die Society of Antiquaries gedacht.

Heute werden in den Sälen Werke aus der Sammlung des Kunstmäzens und Industriellen Samuel Courtauld gezeigt. Zu sehen sind Arbeiten französischer **Impressionisten** und **Postimpressionisten**, darunter Renoir, Toulouse-Lautrec, Gauguin, Monet und van Gogh. Manet ist mit ›Un bar de la Folies-Bergères‹ (1882) vertreten. Es zeigt eine Bardame der gleichnamigen Pariser Musikbühne. Hinzu kommen Arbeiten von Matisse, Derain, Dufy und Kokoschka.

Die Malerei des Barock ist mit Meisterwerken von Rubens und van Dyck vertreten, die Abteilung für Renaissance brilliert mit Gemälden von Botticelli, Tintoretto und Lorenzo Lotto. Auch Lucas Cranachs ›Adam und Eva‹ hängt im Somerset House. Für eine Kunst-Pause ideal ist die **Tom's Terrace** (nur im Sommer), von der sich ein weiter Blick über die Themse bietet.

59 Cleopatra's Needle

Das älteste Monument Londons ist ein ägyptischer Obelisk.

Victoria Embankment, WC2
U-Bahn Embankment

Weder mit Näharbeiten noch mit der schönen ägyptischen Königin hat dieser 180 t schwere und rund 20 m hohe **Obelisk** aus rosafarbenem Granit zu tun. Er wurde um 1500 v. Chr. in den Steinbrüchen von Assuan gehauen und von Thutmosis III. bei Heliopolis aufgestellt. Die Römer brachten ihn von dort nach Alexandria, wo er blieb, bis ihn der damalige Vizekönig von Ägypten im Jahr 1819 den Engländern schenkte. Zu jener Zeit lieferten sich die Großmächte Europas geradezu ein Wettrennen um die Schätze des Altertums. Allerdings war dem britischen Parlament der Transport nach London dann doch zu teuer.

Erst als der Mäzen William Wilson 1877 die Kosten übernahm, kam der steinerne Koloss unter großen Schwierigkeiten mit einem Schleppboot nach London. Er wurde am Victoria Embankment in der Nähe von Charing Cross aufgestellt, nachdem sich der Boden am ursprünglich vorgesehenen Standort vor den Houses of Parliament als zu weich erwiesen hatte. Das Pendant zu diesem Obelisken wurde einige Jahre später in den New Yorker Central Park gebracht.

Eine Hieroglypheninschrift an Cleopatra's Needle preist die Taten von Ramses dem Großen und Thutmosis III. Zur Überlieferung an die Nachwelt wurden einige zeitgenössische ›Fundstücke‹ unter Cleopatra's Needle begraben. Zu dem kuriosen Sammelsurium gehören eine Ausgabe der ›Times‹, eine Abbildung von Queen Victoria, ein Zugfahrplan, Münzen, Spielzeug und Haarnadeln sowie Fotos der zwölf schönsten Engländerinnen. Die beiden **Bronze-Sphingen** von George John Vulliamy wurden 1882 am Fuß des Monuments aufgestellt. Seit einem Bombenangriff während des Zweiten Weltkriegs sind sie beschädigt.

Die wahren ›Warenhäuser‹ der Weltstadt

Selbstverständlich zieht es viele London-Besucher zuerst in die feudalen Kaufhäuser Harrods, Fortnum & Mason und Liberty. Wer sich an der frischen Luft vom Prunk dieser Shopping-Tempel erholen möchte, der legt einen Markttag ein [s. S. 166]. **Covent Garden** bietet dieses Vergnügen zwischen Cafés und Kunsthandwerk-Ständen täglich. Doch das ist nicht mehr als eine Einstimmung auf die großen **Londoner Märkte**, die am Wochenende ihre ganze Pracht entfalten.

Top Tipp

Zu den bekanntesten gehört der **Portobello Road Market** in *trendy* Notting Hill. Tausende von Antiquitätenhändlern präsentieren hier samstags ihre Kostbarkeiten. Am Sonntag öffnet der **Petticoat Lane Market** mit einem breiten Angebot an Kleidung, Lederwaren und Massen an Unterwäsche seine Schatzkisten. Ebenso vielfältig sind die täglich geöffneten **Spitalfields Markets** in Tower Hamlets.

Spitzenreiter unter den Märkten aber sind die **Camden Markets**, die weite Teile von Camden Town durchziehen. Ob Kunsthandwerk, Möbel, Elektrogeräte oder Mode, das Angebot dieses Freiluft-Warenhauses kann sich an Umfang durchaus mit den Londoner Kaufhäusern messen.

60 Covent Garden

Ein Treffpunkt für Londons Jugend und Touristen ist dieses Markt- und Theaterviertel.

WC2
www.coventgarden.uk.com
U-Bahn Covent Garden

Zwischen Shaftesbury Avenue und Strand bzw. Charing Cross Road und Kingsway erstreckt sich Covent Garden. In den Straßen des Viertels stößt man auf viele Pubs, Geschäfte und Theater.

Geschichte Ursprünglich befand sich hier ein Klostergarten (Convent Garden), der den Benediktinern gehörte. Im Zuge der Säkularisation in den 1520er-Jahren ging das Areal in den Besitz der Familie Russell über, die seit Jahrhunderten den Earl of Bedford stellt. 1630 beauftragte der 4. Earl of Bedford den italophilen Architekten **Inigo Jones** mit der Gestaltung eines Teils des Geländes. Es sollte das erste städtebaulich konzipierte Stadtviertel Londons werden. Jones, von Palladios Bauten beeinflusst, entwarf großzügige Gebäude mit klassischen italienischen Arkaden. Mittelpunkt seines Entwurfs

Vor dem Covent Garden Market finden Straßenkünstler stets ein großes Publikum

waren die Central Piazza sowie die Kirche St. Paul's Covent Garden [Nr. 62] – ebenfalls nach italienischem Vorbild.

1670 erwarb der 5. Earl of Bedford die Lizenz für einen **Obst- und Gemüsemarkt** auf der Central Piazza. Dieser Covent Garden Market [Nr. 61] wuchs und wuchs – und hatte sich Ende des 18. Jh. zum größten Markt seiner Art in ganz England entwickelt. Wegen der enormen Belastung des Viertels durch den Lieferverkehr musste er 1974 nach Nine Elms südlich der Themse umziehen. Seit den 1980er-Jahren ist Covent Garden ein beliebtes Einkaufs- und Ausgehviertel.

Besichtigung Das Herz von Covent Garden schlägt auf der Central Piazza. Rund um die Hallen des Kunsthandwerkermarkts Covent Garden Market [Nr. 61] tummelt sich vor allem am Abend ein unternehmungslustiges, bunt gemischtes Publikum. Vor der Kirche St. Paul's Covent Garden [Nr. 62] lassen dann auch Straßenkünstler das ursprünglich intendierte südländische Flair des Viertels wieder aufleben.

Eines der von Arkaden gesäumten Gebäude an der Piazza hat der amerikanische Technologiekonzern **Apple** (Piazza 1–7) in eine Kultstätte für seine iPhones und AirBooks verwandelt. Kein anderes Geschäft des Unternehmens ist größer.

Jenseits der Markthalle befindet sich das London Transport Museum [Nr. 63] mit seinen Bussen und Trambahnen, auf der anderen Seite des Platzes erhebt sich das Royal Opera House [Nr. 64]. Leichtere Kost präsentiert das Theatre Royal Drury Lane [Nr. 65] zwei Straßen weiter, eine Bühne für Musical und Komödie.

Ein modernes Shopping Center aus Marmor und Glas ist St. Martin's Courtyard (www.stmartinscourtyard.co.uk) nördlich von Long Acre. Hier betreibt Englands berufsjugendlicher Starkoch Jamie Oliver sein italienisches Restaurant Jamie's Italian und bei Pretty Ballerinas (7 Slingsby Place) gibt es nichts anderes als diese flachen Damenschuhe zu kaufen.

Geradezu kleinstädtisch ist die Atmosphäre einige Straßen weiter, rund um die markante Sonnenuhr Seven Dials [Nr. 66]. Besonders in der Neal Street gibt es einige ausgefallene Geschäfte.

Wendet man sich von hier in Richtung Trafalgar Square, so passiert man ein

An lauen Sommerabenden fallen Sonnenstrahlen in den Innenhof von Covent Garden Market

weiteres großes Musiktheater, nämlich das London Coliseum, die Bühne der English National Opera [Nr. 67].

61 Covent Garden Market

Kunsthandwerk und Mode in einer stählernen Großmarkthalle.

WC2
www.coventgarden.uk.com
U-Bahn Covent Garden

Nicht zuletzt einer engagierten Bürgerinitiative ist es zu verdanken, dass die 1828 von Charles Fowler auf der Central Piazza erbaute Markthalle, Covent Garden Market genannt, aufwendig restauriert wurde. Der frühindustrielle Bau zeichnet sich durch seine elegante Konstruktion aus Eisen und Glas aus. Die zentrale Halle umgeben steinerne Kolonnaden. Die Arkaden im Inneren bieten Raum für eine Vielzahl pittoresker kleiner Geschäfte mit Mode, Kunsthandwerk, Büchern und Kosmetik. Kleine Galerien sowie Restaurants und Cafés laden im quirligen Trubel zum Verweilen ein.

62 St. Paul's Covent Garden

Die Kirche der Schauspieler.

Bedford Street, Covent Garden, WC2
Tel. 020/78 36 52 21
www.actorschurch.org
Mo–Fr 8.30–17, So 9–13 Uhr
U-Bahn Covent Garden

St. Paul's Covent Garden ist die Kirche der Schauspieler. Die wohl erfolgreichste englische Darstellerin des 19. Jh., Ellen Terry (1847–1928), liegt hier begraben. Große Erfolge errang sie mit ihren Rollen in den Stücken Shakespeares und George Bernard Shaws. Eine ganze Reihe einfacher Holztafeln wurde an der Westseite der Kirche zum Gedenken an so großartige Künstler wie Charlie Chaplin, Noël Coward und Vivien Leigh angebracht.

Für Inigo Jones war St. Paul's Covent Garden Dreh- und Angelpunkt seines städtebaulichen Entwurfs, wenngleich der sparsame Bauherr der Kirche, der Earl of Bedford, sich offenbar ein bescheideneres Gotteshaus gewünscht hätte. Er hatte »eine Kapelle, nicht viel aufwendiger als eine Scheune« in Auftrag gegeben, und Jones versprach ihm die »eleganteste Scheune« in England.

Billig wurde das Ganze deshalb nicht, obgleich die einfache Gestaltung und solide Bauweise der Kirche das Vorbild Scheune durchaus erkennen lässt: Auf einen Turm wurde verzichtet, die Dachsparren sind unverkleidet, Ost- und Westseite weitgehend identisch. Allerdings befindet sich an der Ostfassade zur Piazza eine von vier schlichten Steinsäulen getragene Vorhalle. Die Chorseite der Kirche ist somit aufwendiger gestaltet als die Eingangshalle. Übrigens lehnte die anglikanische Kirche Jones' ursprünglichen Plan ab, den Altar nach Westen auszurichten.

63 London Transport Museum

Ein Paradies für Liebhaber historischer Fahrzeuge.

Covent Garden Piazza, WC2
Tel. 020/73 79 63 44
www.ltmuseum.co.uk
Sa–Do 10–18, Fr 11–18 Uhr
U-Bahn Covent Garden, Leicester Square, Holborn oder Charing Cross

Das Verkehrsmuseum an der Central Piazza versammelt unter hohen gusseisernen, teils verglasten Arkaden Fahrzeuge des öffentlichen Personenverkehrs seit 1800 – von der Kutsche über Straßenbahnen und rote Doppeldecker bis zu U-Bahn-Abteilen und Bussen mit Computer-Kontrollsystemen. Dazu kommen Fahrräder, Taxis und Boote. Außerdem werden Themen wie Londons massive Expansion im 20. Jh. im Vergleich mit anderen Metropolen beleuchtet.

Interessant sind auch die *Art-déco-Werbeplakate*, die im Londoner Untergrund ein größeres Publikum fanden als so manche Kunstausstellung. Diese Tradition der Kunst im Untergrund wird von London Transport weiter gepflegt, sodass viele zeitgenössische Plakate zu bewundern sind. Im **Upper Deck Café** sind die Stühle übrigens mit dem gleichen Moquette-Stoff bezogen, auf dem die U-Bahn-Fahrgäste der Northern Line in den 1930er-Jahren saßen. Vom Café genießt man nicht nur den Blick ins Museum, sondern auch nach draußen auf die Covent Garden Piazza.

64 Royal Opera House

Ein Schmuckstück unter den großen Londoner Theaterhäusern.

Bow Street/Floral Street, WC2
Tel. 020/73 04 40 00
www.roh.org.uk
U-Bahn Covent Garden

Mitte des 19. Jh. wurde das Opernhaus von E. M. Barry im klassizistischen Stil erbaut. Schon von Weitem grüßen die sechs mächtigen korinthischen Säulen

Was wäre London ohne sie? Rote Doppeldeckerbusse im London Transport Museum.

Nachts keine Zeit – Im Mittelpunkt des Straßensterns Seven Dials steht eine Sonnenuhr

vor der Eingangshalle den Besucher. Zu beiden Seiten der Vorhalle wachen die Musen des Theaters, ›Melpomene‹ (Tragödie) und ›Thalia‹ (Komödie). Der Fries von John Flaxman an der Innenseite des Portikus stellt die beiden dramatischen Gattungsformen nochmals dar. In diesem würdigen Architekturrahmen sind heute die Ensembles der Royal Opera und des **Royal Ballet** beheimatet.

Das *Box Office*, die Theaterkasse, befindet sich in der Opernpassage. Da die 2000 Sitzplätze schnell ausverkauft sind, werden einige Karten für den Verkauf am Tag der Vorführung zurückgehalten [s. S. 173].

65 Theatre Royal Drury Lane

Im Musical-Theater an der Drury Lane tanzt der grüne Oger Shrek über die Bühne.

Catherine Street, WC2
Tel. 084 44 12 46 60
www.rutheatres.com
U-Bahn Covent Garden

Zwei Straßenecken weiter, in der Catherine Street, befindet sich das ›Gegenstück‹ zum Royal Opera House, das Theatre Royal Drury Lane. Bis ins 19. Jh. genossen diese beiden Häuser eine Art Monopolstellung in der Londoner Unterhaltungswelt. Denn nur ihnen war es gestattet, Sprechtheater-Stücke aufzuführen.

Drei Vorgänger-Theater fielen hier den Flammen zum Opfer. Das jetzige vierte Schauspielhaus stammt aus dem Jahr 1812, nach einem Entwurf von Benjamin Wyatt. Die Namen vieler großer Schauspieler sind untrennbar mit dem **Old Drury** verbunden. Die romantisch verklärte Nell Gwynne beispielsweise, eine der ersten Frauen auf der Bühne und Mätresse von Charles II., feierte hier ihre großen Erfolge. Im 18. Jh. leitete der Schauspieler David Garrick mehr als 30 Jahre lang die Geschicke des Theaters, ehe er 1775 von dem Dramatiker Richard Brinsley Sheridan abgelöst wurde. Heute werden hier vor allem **Musicals** [s. S. 173] gegeben. Diese Ära wurde Ende der 1950er-Jahre mit ›My Fair Lady‹ eingeleitet, das beschwingte Musikspiel kam hier über 2000 Mal zur Aufführung. Inzwischen tanzt der Oger **Shrek** aus den gleichnamigen Erfolgsfilmen über die Bühne, im Juni 2013 wird er von Charlie and the Chocolate Factory abgelöst.

66 Seven Dials

Kuriose Sonnnenuhr im Schnittpunkt mehrerer Einkaufsstraßen.

Ecke Monmouth Street/
Earlham Street, WC2
www.sevendials.co.uk
U-Bahn Covent Garden oder Tottenham Court Road

Die Straßen um den kopfsteingepflasterten Platz Seven Dials im Norden von Covent Garden verströmen einen fast kleinstädtischen Charme. Die Häuser sind niedriger, die Straßen schmaler, der Autoverkehr ist geringer als auf der nahen Charing Cross oder Oxford Street. Einkehren kann man in der Crown Public Bar direkt am Platz, die kühles Ale serviert, schicker ist die Dial Bar gegenüber.

1693 entwarf der königliche Münzprägemeister Sir Thomas Neale Seven Dials

als Verkehrsknotenpunkt, der sieben Straßen sternförmig zusammenführt. Seinen Namen verdankt dieser Platz der **Säule**, die Neale dort aufstellen ließ: einer Sonnenuhr, nach deren Schatten man die Zeit ablesen kann. Ihre Spitze ist besetzt mit sechs weiteren kleinen Sonnenuhren, die nach den umliegenden Straßen ausgerichtet sind. Seven Dials, einst elegant und bewundert, war im 19. Jh. ein Synonym für Armut und Kriminalität. Charles Dickens beschrieb den Schauplatz vielfach, William Hogarth diente er als Vorbild für seine Milieustudie ›Gin Lane‹.

Von dieser verrufenen Atmosphäre ist nichts mehr zu spüren, internationale Modeketten, unabhängige Boutiquen und jede Menge Pubs und Restaurants säumen die sieben vom zentralen Platz abgehenden Straßen sowie mehrere angrenzende Innenhöfe. Auch die Top Tipp **Neal Street** weiter östlich gehört zum Bezirk. Der benachbarte **Neal's Yard**, ein liebevoll begrünter Innenhof, zieht mit seinen Health Food Shops und ökologisch angehauchten Restaurants Menschen aus ganz London an.

67 London Coliseum
English National Opera

Im größten Londoner Theater konzertiert die English National Opera.

St. Martin's Lane/Mays Ct., WC2
Tel. 08719110200
www.eno.org
U-Bahn Covent Garden, Charing Cross, Leicester Square oder Embankment

Kritiker behaupten, das London Coliseum sei überladen. In jedem Fall fällt es auf: Säulen, Pilaster und Terrakottastuck satt, gekrönt von einem blinkenden Erdball. Das Paradebeispiel edwardianischen Geschmacks wurde 1904 von Frank Matcham entworfen. Hier wird jede Oper in Englisch gegeben, was die Heimstatt der English National Opera [s. S. 173] für ein breites Publikum attraktiv macht. Niedrige Kartenpreise und eine gemütliche *Bar*, die nicht nur Champagner und Räucherlachs, sondern auch Kaffee und Sandwiches anbietet, tun ein Übriges. Im Sommer zieht das Tanztheater ein.

West End – Paradies der Shopper und Nachtschwärmer

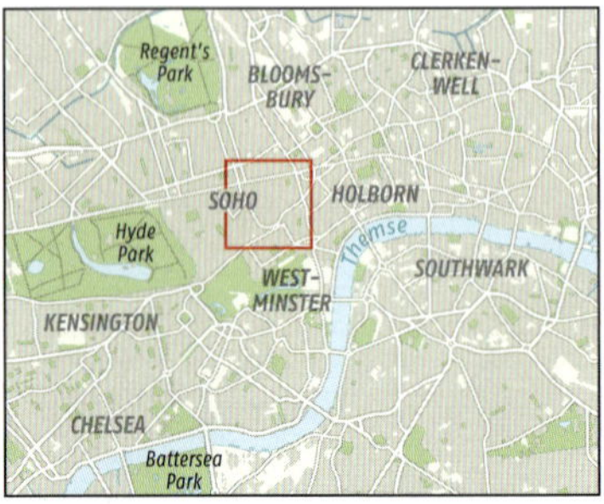

Mit dem Begriff The West End werden gemeinhin die Haupteinkaufs-, Ausgeh- und Vergnügungsviertel im Herzen der Metropole bezeichnet. Dabei handelt es sich im Wesentlichen um das Gebiet zwischen Park Lane im Westen, Charing Cross Road im Osten, Oxford Street im Norden und The Mall im Süden. Innerhalb dieser geografischen Grenzen befinden sich Stadtteile unterschiedlichster Prägung. Da ist das bunte, turbulente **Soho** oder das noble, elegante **Mayfair**. Auch **Piccadilly** mit seinen großen Kinos, Kaufhäusern und Nachtlokalen gehört mit dazu.

68 Leicester Square

Vitaler Platz und Orientierungspunkt inmitten der Londoner Theater- und Kinowelt.

WC2
U-Bahn Leicester Square

Leicester Square ist das Synonym für West-End-Entertainment schlechthin. Hier finden Londons große Kinopremieren statt, von hier aus ziehen Nachtschwärmer zu den Discos und Bars der Umgebung.

Der Name des Platzes geht zurück auf Robert Sidney, den 2. Earl of Leicester. Er ließ sich hier 1631–35 eines der größten und vornehmsten Häuser der Stuart-Epoche errichten. Er feierte gern und ausgiebig, stets in bester Gesellschaft, und ließ bald schon einen Platz anlegen, dessen gesamte Nordseite Leicester House einnahm. Das Haus wurde 1791 abgerissen.

Leicester Squares Karriere als Vergnügungsviertel begann Mitte des 19. Jh. Damals eröffnete zunächst das Varieté *Alhambra*, später folgten *Empire*, *Daly's* und *Hippodrome*. Seither haben sich diese Unterhaltungstempel immer wieder neu erfunden: Auf der Ostseite des Platzes, wo einst das Alhambra stand, befindet sich nun das Premierenkino **Odeon Leicester Square**. Über 1600 Sitzplätze hat sein

Die Restaurants der Londoner Chinatown bieten asiatische Gaumenfreuden

größter Saal. Vom **Empire** im Norden blieb nur der Name, auch hier ist nun ein Kino zuhause. Den Reigen der Lichtspielhäuser vollendet **Vue West End** am Platz des längst verschwundenen Daly's.

Im Gegensatz zu den drei vorgenannten steht das Originalgebäude des **Hippodrome** (www.hippodromecasino.com) noch. In den Sälen dieses Casinos kreist die Roulettekugel.

Durchaus passend ist es, dass in der Mitte des Platzes ein *Shakespeare-Denkmal* steht, schließlich war der Dichter einer der großen Entertainer seiner Zeit. Gleiches gilt für *Charlie Chaplin*, der hier ebenfalls, in Bronze gegossen, seinen Platz hat. Wichtig ist auch die Kartenverkaufsstelle **tkts** [s. S. 173], bei der man verbilligte Theaterkarten für Matineen und Abendvorstellungen des gleichen Tages kaufen kann.

69 Chinatown

Fernöstliche Atmosphäre im Zentrum der britischen Hauptstadt.

W1
Gerrard Street
www.chinatownlondon.org
U-Bahn Leicester Square

Rund um Lisle und Gerrard Street fühlt man sich nach China versetzt. Gerrard Street wird auf beiden Seiten von rotgoldenen chinesischen Torbögen flankiert, und auch die Holzbänke und Telefonzellen sind im asiatischen Stil gehalten. In den Läden werden Papierdrachen, -blumen und -schirme, chinesische Masken und Akupunktur-Ausrüstungen angeboten, und natürlich finden Feinschmecker allerlei Restaurants sowie Lebensmittel- und Delikatessenläden mit Produkten aus ganz Asien.

70 Shaftesbury Avenue

Londons Theatre World.

W1
U-Bahn Leicester Square oder Piccadilly Circus

Shaftesbury Avenue ist seit viktorianischer Zeit ein Magnet für die Theaterwelt [s. S. 173]. Erst 1886 angelegt, verdankt die Straße ihren Namen dem als Philanthrop bekannten 7. Earl of Shaftesbury.

Nahe der New Oxford Street macht das **Shaftesbury** (Nr. 210, www.shaftesburytheatre.com) den Anfang. In dem 1911 eröffneten Schauspielhaus feierte 1968 das revolutionäre Hippie-Musical ›Hair‹ Europa-Premiere. Etwa auf halbem Weg zum Piccadilly Circus passiert man das **Palace** (Nr. 109-113, www.singinintherain.co.uk). Mit seinen grünen Marmorsäulen, vergoldeten Kapitellen, Doulton-Terrakotta und William-Morris-Teppichen ist es das prächtigste Haus an der Shaftesbury Avenue. 1888–91 wurde es von Richard D'Oyly Carte für die Royal English Opera erbaut. Wer sich nicht das Musical *Singin' in the Rain* nach dem gleichnamigen Film ansehen will, kann das großartige Ambiente des Palace auch beim *Lunch* (tgl. 11–15 Uhr) genießen.

Schon fast am Piccadilly Circus stehen drei weitere Theater Seit' an Seit'. Das **Lyric** (1888; www.nimaxtheatres.com) zeigt ein vielfältiges Programm von Comedy bis Kindertheater. Im **Apollo** (1901; www.nimaxtheatres.com) laufen vor allem Theaterstücke von Größen wie Arthur Miller oder Alan Bennett. Im Falle des **Gielgud** (Nr. 35, 1903; www.gielgud-theatre.com) ist das wunderschöne Louis-Seize-Interieur schon eine Attraktion für sich. Bespielt wird die Bühne vornehmlich mit Komödien.

71 Soho

Multikulti-Viertel mit zahlreichen guten Restaurants.

W1
U-Bahn Piccadilly Circus, Tottenham Court Road oder Leicester Square

Das Nachtleben in Soho ist legendär. Die Theater der Shaftesbury Avenue [Nr. 70], Kinos, Bars, Discos und Nachtrevuen sorgen für Unterhaltung bis in die frühen Morgenstunden. Das Ausgehviertel erstreckt sich zwischen Regent Street, New Oxford Street und Shaftesbury Avenue. Im Osten wird Soho begrenzt von der **Charing Cross Road**. Mit ihren Buchläden und Antiquariaten ist diese Straße ein Paradies für Bibliophile. Erste Anlaufstelle ist die Buchhandlung Foyles (Nr. 113, www.foyles.co.uk), gebrauchte Bücher verkauft Quinto (Nr. 72, http://quintobookshop.co.uk). Any Amount of Books (Nr. 56, http://anyamountofbooks.com) vertreibt ebenfalls Second-Hand-Bücher.

Parallel zur Charing Cross Road verläuft die **Greek Street**. Hier findet sicher jeder Flaneur ein passendes Restaurant. Besonderer Beliebtheit erfreut sich das 1900 gegründete, nicht ganz billige Restaurant L'Escargot (Greek St. 48, s. S. 169). Das Motto des Hauses ist ›Slow but sure‹.

Greek Street mündet in den von Bürogebäuden umgebenen, grünen **Soho Square**, wo das House of St. Barnabas [Nr. 72] einen Eindruck vom eleganten Soho des 18. Jh. vermittelt. Eine wettergegerbte

Das Prince Edward Theatre in der Old Compton Road ist eine Institution in Soho

Statue Charles II. wacht über den Platz, erschöpfte Shopper aus der nahen Oxford Street und ruhebedürftige Fahrradkuriere leisten ihm dabei Gesellschaft.

Auch in der **Wardour Street** weiter westlich gibt es viele Lokale. Wie aus dem deutschen Norden an die Themse versetzt wirkt das Gebäude No. 152–160, das dem Bremer Rathaus, einem Bau im Renaissance-Stil, nachempfunden ist. Auf drei Stockwerken verkauft hier *Chappell of Bond Street* (www.chappellofbondstreet.co.uk) Instrumente, Mischpulte und Notenblätter.

Wardour Street quert die **Old Compton Street**, wo sich Londons Schwulen- und Lesbenszene in Lokalen wie dem Pub Comptons of Soho (Nr. 51) oder der G-A-Y Bar (Nr. 30) trifft. Hier residiert außerdem das Musical-Theater Prince Edward (www.london-theatreland.co.uk). Weiter westlich erstreckt sich Sohos Rotlichtbezirk. Entlang der Brewer Street. gibt es Pornoläden, Striptease-Lokale und Prostitution.

Die **Carnaby Street** schließlich, Inbegriff der Swinging Sixties, ist im Mainstream angekommen. Ausgefallenes sucht man hier vergebens, stattdessen buhlen Filialen von Boss Orange, Hilfiger Denim, Muji und Lacoste um Kundschaft. Ein kurzer Spaziergang führt von hier zur Photographer's Gallery [Nr. 73] an der Ramillies Street.

72 House of St. Barnabas

Von außen eher unauffälliges Haus mit sehenswertem Interieur.

1 Greek Street, W1
Tel. 020/74 37 18 94
www.hosb.org.uk
Führungen auf Voranmeldung, Di/Do 9–11 Uhr
U-Bahn Tottenham Court Road oder Leicester Square

Im Jahr 1746 wurde das Gebäude von Joseph Pearce als Stadtpalais für Robert Beckford im Georgian Style erbaut. Das Innere wurde mit großartigen *Rokoko-Stuckarbeiten* an Wänden und Decken und kunstvollen *Holzschnitzereien* versehen. Das Ergebnis: eine Fülle tanzender

Putten, Früchte und Blumen. St. Barnabas-in-Soho gehört seit 1846 einer wohltätigen Organisation, die sich um Obdachlose kümmert.

73 Photographer's Gallery

Ein Muss für Freunde zeitgenössischer Fotografie.

16–18 Ramillies Street, W1
Tel. 084 52 62 16 18
www.photonet.org.uk
Di, Mi, Sa 11–18, Do/Fr 11–20,
So 12–18 Uhr
U-Bahn Oxford Circus

Die hervorragende Galerie bietet Wechselausstellungen bekannter und weniger bekannter Fotografen aus der ganzen Welt. Auf drei Ebenen werden Arbeiten zeitgenössischer Fotografen und ihrer großen Vorbilder gezeigt. Angeschlossen sind eine umfassende digitale Fotosammlung und eine Bibliothek. Im Erdgeschoss gibt es einen Buchladen, der die Herzen der Fotofans höher schlagen lassen wird, eine Verkaufsgalerie und ein Café.

74 Piccadilly Circus

Dreh- und Angelpunkt im Getriebe der Weltstadt.

W1
U-Bahn Piccadilly Circus

Umgeben von Leuchtreklamen, rastlos und laut ist dieser Verkehrsknotenpunkt im Herzen der Stadt. Dennoch übt er eine magische Anziehungskraft auf viele Besucher aus. Kaum einer würde London verlassen, ohne zumindest einmal am Piccadilly Circus gewesen zu sein.

In der Mitte des Platzes wurde 1893 die *Eros-Statue*, eine Aluminiumfigur von Alfred Gilbert, enthüllt. Eigentlich hat sie mit Eros gar nichts zu tun, sondern soll den Engel der Nächstenliebe verkörpern. Auf-

Enorme Leuchtreklamen flackern über dem verkehrsumtosten Piccadilly Circus

gestellt wurde sie nämlich zum Gedenken an den 7. Earl of Shaftesbury, einen Vorkämpfer für die Rechte der Arbeiterschaft.

Ebenfalls am Piccadilly Circus steht das *Criterion Theatre* [s. S. 173]. Dort wird mit großem Erfolg John Buchans ›The 39 Steps‹ aufgeführt. Im London Pavilion befindet sich die Kuriositätenshow *Ripley´s Believe It or Not* (www.ripleyslondon.com). Es schließt sich an den monumentalen *London Trocadero* (www.londontrocadero.com) an, einen bunten Einkaufs- und Unterhaltungskomplex.

Auch die elegante Geschäfts- und Einkaufsstraße, die von hier aus schnurgerade Richtung Südwesten bis zur Hyde Park Corner verläuft, heißt **Piccadilly**. Ihren Namen verdankt sie Robert Baker, der im 17. Jh. mit der Herstellung steifer Krägen, den Picadils, so viel Geld verdiente, dass er sich ein Palais in dieser Gegend leisten konnte. Seine Neider nannten dieses Anwesen spöttisch Picadilly Hall. Hier befindet sich das Luxushotel *The Ritz London* und das edle Warenhaus *Fortnum & Mason* [Nr. 75]. Schier unüberschaubar ist das Literaturangebot der Buchhandlungen *Hatchards* [s. S. 165] und *Waterstone's*.

In der eleganten Einkaufspassage *Burlington Arcade* (www.burlington-arcade.co.uk) kann man typisch Englisches, vom Wollpullover über altes Silber bis zum Maßanzug, erstehen. Bis heute achten die *Beadles* auf gutes Betragen: Hier darf man nicht rennen, singen oder den Regenschirm aufspannen. Im angrenzenden Burlington House hat die Royal Academy of Arts [Nr. 76] ihren Sitz.

75 Fortnum & Mason

TOP TIPP

Mehr als ein Warenhaus, eine elegante Institution, die man nicht nur besucht, um dort einzukaufen.

181 Piccadilly/Duke Street, W1
Tel. 020/77 34 80 40
www.fortnumandmason.com
Mo–Sa 10–20, So 12–18 Uhr
U-Bahn Piccadilly Circus

Geschmackvoll sind die Auslagen, luxuriös ist das Warenangebot, kunstvoll sind die Verpackungen bei Fortnum & Mason. Dem vornehmen Ambiente angemessen ist die Bekleidung der Verkäufer: Sie stehen den Kunden im Cut zur Seite. Stil ist einfach alles in diesem Kaufhaus. Einzigartig ist die hervorragende Lebensmittel- und Delikatessenabteilung: Köstliche Konfitüren, Kekse, Konfekt, wohlschmeckende Tees und viele andere Leckereien sind hier im Angebot.

Die Geschichte des Kaufhauses geht zurück auf das Jahr 1707, als Hugh Mason in St. James's einen Lebensmittelladen eröffnete. Bald schon tat er sich mit seinem Freund William Fortnum zusammen, der als Page am Hof von Queen Anne das Geschäft mit ›Resten‹ aus dem königlichen Haushalt versorgte. Der Laden lief so gut, dass Fortnum seine Position bei Hof kündigte. Er avancierte zum königlichen Hoflieferanten und Partner von Mason. 1797 wurden die Geschäftsräume in Piccadilly eröffnet, wo sich die Figuren der beiden Herren an der Uhr über dem Hauptportal zu jeder vollen Stunde höflich voreinander verbeugen. Nach wie vor ist das vornehme Geschäft Hoflieferant. Als Mitbringsel sei ein *Hamper* empfohlen, einer

Hinter der Backsteinfassade von Fortnum & Mason verbirgt sich ein Paradies für Feinschmecker

der typisch britischen Picknickkörbe. Wer beim Shopping eine Pause einlegen will: Es gibt fünf Restaurants von gediegen im St. James's, wo köstlicher *Afternoon Tea* gereicht wird, bis leger in The Gallery mit Blick in die Food Halls und nach draußen.

76 Royal Academy of Arts

Die Königliche Kunstakademie zeigt zeitgenössische Kunst.

Burlington House,
Piccadilly/Burlington Arcades, W1
Tel. 020/73 00 80 00,
www.royalacademy.org.uk
Sa–Do 10–18, Fr 10–22 Uhr
U-Bahn Piccadilly Circus oder Green Park

Im Burlington House, dem Sitz der Royal Academy of Arts, finden großartige Wechselausstellungen statt. Lange Warteschlangen bilden sich von Anfang Juni bis Anfang August. Dann werden die **Summer Exhibitions** in den Galleries im Garten des Herrenhauses veranstaltet. Bei diesen Schauen wählt ein Komitee der Akademie die besten Kunstwerke aus über 10 000 eingereichten Arbeiten aus. Etabliert wurde sie im Jahr 1769 von Sir Joshua Reynolds. Die Statue des Malers und Gründungspräsidenten der Royal Academy steht im Innenhof von Burlington House.

Kostbarstes Stück der ständigen Sammlung ist der ›Tondo Taddei‹ (um 1505) von **Michelangelo**. Der Meister schuf das Marmorrelief der Maria mit Jesuskind und Johannesknaben für den Patrizier Taddeo Taddei. Auf Wunsch des späteren Besitzers Sir George Beaumont ging das Werk nach seinem Tod im Jahr 1830 in den Besitz der Academy über.

Vorrangige Aufgabe der 1768 gegründeten Academy ist die Förderung der gestaltenden Künste. Sie ist dem Monarchen direkt unterstellt und hat 80 Mitglieder, die sich Royal Academicians nennen dürfen und durch diese Mitgliedschaft großes berufliches Ansehen gewinnen. In Frage kommen dabei nicht nur Maler und Bildhauer, sondern auch Architekten und Grafiker, die sich mit ihrer Arbeit um die britische Kunst verdient gemacht haben. Ihre Mitgliedschaft verpflichtet sie dazu, der Akademie eines ihrer Werke zu überlassen – eine Regelung, die über die Jahrhunderte eine großartige Sammlung entstehen ließ. Gegenwärtig zählen u. a. David Hockney, Tracey Emin, Norman Foster und Zaha Hadid zum illustren Kreis der Achtzig. Zur Royal Academy gehört natürlich auch eine eigene **Kunstschule**, die sich rühmen kann, so renommierte Künstler wie John Constable, Sir Thomas Lawrence und William Turner unterrichtet zu haben.

In den **Seitenflügeln** von Burlington House sind weitere akademische Gesellschaften untergebracht, darunter die Society of Antiquaries sowie die Astronomical, Chemical und Geological Societies.

77 Mayfair

Das Viertel der Londoner Upper Class und Neureicher aus aller Welt.

W1
U-Bahn Bond Street oder Green Park

Mayfair ist das vornehmste und teuerste Viertel Londons. Begrenzt wird es von Piccadilly, Hyde Park, Oxford Street und Regent Street. Nirgendwo sonst werden so hohe Mieten und Grundstückspreise bezahlt. Wer durch das Viertel schlendert, stößt auf absurd teure Restaurants und extravagante Läden. Und gelegentlich braust der gepanzerte Wagen eines russischen Oligarchen vorbei.

Geschichte Der Name Mayfair geht zurück auf einen Jahrmarkt, den Lord St. Albans im Jahr 1686 vom Haymarket hierher an den Shepherd Market verlegen ließ. Alljährlich im Mai fanden dort von nun an die beim Volk überaus beliebten *May Fairs* statt.

Der Aufschwung des Viertels begann in den 1660er-Jahren, als die Nähe zum St. James's Palace die Wohhabenden und Einflussreichen von Covent Garden hierher zog. Rund 100 Jahre später hatte sich Mayfair zu einer vornehmen *Wohngegend* entwickelt. Zahlreiche Angehörige der britischen Aristokratie hatten hier ihre Stadthäuser. 1764 wurden dann die May Fairs verboten, weil sie die Ruhe der vornehmen Klientel störten.

Ein Großteil von Mayfair gehört seit dem 17. Jh. der Familie Grosvenor. So wertvoll ist dieser Grundbesitz in bester Innenstadtlage, dass Gerald Grosvenor, Duke of Westminster und Oberhaupt des Adelshauses, als reichster Brite gilt.

Besichtigung Nach der Eigentümerfamilie ist auch der zentrale Platz von Mayfair benannt. An diesem **Grosvenor Square** (1720–75) hat die *US-Botschaft* ihren Sitz. Das bombastische Gebäude erstreckt sich über die gesamte Westseite des zweitgrößten Platzes von London. Es wurde 1956–59 nach einem Entwurf des Architekten Eero Saarinen erbaut. Auf dem Platz steht das *Roosevelt Memorial*, eine Bronzestatue von William Reid Dicks.

Obwohl viele historische Häuser Neubauten weichen mussten, findet man in Mayfair immer noch eine Menge originaler Bausubstanz, so z. B. einige *georgianische Gebäude* in der **Chesterfield Street**. Hier lebte in No. 4 Beau Brummell, der Prototyp des Großstadt-Dandys. Angeb-

Publikumsmagneten sind die Summer Exhibitions in der Royal Academy of Arts

lich brauchte er vier Stunden, um sich stilvollendet anzukleiden. Außerdem gibt es in der **Mount Row** eine Reihe ungewöhnlicher Ziegelbauten.

Die **Mount Street** (www.mountstreet mayfair.co.uk) weiter südlich ist Londons Luxus-Shoppingdestination schlechthin. Die Liste der Geschäfte liest sich wie ein Who's Who der internationalen Designer: Wolfgang Joop ist mit seinem Label Wunderkind vertreten, Christian Louboutin verkauft seine hochhackigen Schuhe und Marc Jacobs betreibt hier gleich zwei Geschäfte. Auch Balenciaga und Vivienne Westwood wollen zum Einkauf verführen. Dazwischen finden sich Restaurants wie der Fischspezialist Scott's oder die feine Pizzeria Fino.

Schick einkaufen kann man natürlich auch in der **Bond Street** (www.bond street.co.uk), wo sich seit georgianischer Zeit ein luxuriöses Geschäft an das andere reiht. In New Bond Street 34–35 befindet sich das Auktionshaus Sotheby's.

Architektonisch interessant sind wiederum No. 93–100 **Park Lane** (19. Jh.) und No. 33–36 **Upper Brook Street**, Gebäude aus dem Grosvenor Estate. An der **Brook Street** jenseits des Grosvenor Square befindet sich das Handel House Museum [Nr. 78]. Am **Shepherd Market** gibt es noch enge Gassen und schöne alte Häuser mit Cafés, Pubs und kleinen, aber feinen Läden.

Der **Berkeley Square** ist, wie schon vor 200 Jahren, dicht bestanden mit mächtigen Platanen. No. 17 **Bruton Street**, an der Ostseite des Platzes, ist das Geburtshaus von Königin Elizabeth II. Heute kann man hier die exquisite chinesische Küche des Restaurants Hakkan genießen. Ebenfalls in der Bruton Street findet man den königlichen Modeschöpfer *Hartnell* (No. 26), den Büchsenmacher des Duke of Edinburgh, *Holland and Holland* (No. 33), und den Hoffloristen *Moyses Stevens* (No. 6).

Mayfair ist auch bekannt für seine vornehmen **Luxushotels**, darunter die Art-déco-Hotels *The Dorchester* in der Park Lane (1928–31) und *Claridge's* [beide s. S. 179] in der Brook Street. Wer sich die Übernachtung angesichts exorbitanter Zimmerpreise nicht leisten kann, aber dennoch einmal einen Blick in diese Häuser

werfen möchte: Man kann hier wie in fast allen großen Londoner Hotels stilvoll seinen Afternoon Tea einnehmen. Tief in die Tasche greifen muss man auch für dieses Vergnügen, etwa 40 Pfund sollte man pro Person einplanen.

78 Handel House Museum

Zu Besuch im Haus des großen deutschen Komponisten des britischen Königshauses.

25 Brook Street (Eingang hinten), W1
Tel. 020/74 95 16 85
www.handelhouse.org
Di/Mi und Fr/Sa 10–18, Do 10–20, So 12–18 Uhr
U-Bahn Bond Street

Die Briten verehren **Georg Friedrich Händel** als ihren ureigenen Helden, und das, obwohl er 1685 in Halle an der Saale im Kurfürstentum Brandenburg zur Welt kam. Doch seine großen Erfolge feierte er ab 1710 an der Themse.

Als hoch bezahlter Künstler konnte er sich im Jahr 1723 ein Haus in der Brook Street im schon damals angesagten Mayfair kaufen. Er erwarb die englische Staatsbürgerschaft und lebte hier als *George Frideric Handel* bis zu seinem Tod im Jahr 1759. Mit viel Liebe zum Detail hat man das erste und zweite Stockwerk des Gebäudes anhand einer Inventarliste, die nach dem Tod des Komponisten erstellt worden war, restauriert. Ein monströses *Himmelbett*, wie es dem 1,90 m großen ›Bären‹ (Händels Spitzname), als Schlafstatt diente, Musikinstrumente, Billardtische und zeitgenössische Gemälde gibt es zu sehen. Die Queen steuerte ein Porträt des Komponisten bei.

Im 20. Jh. wohnte ein nicht minder talentierter Musiker gleich nebenan: Jimi Hendrix. Sein Schlafzimmer befand sich dort, wo heute Manuskripte und Notenblätter Händels gezeigt werden.

79 Regent Street

Die repräsentative Einkaufsstraße wird in der Weihnachtszeit aufwendig illuminiert.

W1
www.regentstreetonline.com
U-Bahn Piccadilly Circus oder Oxford Circus

Die großzügig angelegte Regent Street führt von Carlton House Terrace in elegantem Bogen über Piccadilly Circus und Oxford Circus hinauf zum Langham Place, mündet dort zunächst in ihre Verlängerung, Portland Place, und erreicht schließlich den Regent's Park.

Wer die Straße für einen Einkaufsbummel besucht, der kann sich auf den Abschnitt zwischen Piccadilly und Oxford Circus beschränken. Hier sind die üblichen Verdächtigen der Modebranche versammelt, allen voran H&M, Zara und Esprit. Eine Londoner Institution ist Hamleys (Nr. 188-196, www.hamleys.com) nahe dem Oxford Circus. Vom hölzernen Brummkreisel bis zum ferngesteuerten High-Tech-Helikopter reicht das Angebot des riesigen Spielwarengeschäfts.

Mit dem Bau von Regent Street (1816–24) nach Entwürfen des stets im großen Stil denkenden *John Nash* wurde das kühnste städteplanerische Konzept Lon-

Während der Weihnachtszeit erstrahlt Regent Street im Glanz der Lichterketten

Bunte Stoffe hinter Tudor-Fachwerk – bei Liberty verbinden sich Tradition und Moderne

dons verwirklicht. Er konzipierte sie als **Via triumphalis** für den Prinzregenten und späteren König George IV. Sie diente zugleich als adäquate Zufahrtsstraße zum neuen Regent's Park und als deutliche Trennlinie zwischen dem eleganten Mayfair und dem bescheidenen Soho. Nashs ursprüngliche Bebauung wurde in den 1920er-Jahren durch nicht minder repräsentative Bauten mit einheitlichen Steinfronten ersetzt.

80 Liberty

In dieser Shopping-Oase wird Orientalisches und Englisches stilvoll präsentiert.

210–220 Regent Street, W1
Tel. 020/77 34 12 34
www.liberty.co.uk
Mo–Sa 10–21, So 12–18 Uhr
U-Bahn Oxford Circus

Noch heute spürt man den Geist des Gründervaters Arthur Lazenby Liberty, der 1875 ein kleines *Warenhaus* in der Regent Street eröffnete. Dort bot er orientalische Möbel und Porzellan an. Bald begann Liberty, **Stoffe** in unverwechselbarem Design zu entwerfen. Anschließend ließ er sie in seinen eigenen Fabriken herstellen. Das *Pfauenmuster* ist seither ein Klassiker.

1925 entstanden unter Captain Stewart Liberty, dem Neffen des Gründers, die klassizistische *Regent-Street-Fassade* und ein *Fachwerkanbau* im Tudor-Stil zur Great Marlborough Street hin. An der Uhr, die das Verbindungsstück zwischen beiden Gebäuden schmückt, ist die Figur des Nationalheiligen *St. George* angebracht, der zur vollen Stunde den Drachen mit einer Lanze niedersticht. Für die Vertäfelung im **Inneren** des Kaufhauses wurde das Material der beiden letzten hölzernen Schiffe der Royal Navy verwendet.

Liberty ist immer noch berühmt für seine exquisiten Stoffe. Dass man mit der Zeit geht, beweisen Variationen mit *Hello Kitty*-Aufdruck. Auch orientalische Einrichtungsgegenstände werden weiterhin vertrieben. Mode und Schreibwaren im typischen Design runden das Angebot ab. Der Begriff *Liberty Style* wird im Englischen übrigens häufig für Jugendstil oder Art Nouveau verwendet.

81 Oxford Street

Einkaufstrubel von früh bis spät auf Londons erster Einkaufsmeile.

W1
U-Bahn Oxford Circus

An der Oxford Street sind die großen Warenhausketten Englands versammelt. Hierher kommen die Londoner zum Weihnachtseinkauf, hier findet man ein unvergleichliches Warenangebot. Schon seit dem Ende des 19. Jh. lädt die vormalige Wohnstraße zum Shopping. Als Ost-West-Verbindung parallel zur Themse trug die Straße verschiedene Namen, ehe sie im 18. Jh. nach Edward Harley, dem 2. Earl of Oxford, benannt wurde, der sie selbst und das Land nördlich davon 1713 gekauft hatte.

Die Oxford Street beginnt am Marble Arch nahe dem Hyde Park. Hier überwältigt das Kaufhaus **Marks & Spencer** (Nr. 458), von den Briten liebevoll Marks and Sparks genannt, mit schierer Größe. Durch seine unschlagbar günstigen Preise beeindruckt dagegen die Bekleidungskette **Primark** (Nr. 499). Schicke Kleider und Anzüge hat **Debenhams** (Nr. 334-348) im Angebot. **Selfridges** (Nr. 400), der 1928 eröffnete Einkaufstempel des Amerikaners Gordon Selfridge, ist noch etwas exklusiver, hat sich damit jedoch von der Idee seines Gründers entfernt, der ein ›Kaufhaus für Jedermann‹ betreiben wollte. Das Geschäft bietet ausgezeichnet sortierte *Food Halls* und eine Kosmetikabteilung, die die größte der Welt sein soll. Bei Bekleidung liegt die Betonung auf junger Mode und innovativen Designern. Hinzu kommen ausgefallene Möbel und schicke Haushaltswaren.

Die Fahne der Musikindustrie hält **HMV** (Nr. 150) in der Nähe des Oxford Circus hoch. Keine aktuelle CD, die man hier nicht finden würde, kein Computerspiel, das nicht verfügbar wäre. Auch das Angebot an DVDs und BluRays ist erschöpfend.

Mut zum Muster – unverwechselbares Ambiente im Kaufhaus Liberty an der Regent Street

Bloomsbury – das London der Intellektuellen

Studenten und Professoren, Schriftsteller, Verleger und Buchhändler prägen das Straßenbild des gediegenen Viertels. Viele von ihnen streben dem gigantischen **British Museum** oder der **University of London** entgegen.

Seinen Namen erhielt Bloomsbury von dem Landbesitzer William Blemond, der *Blemondisbury* zu Beginn des 13. Jh. aufkaufte. Später ließ der Earl of Southampton ein stattliches Wohnhaus an der Nordseite des **Bloomsbury Square** errichten. Diesem Beispiel folgend wurden zahlreiche weitere Squares, umgeben von eleganten Häuserzeilen, angelegt. Sie sind noch immer charakteristisch für das Gebiet zwischen New Oxford Street und Euston Road, Southampton Row und Tottenham Court Road.

Die Eheschließung zwischen der Erbin des Southampton Estate und Lord William Russell, dem späteren Earl of Bedford, gegen Ende des 17. Jh. prägt Bloomsbury bis heute. Die Bedfords unternahmen eine Reihe größerer Bauprojekte. Ihnen verdankt das Viertel um den **Bedford Square** einige ausgezeichnete Beispiele georgianischer Architektur.

82 British Museum

TOP TIPP

Eines der größten Museen der Welt mit Exponaten zur Kulturgeschichte vieler Länder und Epochen.

Great Russell Street, WC1
Tel. 020/73 23 82 99
www.thebritishmuseum.ac.uk
Galleries Sa–Mi 10–17.30, Do/Fr 10–20.30 Uhr, Führungen tgl. 10.30, 13, 15 Uhr (90 Min.), Great Court So–Mi 9–18, Do–Sa 9–23 Uhr
U-Bahn Holborn, Russell Square oder Tottenham Court Road

Eigentlich ist die Bezeichnung British Museum irreführend, denn hier werden großartige Schätze aus aller Welt zur Schau gestellt, insbesondere aus Griechenland, Ägypten und dem antiken Römischen Imperium, aus Assyrien und Babylonien, Südostasien und China.

Angesichts der ungeheuren Fülle an Ausstellungsstücken empfiehlt es sich für den Erstbesucher, an einer der *Highlights Tours* genannten Führungen teilzu-

Weltkunst total – das British Museum präsentiert eine enzyklopädische Sammlung

nehmen oder sich einen *Audio Guide* auszuleihen.

Geschichte Die Ursprünge des Museums gehen zurück auf das Jahr 1753, als die Regierung mit Lotterieeinnahmen eine wertvolle kunst- und naturgeschichtliche Sammlung aus dem Nachlass des Naturwissenschaftlers *Sir Hans Sloane* sowie eine Kunstsammlung der Familie Harley erwarb. Das Museum wuchs und wuchs. Chronischer Platzmangel begleitete es fast von Anfang an. Schließlich wurde Montague House abgerissen und an dessen Stelle 1823–57 von *Robert* und *Sydney Smirke* ein gigantischer Neubau im klassizistischen Stil errichtet.

Besichtigung Die von ionischen Säulen gegliederte, tempelartige **Hauptfassade** des British Museum ist rund 125 m lang. Das Tympanon, also die Schmuckfläche des Dreiecksgiebels über dem Hauptportal, schmückt eine Skulpturengruppe von Sir Richard Westmacott, die den Fortschritt der Zivilisation darstellt.

Der **Great Court** bildet das Entree des Museums. Stararchitekt *Sir Norman Foster* überwölbte diesen Innenhof im Jahr 2000 mit einer Glaskuppel. In seiner Mitte steht der **Round Reading Room** (1857). Einen schöneren Rahmen für eine Büchersammlung als den Lesesaal der British Library kann man sich kaum vorstellen.

Zu den berühmtesten Exponaten der Kollektion zählt der auf 196 v. Chr. datierte **Rosetta Stone** (Hauptgeschoss Saal 4), ein 1799 im Nildelta von napoleonischen Soldaten entdeckter Basaltstein. Seine dreisprachige Inschrift, die der Franzose Jean-François Champollion entzifferte, wurde zum Schlüssel für die Übersetzung der ägyptischen Hieroglyphen.

Spektakulär sind auch die Sammlungen zur griechischen und römischen Antike, die Abteilungen **Greece and Rome** (Hauptgeschoss Saal 11–23), allen voran die **Parthenon Galleries** (Saal 18/19) mit den eindrucksvollen *Elgin Marbles* (438–432 v. Chr.), die vom britischen Botschafter in Konstantinopel, Thomas Bruce, Earl of Elgin, zu Beginn des 19. Jh. nach England gebracht wurden. Die Göttinnen und Götter darstellenden Skulpturen befanden sich ursprünglich am Ostgiebel des Parthenon auf der Akropolis von Athen.

Die dynamisch bewegte Gruppe hatte die *Geburt der Athena* aus dem Kopf ihres Vaters Zeus zum Thema, die beiden Hauptakteure sind jedoch nicht erhalten.

Die Abteilung über die Geschichte des alten **Griechenland** und **Roms** (Obergeschoss Saal 69–73) zeigt Exponate zu den Themenkreisen ›Alltagsleben‹, ›Rom – Stadt und Weltreich‹, ›Italien vor dem Römischen Reich‹ sowie ›Die Griechen in Süditalien‹. Hier hat auch die **Portland Vase** (Saal 70) aus der Zeit von Kaiser Augustus (reg. 27 v. Chr–14 n. Chr.) einen Ehrenplatz. Das aus zweifarbigem Glas gefertigte Henkelgefäß mit seinen mythologischen Liebes- und Hochzeitsszenen gilt als eines der kostbarsten erhaltenen Werke antiker Glaskunst. Benannt ist es nach dem Duke of Portland.

Ebenfalls im Obergeschoss gibt es in der Abteilung **Britain and Europe** (Saal 41–51) endlich Britisches zu betrachten: z. B. den *Sutton Hoo Treasure* (Saal 41, bis Ende 2013 geschl.). Er ist nach einem Ort in Suffolk benannt. Dort wurde 1939 ein angelsächsisches Königsgrab aus dem 7. Jh. mit kostbaren Grabbeigaben gefunden. Weitere Highlights sind Gold- und Silberpreziosen aus römisch-britischer Zeit, darunter auch der *Mildenhall Treasure* (Saal 49), ein aus 34 Geschirrteilen bestehender Silberschatz, der 1942 von einem Bauern in Mildenhall, Suffolk, entdeckt wurde. Der *Lindow Man* (Saal 50), eine etwa 2000 Jahre alte Moorleiche aus Cheshire, ist der britische ›Beitrag‹ in puncto Mumifizierung.

Wesentlich mehr Aufmerksamkeit genießen die ägyptischen *Mumien* (Saal 62/63) in der Abteilung **Egypt** (Obergeschoss Saal 61–66). Neben den ägyptischen *Skulpturen* (Hauptgeschoss Saal 4) zählen sie zweifellos zu den Hauptattraktionen des British Museum.

Deutlich neueren Datums sind die formvollendeten Chronometer vom Mittelalter bis zur Gegenwart, die in der Sammlung **Clocks & Watches** (Obergeschoss Saal 38/39) gezeigt werden.

Herausragend ist auch die **assyrische Sammlung** (Hauptgeschoss Saal 6–10) mit dem viel bestaunten *Löwenjagdrelief*

Sir Norman Foster schuf den glasüberkuppelten Innenhof des British Museum

(Saal 7) aus dem 9. Jh. v. Chr. In den folgenden Sälen werden weitere Reliefs aus den Palästen von Nimrod und Ninive gezeigt. Artefakte aus dem alten Iran und Irak, aus Mesopotamien und dem Gebiet der Türkei sind in der Abteilung **Middle East** (Obergeschoss Saal 52–59) zu sehen.

Nicht weniger attraktiv ist die Abteilung **Asia** (Hauptgeschoss Saal 33, 67, 95) mit großartigen Kunstschätzen aus China, Indien und Korea. Wer sich für chinesische Keramik und Porzellan des 3.–18. Jh. interessiert, ist im *Joseph Hotung Centre for Ceramic Studies* (Hauptgeschoss Saal 95) richtig. Zur umfassendsten Sammlung japanischer Kunst und japanischen Kunsthandwerks in Europa (Obergeschoss Saal 92–94) gehören Samurai-Schwerter, Drucke mit japanischen Landschaften und Manga-Comics.

In den **African Galleries** (Untergeschoss Saal 25) ist eine der bedeutendsten ethnografischen Sammlungen der Welt mit afrikanischen Skulpturen, Masken, Textilien und Gefäßen von der Frühzeit bis zur Gegenwart zu sehen.

83 University College London

Qualitätvolle Kunstsammlungen im Hauptgebäude der Londoner Hochschule.

Gower Street, WC1
www.ucl.ac.uk
UCL Art Museum: Tel. 020/76 79 25 40, Mo–Fr 13–17 Uhr
Petrie Museum of Egyptian Archeology: Tel. 020/76 79 28 84, Di–Fr 13–17, Sa 10–14 Uhr
U-Bahn Euston, Euston Square, Warren Street, Russell Square oder Goodge Street

Korinthische Säulen stützen den Portikus des University College London an der Gower Street, dahinter erhebt sich eine würdevolle Kuppel. Bei seiner Eröffnung zum Wintersemester 1828 reichte der repräsentative, von William Wilkins entworfene Bau noch für alle Fakultäten der Hochschule, inzwischen ist hier nur noch Platz für die Slade School of Fine Arts.

Diese hochangesehene Kunsthochschule zeigt ihre Schätze im **UCL Art Museum** im Südflügel des University College. Im steten Wechsel werden Werke aus seiner Sammlung, zu der Arbeiten von Dürer, Rembrandt oder Turner gehören, präsentiert. Auch die neoklassizistischen Skulpturen des Bildhauers John Flaxman (1755–1826) zählen zum Fundus.

Vom Südeingang des Colleges am *Malet Place* gelangt man ins **Petrie Museum of Egyptian Archaeology**. Hier sind Ausgrabungsfunde von Sir Flinders Petrie (1853–1942), Großbritanniens erstem Professor der Archäologie, zu sehen.

Gegründet wurde das University College im Jahr 1826, um Studierenden eine Alternative zu den der Church of England unterstehenden Hochschulen in Oxford und Cambridge zu bieten. Diese verweigerten Nicht-Anglikanern im 19. Jh. die Immatrikulation. Zudem sollten die Lehrpläne gemäß der Ideen der preußischen Hochschulreformer um die Humboldt-Brüder modernisiert werden. Auch dafür hatten die traditionellen Colleges wenig übrig. Die Lehrgebäude der University of London verteilen sich auf ganz Bloomsbury, und seine gut 24 000 Studenten prägen die Atmosphäre in den Straßen des Stadtteils.

84 Jewish Museum

Die Geschichte des englischen Judentums.

129 Albert Street, Camden Town, NW1
Tel. 020/72 84 73 84
www.jewishmuseum.org.uk
Mo–Mi, So 10–17, Do 10–21,
Fr 10–14 Uhr
U-Bahn Camden Town

Knapp eine halbe Million Juden leben in Großbritannien, die Hälfte davon in London. Ihre Hochburgen sind die Viertel Golders Green, Edgware und Stamford Hill, wo man häufig auf Gruppen traditionell gekleideter Herren mit langem Haar und wallenden Bärten trifft und sich – wie so oft in London – in ein völlig anderes Land versetzt fühlt.

Über Kultur und Geschichte dieser Menschen informiert das 1932 von Wilfried Samuel gegründete Jewish Museum. Es zeigt eine exquisite Sammlung ritueller Gegenstände aus Londoner Synagogen sowie Exponate jüdischer Alltagskultur. Schon im Eingangsbereich wird man förmlich in die Schau hineingezogen: Dort erzählen auf Videowänden jüdische Briten aus ihrem Leben. Filme liefern Informationen zur Geschichte der Juden in England. Die Holocaust Gallery bewahrt die Erinnerung an die schrecklichen Ereignisse zur Zeit des Dritten Reichs in Deutschland. Anhand der Lebensgeschichte des Auschwitz-Überlebenden Leon Greenman, der Frau und Sohn in den Konzentrationslagern verlor, wird das Grauen jener Epoche spürbar.

85 The Foundling Museum

Aus Mitleid für Londons Findelkinder entstand eine große Kunstsammlung.

40 Brunswick Square, WC1
Tel. 020/78 41 36 00
www.foundlingmuseum.org.uk
Di–Sa 10–17, So 11–17 Uhr
U-Bahn Russell Square

Die Zahl der Kinder, die von ihren verzweifelten Müttern in der riesigen Metropole ausgesetzt wurden, stieg im 18. Jh. alarmierend an. Captain Thomas Coram, ein herzensguter Mensch und großer Kinderfreund, war entsetzt, als er, der seit seinem 11. Lebensjahr zur See gefahren war, 1732 nach London zurückkehrte, um sich zur Ruhe zu setzen. Mit Unterstützung seines Freundes *William Hogarth,* der Bilder spendete und andere Künstler dazu anhielt, zu helfen – darunter Reynolds, Gainsborough, Millais und Rysbrack –, gründete er die **Thomas Coram Foundation for Children** (heute Coram Family), ein Findelheim, das 1732 per königlicher Charta dauerhaft etabliert wurde (1926 nach Berkhamstead umgezogen). Das Siegel der Charta hält der Captain stolz umfasst auf einem Hogarth-Porträt, das neben Gemälden der oben erwähnten Künstler im seit 1998 bestehenden Foundling Museum der Stiftung zu besichtigen ist. Die Sammlung präsentiert außerdem eine Partitur aus *Händels ›Messiah‹* (auch er war mit Coram befreundet) und dokumentiert mit vielerlei Exponaten die Geschichte des Findelheims.

Ein Teil der baumbestandenen Rasenflächen vor der Tür, **Coram's Fields**, wurde in Spielplätze umgewandelt, die Erwachsene nur in Begleitung eines Kindes betreten dürfen.

86 Charles Dickens Museum

Pilgerstätte für Dickens-Bewunderer aus aller Welt.

48 Doughty Street, WC1
Tel. 020/74 05 21 27
www.dickensmuseum.com
Mo–Sa 10–17, So 11–17 Uhr
U-Bahn Russell Square, Holborn oder Chancery Lane

Der Umzug in die Doughty Street markierte einen Wendepunkt im Leben des 25-jährigen Charles Dickens: Von nun an ging es mit seiner Karriere steil bergauf. Endlich konnte der aus ärmlichen Verhältnissen stammende Schriftsteller am Wohlstand der Mittelklasse teilhaben. In diesem Haus, das Dickens 1837–39 mit seiner Familie bewohnte, schrieb er ›Oliver Twist‹ und ›Nicholas Nickleby‹. Hier begann er die Arbeit an ›Barnaby Rudge‹, wurde Vater zweier Töchter und erlebte den Tod seiner geliebten Schwägerin und Muse Mary Hogarth. Ihr früher Tod prägte ihn nachhaltig.

In dem Gebäude werden Möbel und persönliche Gegenstände des Romanciers gezeigt. Unter ihnen sind sein Schreibtisch, zahlreiche Bilder, Briefe, Manuskripte sowie einige Erstausgaben seiner Werke. Die **Dickens Library** befindet

Hier erblickte Oliver Twist das Licht der Romanwelt – Charles Dickens' Wohnhaus

sich im Untergeschoss. Sie ist eine der umfassendsten Forschungsbibliotheken zum Werk des großen Dichters.

87 British Library

Eine der größten Bibliotheken der Welt.

96 Euston Road, NW1
Tel. 087 04 44 15 00
www.bl.uk
Mo, Mi–Fr 9.30–18, Di 9.30–20, Sa 9.30–17, So 11–17 Uhr
U-Bahn Euston, King's Cross oder St. Pancras

Die British Library präsentiert sich als trutzige Festung des Wissens. Der fast völlig fensterlose, aus roten Ziegeln bestehende Bau versucht gar nicht erst, einladend zu wirken. Dafür sind die Lesesäle großzügig und hell. Für den Architekten Colin St. John Wilson erwies sich die Bibliothek als Lebensaufgabe: Ihr Grundstein wurde 1962 gelegt, erst 1999, zwei Jahre nach dem Tod Wilsons, konnte sie ihrer Bestimmung übergeben werden.

Ihre kostbarsten Schätze zeigt die British Library in der **John Ritblat Gallery**. Ihrer Bedeutung für England angemessen, ist der *Magna Charta* von 1215 ein eigener Raum gewidmet. Sie regelte Rechte und Pflichten von König und Hochadel. Bis heute gründet das politische System Britanniens auf diesem Dokument. Auch Shakespeares erste Folio-Ausgabe, Handschriften von Charles Dickens und Jane Austen oder ein Songtext von John Lennon sind zu sehen.

Kunstvoll illuminiert sind die *Lindisfarne Gospels* aus dem 8. Jh. Der Mönch Eadfrith schrieb die vier Evangelien im Kloster Lindisfarne auf einer Insel vor der nordenglischen Küste ab. Besonders die Aufschlagseiten verzücken mit ihren farbigen, keltisch inspirierten Mustern.

88 London Canal Museum

Von der Geschichte der Londoner Wasserstraßen und einiges über Eis.

12–13 New Wharf Road, N1
Tel. 020/77 13 08 36
www.canalmuseum.org.uk
Di–So/Fei 10–16.30 Uhr
U-Bahn King's Cross oder St. Pancras

Das London Canal Museum erzählt von der wirtschaftlichen und soziologischen Bedeutung der **Kanäle** für London. Noch im 19. Jh. wurde ein Gutteil der Waren für die Metropole auf diesen Wasserwegen angeliefert. Man erfährt von den Menschen, die auf dem Wasser arbeiteten, von den Pferden, die die Schiffe zogen und von den Lasten, die sie transportierten. Untergebracht ist das Museum in einem alten Eislagerhaus. So wird hier auch einiges über den **Eishandel** mit Norwegen und über die Geschichte der *Eiscreme* berichtet. Die Anlage wurde nämlich 1862/63 für *Carlo Gatti* erbaut. Er war der erste, der Speiseeis zu erschwinglichen Preisen produzierte, an Eisständen verkaufte und so zum Millionär wurde. Besonders hervorzuheben sind die Aktivitäten für Kinder, etwa Bootsfahrten über die Kanäle oder Malkurse.

Rund um den Hyde Park – königliche Museen und edle Wohnviertel in Chelsea und Kensington

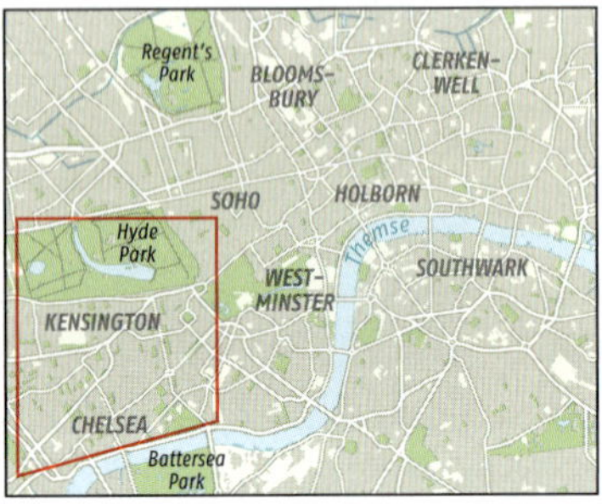

The Royal Borough of Kensington and Chelsea – diesen Titel tragen die beiden Stadtteile seit dem Jahr 1901. Verliehen wurde er von Königin Victoria, die, geboren und aufgewachsen in Kensington Palace, diese Gegend auszeichnen wollte. In **Kensington** ließen sich einflussreiche Personen des öffentlichen Lebens nieder. Während **Belgravia** erst im 19. Jh. seinen Aufschwung nahm, als im Hinterland des Buckingham Palace gewaltige Villen für die Aristokratie errichtet wurden, gewann das einstige Fischerdorf **Chelsea** schon im 16. Jh. an Bedeutung. Damals siedelte sich der Gelehrte Thomas More hier an. Im 19. Jh. hielt dann die Londoner Künstler-Bohème Einzug. Chelsea und die angrenzenden Viertel Belgravia und Pimlico zählen heute zu den vornehmsten Londoner Adressen. Zentrum des Viertels ist die Gegend um den *Sloane Square* mit der beliebten Einkaufsstraße *Sloane Street*.

89 Marble Arch

Triumphbogen an der Nordostecke des Hyde Park.

Oxford Street, W1
U-Bahn Marble Arch

Der nach einem Entwurf von John Nash entstandene, dem Konstantinsbogen in Rom nachempfundene Marble Arch sollte eigentlich als Haupttor für Buckingham Palace dienen. Kaum war er jedoch vollendet, musste man feststellen, dass die Durchfahrt viel zu schmal für die Staatskarossen geraten war, und so wurde Marble Arch 1851 schließlich an seinem jetzigen Standort aufgestellt. Dort wartet er nun auf einer Verkehrsinsel inmitten von brandendem Verkehr auf wichtige Mitglieder der Königsfamilie oder der King's Troop Royal Artillery, denn nur ihnen ist es gestattet, den Hauptbogen zu passieren. Früher befand sich an dieser Stelle der Londoner Galgen. Die Hinrichtungen waren regelrechte Feiertage, zu denen die Schaulustigen strömten.

So lebte der Sieger von Waterloo: In Apsley House, der Residenz des Duke of Wellington, stieß er einst mit Waffenbrüdern an

90 Wellington Museum

Apsley House

Kunst aus dem spanischen Königspalast im Haus des Duke of Wellington.

149 Piccadilly, Hyde Park Corner, W1
Tel. 020/74 99 56 76
www.english-heritage.org.uk
April–Okt. Mi–So 11–17,
Nov.–März Mi–So 11–16 Uhr
U-Bahn Hyde Park Corner

›Number One, London‹ – so hieß das von Robert Adam für Baron Apsley in den 1770er-Jahren erbaute Haus lange Zeit, denn es war das erste Gebäude, zu dem Kutschen gelangten, wenn sie durch das Tor in Knightsbridge nach London fuhren. Arthur Wellesley, Duke of Wellington (1769–1852), erwarb Apsley House 1817, zwei Jahre nach seinem Sieg über Napoleon in der Schlacht bei Waterloo.

Der ›Iron Duke‹ ließ das Haus aus roten Ziegeln mit Bath-Stein verkleiden, außerdem wurde die von vier korinthischen Säulen getragene Vorhalle mit Dreiecksgiebel errichtet. Dahinter öffnet sich die Eingangshalle. Links befindet sich ein erster Ausstellungsraum für die wertvolle *Gemäldesammlung* des Generals. Zu ihr gehören Werke von Rubens, van Dyck, Bruegel d. Ä., Goya und Turner. Viele von ihnen wurden dem spanischen Königshaus von Napoleons Bruder entwendet, der sie wiederum an Wellington verlor.

Am Treppenaufgang zum 1. Stock steht eine überlebensgroße Aktfigur des französischen Feldherrn, die der Dargestellte selbst als unwürdig bezeichnete. Sie wurde Wellington 1816 von der britischen Regierung übereignet – eine Demütigung für den geschlagenen Feind.

Im Obergeschoss zeugt das *Interieur* mit persönlichen Gegenständen und kostbaren Möbeln von Wellingtons Geschmack und Reichtum. Im *China Room* gibt es ein wertvolles Porzellanservice zu bewundern, das mit Szenen aus dem Leben des Feldherrn und Politikers bemalt ist. Der preußische König Friedrich Wilhelm III. hatte die Stücke dem Duke nach der Schlacht von Waterloo aus Dankbarkeit geschenkt.

In der *Waterloo Gallery* auf der Westseite des Gebäudes beging Wellington alljährlich bei einem Bankett mit alten Kriegskameraden den Jahrestag seines Triumphes über Napoleon.

91 Hyde Park und Kensington Gardens

TOP TIPP

Die ineinander übergehenden Landschaftsgärten sind die grüne Lunge Londons.

Bayswater Road, Park Lane,
Kensington Road, W1
www.royalparks.org.uk
U-Bahn Marble Arch, Hyde Park Corner, Lancaster Gate

Dem Jagdfieber Henrys VIII. hat London diese wunderschönen Parks zu verdanken. Denn im Zuge der Säkularisation entband Henry VIII. den früheren Besitzer, Westminster Abbey, der ›Pflichten‹ in Bezug auf das riesige Landstück und machte es zum Eigentum der Krone. Fortan als königliches **Jagdrevier** genutzt, wurde Hyde Park unter Charles I. im Jahr 1635 der Öffentlichkeit zugänglich gemacht und avancierte schnell zu einem der beliebtesten Ziele für sonntägliche Familienausflüge und Spaziergänge. Sie erlebten ihren Höhepunkt bei den alljährlich am 1. Mai stattfindenden, von der gehobenen Gesellschaft frequentierten *May Day Promenades*. Als das Königspaar William und Mary Ende des 17. Jh. Kensington Palace [Nr. 92] erwarb, um dem höfischen Trubel am St. James's Palace zu entgehen, wurde die Verbindungsstraße zwischen beiden Palästen, die Route du Roi (heute verballhornt zu: Rotten Row), beleuchtet, um Wegelagerer abzuschrecken. Ein geradezu spektakuläres Ereignis!

Die bekannteste Sehenswürdigkeit des Hyde Park ist **Speakers' Corner** nahe dem Marble Arch. Wer endlich einmal Anderen seine Meinung kundtun möchte, begibt sich dorthin. Seit 1872 darf hier jedermann öffentlich sprechen, solange der Inhalt nicht blasphemisch, obszön oder gegen den Landesfrieden gerichtet ist. Sonntags ist am meisten geboten.

An der Speakers Corner im Hyde Park darf jeder seine Meinung kundtun

Hat man den Tiraden der Volkstribunen lange genug gelauscht, kann man am Rand des Parks entlang zur Hyde Park Corner am Südostende der Grünfläche spazieren. Hier steht der monumentale Triumphbogen **Wellington Arch** vor dem Wohnhaus des Siegers der Schlacht von Waterloo. Gekrönt wird der gewaltige Bogen von Adrian Jones' bronzener Figurengruppe ›The Quadriga‹: Ein vom Himmel herabsteigender Friedensengel stoppt den Pferdewagen des Krieges.

Auch die **Achilles-Statue** ganz in der Nähe wurde zu Ehren des Kriegshelden Wellington errichtet. Der griechische Heros ist aus eingeschmolzenen Kanonen, die in der Schlacht von Waterloo erbeutet worden waren, gegossen. Finanziert wurde das Monument mit Spendengeldern, die Frauen aus ganz England gesammelt hatten. Leider warf das Ergebnis ein etwas schiefes Licht auf die edlen Geberinnen. Der 1822 von Richard West-

Die Italian Gardens gehen in das naturnah gestaltete Long Water über

macott geschaffene Achilles steht nämlich nackt im Park. Die prüden Viktorianer empfanden diesen Anblick als schockierend und anstößig.

Auf der Serpentine Road gelangt man zum künstlichen See **The Serpentine**. Er entstand, nachdem die deutschstämmige Queen Caroline, Gemahlin von George II., ab 1730 das Flüsschen Westbourne aufstauen ließ. An seinem südlichen Ufer kann man im Freibad **Lido** [s. S. 177] eine Runde schwimmen oder in einem gemieteten Ruderboot gemütlich über den See gleiten und sich anschließend in einem der Liegestühle erholen.

Nahe dem Lido befindet sich die **Diana Fountain**, ein Denkmal für die verstorbene Gattin von Prince Charles. Sie wohnte im nahen Kensington Palace [Nr. 92] und ging oft im Park vor ihrer Haustür joggen. Entsprechend des bewegten Lebenswegs von Diana brechen sich hier bewegte, turbulente und ruhigere Wasser Bahn.

Jenseits der Straße, die Hyde Park von den Kensington Gardens trennt, lädt die **Serpentine Gallery** (Tel. 020/74 02 60 75, www.serpentinegallery.org, tgl. 10–18 Uhr) mit Wechselausstellungen zeitgenössicher Malerei, Fotografie und Skulpturen zum Kunstgenuss. Die Umgestaltung von Magazingebäuden nördlich der Serpentine durch Zaha Hadid soll 2013 abgeschlossen sein. Dann wird mit der Serpentine Sackler Gallery ein Erweiterungsbau zur Verfügung stehen.

Folgt man dem Ufer von The Serpentine auf der Kensington-Gardens-Seite, so stößt man nach einigen Hundert Metern auf die Statue von **Peter Pan**, dem Jungen, der nie erwachsen werden wollte. Nahebei erstrecken sich die **Italian Gardens,** mit denen Prinz Albert 1860 südeuropäisches Flair nach London holte.

Auf dem Weg zum Kensington Palace kommt man am **Round Pond** vorbei, den der Landschaftsarchitekt Charles Bridgeman 1735 als Ruhepol inmitten der Parklandschaft ausheben ließ. Einträchtig ziehen hier Enten, Schwäne und ferngesteuerte Boote ihre Kreise. Nahe dem Black Lion Gate weiter nördlich können sich junge Parkbesucher auf dem Abenteuerspielplatz **Diana Princess of Wales Memorial Playground** austoben.

92 Kensington Palace

Königliches Stadtpalais mit sehenswerten Privat- und Prunkräumen.

Kensington Gardens, W8
Tel. 020/31 66 60 00
www.hrp.org.uk
März–Sept. tgl. 10–18, sonst bis 17 Uhr
U-Bahn High Street Kensington
oder Queensway

Nicht pompös, sondern würdig und elegant wirkt das zu Beginn des 17. Jh. im Jacobean Style erbaute Backsteingebäude, das 1689 vom Königspaar William und Mary gekauft und durch Christopher Wren und Nicholas Hawksmoor ausgebaut wurde. Bis zum Tod von George II. diente Kensington Palace daraufhin als königlicher Stadtwohnsitz.

Ganz zauberhaft sind die frei zugänglichen Kensington Palace Gardens mit ihren ebenmäßig gestalteten Blumenbeeten. In der Orangerie wird der typisch englische ›Cream Tea‹, also Tee mit Sandwiches, süßen Scones, fetter Sahne sowie Marmelade serviert.

Die berühmteste Bewohnerin des Palastes war Queen Victoria. Sie wurde sogar in Kensington Palace geboren. In Sachen Popularität kommt ihr nur Prinzessin Diana nahe, die von ihrer Eheschließung 1981 bis zu ihrem Tod 1997 hier lebte. Auch ihre Söhne William und Harry verbrachten ihre Kindheit im Palast. Derzeit wohnen der Herzog und die Herzogin von Kent in einem Teil des Gebäudes. 2013 will Prince William mit seiner Frau Catherine in den Palast zurückkehren.

Der Ausstellungsparcours soll den Besuchern frische Einblicke in die Geschichte von Kensington Palace vermitteln. Weil die königlichen Bewohner in ihren einstigen Privatgemächern vorgestellt werden, entsteht eine ganz besondere Nähe zwischen historischer Figur und modernem Besucher. Die Schau über Queen Victoria steht unter dem Motto *Victoria Revealed*. Der Rundgang führt in das Schlafzimmer, in dem Victoria ihre erste Nacht als Königin verbrachte und in den von William Kent mit viel Blau und Gold gestalteten *Kuppelraum*, wo sie getauft wurde. Der Besucher nimmt Anteil an den romantischen Anfängen ihrer Beziehung zu Albert, ihr Trauerkleid zeugt von ihrer Verzweiflung über den Tod des geliebten Gatten.

Der Öffentlichkeit zugänglich sind außerdem die **State Apartments** im Ostflügel des Palastes. Dorthin gelangt man über die *Queen's Staircase*, eine 1690 von Christopher Wren entworfene Treppe. In der eichengetäfelten *Queen's Gallery* mit Schnitzereien von Grinling Gibbons findet man verschiedene Herrscherporträts. Ein Meisterwerk Kents, der Gemäldezyklus ›Die Abenteuer des Odysseus‹, ziert

Den Charme einer Landvilla vermittelt der königliche Wohnsitz Kensington Palace

die Decke der *King's Gallery*. In der rund 30 m langen Galerie hängen Gemälde des 17. Jh. aus der königlichen Sammlung.

93 Linley Sambourne House

Ehem. Wohnhaus des Karikaturisten Linley Sambourne mit hervorragend erhaltenem viktorianischem Interieur.

18 Stafford Terrace, W8
www.rbkc.gov.uk/linleysambourne house
Tel. 020/76 02 33 16
Mitte März–Mitte Juni
Führungen, z. T. in historischen Kostümen Mi 11.15 und 14.15, Sa/So 11.15, 13, 14.15 und 15.30 Uhr
U-Bahn High Street Kensington

Ein schmaler Turm auf vier Ebenen, das bedeutete endloses treppauf, treppab für die Bediensteten, deren detailliert aufgelisteten Tagesablauf man in dem kleinen Shop von Linley Sambourne House erwerben kann. Viel war zu tun, um es dem Hausherrn und seiner Familie so angenehm wie möglich zu machen. Und die fühlte sich wohl, denn Linley Sambourne, talentierter ›Punch‹-Cartoonist, der jungvermählt 1874 in das neu erbaute Haus in Stafford Terrace eingezogen war, lebte hier mit Frau und Kindern bis zu seinem Tod 1910. Was man heute als hoffnungslos überladen bezeichnen würde, war das gemütliche Familienheim eines kunstinteressierten Viktorianers aus der Upper Middle Class – ein hervorragendes Beispiel zeitgenössischer Wohnkultur.

94 Leighton House Museum

Mondän-exotisches Gegenstück zum Linley Sambourne House.

12 Holland Park Road, W14
Tel. 020/76 02 33 16
www.rbkc.gov.uk/leightonhouse museum
Mi–Mo 10–17.30 Uhr
U-Bahn High Street Kensington

Frederic Lord Leighton (1830–1896), der einzige Künstler seiner Zeit, dem die Peerswürde verliehen wurde, konnte seinen Erfolg schon als 25-jähriger besiegeln, indem er ein Gemälde an Königin Victoria verkaufte. Seiner Italienliebe entsprechend entwarf der spätere Direktor der Royal Academy das eigenwillige Haus in der Holland Park Road. Es gilt als großartiges Beispiel des frühen englischen Ästhetizismus. 1866 bezog er es zusammen mit seinem Freund, dem Architekten George Aitchison.

Nur ein Schlafzimmer gibt es in dem äußerlich schlichten, im Inneren umso üppiger ausgestatteten Gebäude, denn obwohl hier viel gefeiert wurde, legte Lord Leighton keinen Wert auf Logierbesuch. Kunstvolle Holzvertäfelung, kostbare Möbel, teures Porzellan und vor allem wertvolle *Gemälde*, darunter Werke von Lord Leighton selbst, aber auch von Zeitgenossen wie John Everett Millais und Edward Burne-Jones, zieren die Wände. Die größte Attraktion ist die 1877–79 angefügte, von Aitchison entworfene **Arab Hall**. Zu einer geschmackvoll komponierten, blau, grün und golden funkelnden, orientalischen Pracht arrangiert sind die kostbaren Fliesen, die Lord Leighton teils selbst von seinen Reisen nach Damaskus, Rhodos und Kairo mitbrachte, teils von Freunden geschenkt bekam. Ein quadratischer Springbrunnen im Zentrum der Halle und Walter Cranes umlaufender Mosaikfries vervollkommnen diesen Tausend-und-eine-Nacht-Traum.

95 Royal Albert Hall

Spektakuläre Konzerthalle des Royal Philharmonic Orchestra.

Kensington Gore, SW7
Tel. 0845 401 50 45 (Tickets)
www.royalalberthall.com
Führungen Do–Di halbstündlich zwischen 10.30 und 15.30 Uhr, Anmeldung online
U-Bahn High Street Kensington oder South Kensington

Am Rand der Kensington Gardens beginnt mit einem riesigen Monument, was die Londoner als ›Albertopolis‹ bezeichnen: Das Albert Memorial mit der gegenüberliegenden Konzerthalle Royal Albert Hall, und die großen South Kensingtoner Museen, allen voran das Victoria & Albert Museum.

1867–71, kurz nach dem frühen Tod von ›dear Albert‹ im Jahr 1861, wurde mit dem Bau der ovalen Royal Albert Hall begonnen. Den Entwurf lieferten die beiden Ingenieure Captain Francis Fowke und Major General Darracott Scott. Der Monumentalbau aus rotem Ziegelstein weist einen eindrucksvollen Durchmesser von 90 m auf. Eine mächtige Kuppel aus Gusseisen und Glas überwölbt die Konzerthalle im Inneren. Cremefarbene Terrakotta-Bänder und ein umlaufendes *Fries* unter der Kuppel, das den Triumph von Kunst und Wissenschaft im Verlauf der Geschichte darstellt, lockern die Fassade auf.

Das unter der Bezeichnung *Hall of Arts and Sciences* geplante Gebäude taufte Queen Victoria bei der Grundsteinlegung um in Royal Albert Hall. Mitfinanziert wurde sie durch den Verkauf von 1300 der insgesamt 8000 Sitzplätze für einen auf 999 Jahre festgelegten Zeitraum. Das brachte pro Sitz 100 £ und dem Musikfreund ein Dauerabonnement, das sogar weitervererbt werden konnte.

Erst bei der Eröffnung, als das Amen des Bischofs von London mehrfach durch die Halle tönte, stellte man fest, dass mit der Akustik etwas nicht in Ordnung war. Die Engländer nahmen das berüchtigte Echo gelassen. Wo sonst könne man schließlich zum Preis von einem Konzert gleich zwei hören? Und so war und blieb Royal Albert Hall einer der populärsten Veranstaltungsorte der Stadt. Sie ist heute Heimstatt des renommierten *Royal Philharmonic Orchestra*.

Legendär sind die *Promenade Concerts*, kurz **Proms**, die zwischen Juli und September für eine ausverkaufte Royal Albert Hall sorgen. Der Dirigent Henry Wood rief sie 1895 ins Leben, um klassische Musik einem breiten Publikum zugänglich zu machen. Besonders laut und lustig geht es bei der **Last Night of the Proms** Mitte September zu, bei der das ganze Publikum ein stimmgewaltiges ›Rule Britannia‹ anstimmt.

Die Royal Albert Hall ist im Sommer Schauplatz der Promenade Concerts, kurz Proms

Grazil und pompös zugleich ist das Albert Memorial, das Victoria für ihren Gatten errichten ließ

Junge Musiker aus aller Welt spielen meist freitags und sonntags um die Mittagszeit im *Café Consort* an der South Porch (Pforte 12) auf.

Gegenüber der Albert Hall, am Rand der Kensington Gardens, erhebt sich das **Albert Memorial**. Victoria selbst wählte den Entwurf von Sir George Gilbert Scott für das Nationaldenkmal zu Ehren ihres geliebten Prinzgemahls Albert († 1861). So entstand 1864–76 ein gigantisches Denkmal im neogotischen Stil. Beschirmt von einem rund 55 m hohen, mit Spitzgiebeln und Spitztürmen versehenen Baldachin sitzt die 4 m hohe **Figur** des Prinzen. Albert hält den Katalog zur Großen Weltausstellung von 1851 in der Hand, deren Planung und Verlauf er so engagiert mitgeprägt hatte. Sein Blick geht nach Süden auf sein Legat an die Nation: die Museenlandschaft von South Kensington, deren Entstehung ganz wesentlich seiner Beharrlichkeit und Voraussicht zu verdanken ist.

Vier frei stehende Statuengruppen an den Ecken des Albert Memorial repräsentieren wichtige Interessengebiete des Prinzen: Industrie, Handel, Landwirtschaft und Ingenieurwesen. Das umlaufende weiße Marmorrelief an der Basis des Denkmals selbst zeigt in Lebensgröße 178 (!) bedeutende Persönlichkeiten des öffentlichen Lebens. Die Treppe, die hinaufführt zum Denkmal, wird flankiert von allegorischen Darstellungen der vier Kontinente Europa, Amerika, Asien und Afrika.

96 Science Museum

Wissenschaft und Technik so anschaulich dargestellt, dass auch Laien Spaß an ihnen haben.

Exhibition Road, SW7
Tel. 08 70 8 70 48 68
www.sciencemuseum.org.uk
tgl. 10–18 Uhr
U-Bahn South Kensington

Das Science Museum befasst sich mit Geschichte und Funktion von Technik und Naturwissenschaften und deren Einfluss auf unseren Alltag.

In den verschiedenen, auf mehreren Ebenen angeordneten Galerien mit Ausstellungen zu den Themen Astronomie, Meteorologie, Biochemie, Elektronik, Navigation, Luftfahrt, Fotografie etc. bekommt man Antworten auf Fragen wie: Was geschieht, wenn man den Notruf 112 wählt? Wie entsteht ein Foto? Wie kann ein Flugzeug fliegen? Oder wie funktioniert eigentlich ein Satellit? Die zahlreichen in den Sammlungen installierten interaktive Exponate, die auf Knopfdruck mit Bewegung, Lärm oder Lichtsignalen reagieren, sind bei Kindern beliebt.

Zu den *Ausstellungsstücken* zählen Teleskope von Galileo Galilei und ein Mikroskop von George Adams, die erste Dampflokomotive ›Puffing Billy‹, das erste Telefon von Graham Bell, ein funkelnder Rolls Royce aus dem Jahr 1909. Auch ein Flugapparat von Otto Lilienthal sowie die Raumkapsel Apollo 10, mit der die Generalprobe für die erste Mondlandung 1969 durchgeführt wurde, ist zu sehen.

Unterhaltsam und informativ sind *Abteilungen* wie ›Launch Pad‹ (Experimentieren erwünscht!) und ›Food for Thought‹ zum Thema moderne Ernährung. Die Präsentationen ›Digitopolis‹ und ›Virtual Voyages‹ entführen in virtuelle Welten und erläutern digitale Technologien. ›In Future‹ beleuchtet die verschiedenen Entwicklungschancen der Technologie im 21. Jh. und deren Risiken. ›Challenge of Materials‹ stellt Produkte aus erstaunlichen Materialen vor, z. B. eine Brücke aus Glas und ein Hochzeitskleid aus Stahl. Außerdem kann man im ›Motionride Simulator‹ eine Reise durch fantastische Galaxien unternehmen. ›Who am I‹ geht der Frage nach, was den Menschen befähigte, sich über alle anderen

Notting Hill – voll im Trend

Wo nach dem Zweiten Weltkrieg Einwanderer aus Irland, Afrika und der Karibik in ärmlichen Verhältnissen lebten, hat in den 1990er-Jahren eine schicke, zahlungskräftige Klientel Einzug gehalten. Aus dem einstigen Problembezirk wurde ›the trendiest area of London‹, ein buntes, fröhliches Viertel mit kleinen hippen Geschäften, internationalen Restaurants und angesagten Lokalen wie dem rustikal-feinen Pub **The Cow** (89 Westbourne Park Road, W2, Tel. 020/72 21 54 00, www.thecowlondon.co.uk, U-Bahn Royal Oak) oder die mexikanische Tequila-Bar **Crazy Homies** (125 Westbourne Park Road, W2, Tel. 020/77 27 67 71, www.crazyhomieslodon.co.uk, U-Bahn Westbourne Park) mit ihrem lässig-morbiden Charme.

Am Blenheim Crescent schlagen die Herzen aller Bibliophilen höher: Hier gibt es so ausgefallene Buchläden wie **Books for Cooks** [s. S. 169], mit Regalen voller Kochbücher und angeschlossenem Café, und natürlich die gut sortierte Reisebuchhandlung **The Travel Shop** (Nr. 13–15, W11, Tel. 020/72 29 52 60, www.thetravelbookshop.com, U-Bahn Ladbroke Grove), die als Vorlage für den Buchladen von William Thacker alias Hugh Grant im Film Notting Hill diente.

Modebewusste durchstreifen die coolen Designerläden am **Westbourne Grove**, und auf dem Straßenmarkt an der **Portobello Road** [s. S. 166] kann man auf Schnäppchenjagd nach Retro-Klamotten gehen. Am Samstag werden Antiquitäten verkauft. Besonders vielfältig ist die Auswahl im Geschäft **Alice's Antiques** (86 Portobello Road).

Alljährliches Highlight im Viertel ist der **Notting Hill Carnival** [www.thenottinghillcarnival.com, s. S. 172] am letzten August-Wochenende. Bei dem ausgelassenen Fest findet ein riesiger afro-karibischer Straßenumzug statt. Musik, Tanz und buntes Treiben herrschen bis tief in die Nacht. Dazu kann man allenthalben exotische Gerichte probieren.

Eine riesige Auswahl an originellen Antiquitäten versammelt Alice's Antiques

Ein gigantischer Dinosaurier steht in der Eingangshalle des Natural History Museums

Lebewesen auf Erden zu erheben. Faszinierende Simulationen ermöglichen es, die eigene Stimme aus dem Mund des anderen Geschlechts zu hören oder sein Foto altern zu lassen.

Das *Wellcome Museum of the History of Medicine* vermittelt instruktive Einblicke in die Geschichte des Gesundheitswesens und der Medizin. Spektakuläre Wissenschaftsfilme zeigt das **IMAX-Kino** mit seinen 150 Plätzen.

97 Natural History Museum

Wie die Evolution aus einem Einzeller den Menschen machte.

Cromwell Road, SW7
Tel. 020/79 42 50 00
www.nhm.ac.uk
tgl. 10–17.50 Uhr
U-Bahn South Kensington

Von außen wirkt das Natural History Museum wie eine romanische Kathedrale des frühen Mittelalters. Eine Augenweide ist das von acht Rundbögen überspannte Eingangsportal. Es wird von zwei schmalen, hohen und spitz zulaufenden Türmen flankiert. Verschiedenfarbige Terrakottastreifen und eine Vielzahl zum Teil grotesker Tierdarstellungen lockern die eindrucksvolle, lang gestreckte Fassade auf. Der Architekt Alfred Waterhouse wollte so die Vielfalt der Natur und ihrer Tierwelt auch in der Bauplastik versinnbildlichen. 1881, nach siebenjähriger Bauzeit, wurde das Museum eröffnet. Wie im British Museum [Nr. 82] stammt der Grundstock der Sammlung aus dem schier unerschöpflichen Nachlass von *Sir Hans Sloane*. Ein Farbleitsystem erschließt das Museum. In der *Red Zone* geht es um den Planeten Erde und den Einfluss des Menschen auf seine Entwicklung. Die Evolution ist das Thema der *Green Zone*. Die *Blue Zone* thematisiert die Evolution von den Dinosauriern bis zum Säugetier. Die *Orange Zone* schließlich führt in die Gärten um das Natural History Museum.

Life Galleries

Wie schon von außen, so erinnert auch das Innere des Museums an ein Gotteshaus. Das gilt vor allem für die mächtige Central Hall, wo ein riesiger **Dinosaurier**

Schmetterlinge und Käfer in all ihrer Schönheit im Cocoon des Natural History Museum

die Besucher begrüßt. Sein über 20 m langes Skelett wird meist von Schulklassen umringt. Weitere Riesenskelette findet man in der ›Dinosaurs Gallery‹. Auch die Knochen von Elefanten, Giraffen und Walen sind beeindruckend. Handlichere Exponate stammen von Fischen, Amphibien und Reptilien sowie von Vögeln. In der Blue Zone erfährt man aber auch allerlei Interessantes über den menschlichen Körper.

›Our Place in Evolution‹ erläutert die Entwicklungsgeschichte des Menschen und ›Creepy Crawlies‹ macht vertraut mit allem, was so kreucht und fleucht in der Tierwelt. Beeindruckend ist die Schau zum Thema ›Ecology‹, die dem Verhältnis von Mensch und Natur gewidmet ist. ›Plant Power‹ erläutert die Bedeutung von Pflanzen im menschlichen Lebensraum. Im Untergeschoss bietet die Abteilung ›Investigate‹ ein interaktives Lern- und Forschungszentrum für Kinder.

Earth Galleries

Durch einen Verbindungsgang gelangt man in die Earth Galleries. Die **Eingangshalle** ist ›Visions of Earth‹ gewidmet, einer symbolhaften Inszenierung unseres Planeten. Über eine Rolltreppe geht es mitten durch eine Skulptur der Erde in die Ausstellungssäle.

In der **2. Etage** beschäftigt sich ›The Power within‹ mit dem Thema Vulkane und Erdbeben. Von einer Erdbebenmaschine kann man sich bei Stärke 4 auf der Richterskala durchrütteln lassen. ›Restless Surface‹ erläutert, wie die Naturkräfte das Aussehen der Erde gestaltet haben und fortlaufend verändern.

In der **1. Etage** schildert ›From the Beginning‹ die Entstehung der Erde und folgt den Spuren, die ihre Geschichte in Felsen und Fossilien hinterlassen hat. ›Earth's Treasury‹ zeigt die Schätze der Edelstein- und Mineraliensammlung.

Ein weiteres Highlight ist das **Darwin Centre** (Ticketbuchung online empfohlen) in einem kokonförmigen Bau aus poliertem Gips, Stahl und Glas. Präparate zu Flora und Fauna werden hier überaus lehrreich und zugleich unterhaltsam präsentiert. Anhand von interaktiven Installationen können Besucher Insekten klassifizieren oder Mückenschwärme für die Malariaforschung einfangen. Da im Darwin Center auch einige Forschungseinrichtungen untergebracht sind, besteht immer wieder die Möglichkeit, Wissenschaftlern bei ihrer Arbeit zuzusehen und Fragen zu stellen.

Interessant ist auch ein Besuch im **Wildlife Garden** des Museums, der das Landleben mit einer reichen Auswahl an Pflanzen in die Stadt bringt.

Von Anfang November bis zum Dreikönigstag verwandelt sich die Rasenfläche rechts neben dem Haupteingang in eine Eisbahn zum Schlittschuhlaufen. Zum Aufwärmen werden Tee und heiße Schokolade angeboten.

98 Victoria & Albert Museum

TOP TIPP *Höhepunkt von ›Albertopolis‹ mit einer einzigartigen Kunstsammlung.*

Cromwell Road, SW7
Tel. 020/79 42 50 00
www.vam.ac.uk
Sa–Do 10–17.45, Fr 10–22 Uhr
U-Bahn South Kensington

»Spend a day at the V & A« – so lautet ein bekannter Werbeslogan, doch nicht einen Tag, sondern zahllose müsste man in diesem größten der South Kensingtoner Museen verbringen, um nur halbwegs alles zu sehen, was hier in rund 150 Galerien geboten wird. Auch die Initiative für dieses Nationalmuseum der Schönen und Angewandten Künste geht auf den bildungsbeflissenen Prinzgemahl Albert zurück, der das V&A zusammen mit seinem Freund und Berater Sir Henry Cole, dem ersten Direktor des Museums, ins Leben rief. Das ursprüngliche Gebäude des seit 1857 hier ansässigen Museums, eine mit dem Spitznamen Brompton

Boilers versehene Eisenkonstruktion, wurde 1870 ins East End umgesiedelt, wo es noch heute eine Außenstelle des V&A, das *Bethnal Green Museum of Childhood*, beherbergt. Queen Victoria legte 1899 (bei ihrem letzten großen öffentlichen Auftritt) den Grundstein für das heutige V & A und schlug auch selbst den Namen vor. Zehn Jahre später wurde die von Aston Webb entworfene Schatztruhe der Nation von Victorias Sohn Edward eröffnet. 1983 fügte man den über einen Seiteneingang von der Exhibition Road erreichbaren *Henry Cole Wing* an.

Da das Sammlungsziel des V&A nie genau eingegrenzt wurde, kam (und kommt) eine solche Fülle an Exponaten zusammen, dass niemand sie so recht zu bändigen vermag. Das Museum diente, wie es ein Direktor ausdrückte, über ein Jahrhundert lang als »an extremely capacious handbag«, also eine ›sehr geräumige Handtasche‹. Und diese Ansammlung von Originellem und Ungewöhnlichem macht den besonderen Reiz des nahezu unerschöpflichen Museums aus. Besucher sollten sich unbedingt in der Eingangshalle (Haupteingang, Cromwell Road) mit einem der kostenlos erhältlichen Übersichtspläne wappnen. Das V & A ist, grob gesagt, in zwei Gebiete aufgeteilt, und zwar **Art and Design**, wo es um Objekte geht, die als Kunstwerke interessant sind, und **Materials and Techniques**, die Studienkollektion, in der das verwendete Material und die Herstellungstechnik der gezeigten Objekte im Vordergrund stehen. Die Verwaltungsbereiche des Museums umfassen Skulptur, Keramik, Möbel und Innenausstattung, Metallarbeiten, Fernost, Textiles, Druck, Zeichnung, Foto, Malerei und indische Kunst. Außerdem ist im V & A auch die Nationale Kunstbibliothek untergebracht.

Queen Victoria übergab die **Raffael Cartoons** an das V&A. Diese riesigen Wandteppichentwürfe schuf der Renaissancekünstler Raffael 1516 im Auftrag

Das Victoria & Albert steht wie kein anderes Museum für die Interessen Prinz Alberts

Giambolognas Statue im V & A zeigt, wie Samson einen von insgesamt 1000 Philister erschlägt

Papst Leo X. für die Sixtinische Kapelle. Ebenfalls ein Renaissancewerk ist das schon bei Shakespeare und Dickens erwähnte *Great Bed of Ware*. Das rund 4 m breite, massive Eichenbett aus dem Dorf Ware stand früher in einem Hotel und trägt Hunderte von Graffiti seiner häufig wechselnden Benutzer.

In den riesigen **Cast Courts** sind Gipsabgüsse berühmter Skulpturen aus ganz Europa versammelt. Michelangelos ›David‹ steht hier, die antike Trajanssäule aus Rom und vieles mehr, darunter auch Gipse von Originalen, die während der beiden Weltkriege zerstört wurden.

Historische Kostüme findet man in der *Dress Collection*, alte Musikinstrumente in der *Historic Musical Instruments Collection* und die umfassende Japan-Ausstellung in der *Toshiba Gallery*. Publikumsmagnete sind die **British Galleries**, die den Aufstieg Englands zur Weltmacht zwischen 1500 und 1900 dokumentieren. In der **Twentieth Century Gallery** wird Kunst und Kunsthandwerk ausgestellt. Zu den Highlights zählen die Rodin-Skulpturen, die Porträtminiaturen in der *National Collection of Portrait Miniatures* sowie die Sammlung mit Landschaftsbildern von John Constable. Mit der (winzigen) *Frank Lloyd Wright Gallery* rühmt man sich, das einzige komplette Interieur des Architekten in ganz Europa zu besitzen.

In der **Architectural Gallery** werden unter dem Motto *Architecture for All* mittels modernster Ausstellungs- und Informationstechnik Zeichnungen, Modelle, Manuskripte, Architekturfragmente und IT-Dokumentationen aus der Sammlung des *Royal Institute of British Architecture (RIBA)* präsentiert. Es geht um die Wechselwirkung zwischen Architektur und Gesellschaft sowie die Herausforderungen der Gegenwart wie Wärmedämmung und wachsende Städte. Große Baumeister aus den unterschiedlichsten Epochen, darunter Palladio, Frank Lloyd Wright, Ludwig Mies van der Rohe und Sir Norman Foster, sind hier vertreten.

Der dreistöckige Anbau (2009) östlich des Haupteingangs beherbergt unter anderem die *Theatre Collection* mit Requisiten, Kostümen und Plakaten, die *Gilbert Collection* mit europäischem Kunsthandwerk des 16.–19. Jh., darunter exquisiten Gold- und Silberarbeiten, sowie die großartige Mittelalter- und Renaissancesammlung des Hauses.

Keinesfalls entgehen lassen sollte man sich die Einkehr im **V&A Café**. Seine drei Räume wurden von Henry Cole, dem Gründungsdirektor des Museums, sowie den beiden Designern William Morris und Edward Poyntner ausgestattet und bilden ein echtes Glanzstück der Design- und Handwerkskunst. Die Wände sind mit wunderschönen Fliesen verkleidet. Bei schönem Wetter lockt der John Madejski Garden im Innenhof des Hauptgebäudes. Ruhe findet man im benachbarten **Brompton Oratory**, einer Kirche im italienischen Renaissance-Stil.

99 Harrods

TOP TIPP *Eines der berühmtesten Kaufhäuser der Welt, Pilgerziel für alle Shopping-Begeisterten.*

87–135 Brompton Road, SW1
Tel. 020/77 30 12 34
www.harrods.com
Mo–Sa 10–20, So 12–18 Uhr
U-Bahn Knightsbridge

Auch wenn Harrods einer Holding aus dem Emirat Katar gehört – das Luxuskaufhaus ist und bleibt eine britische Institution. Sehenswert ist es allemal, was das Luxuskaufhaus in rund 230 Abteilungen bietet. Dabei wird es seinem Motto ›Omnia omnibus ubique‹ (Alles für alle überall) bis heute gerecht.

Niemals hätte der Teehändler Henry Charles Harrod, der hier 1849 einen bescheidenen Lebensmittelladen eröffnete, von solch verschwenderischen Überfluss zu träumen gewagt. Doch spätestens mit der Great Exhibition im Jahr 1851, welche die Gegend attraktiver machte, ging es mit dem Geschäft bergauf. Bald musste erweitert werden, und so eröffnete 1905 der Neubau von Stevens and Munt, ein *Terrakotta-Palast* im Edwardian Style.

Das Warenhaus bietet puren Luxus aus den Bereichen Mode und Schmuck, Design und Wohnkultur. Die Dame von Welt kauft hier ihre internationale Haute Couture oder den letzten Schrei der britischen Designerszene.

Viel besucht sind auch die Etage mit Kindermode, die Abteilung mit Harrods Souvenirs und nicht zuletzt die **Food Halls**. In diesem überwältigenden Schlemmerparadies tragen die Verkäufer Strohhüte und die Wände und Decken erstrahlen im Glanz von Jugendstilfliesen und Mosaiken. In der nicht minder opulent ausgestatteten **Egyptian Hall** beobachten die Statuen ägyptischer Pharaonen stoisch die Kunden teurer Designerbekleidung. Auch die ägyptisch gestylte Rolltreppenanlage scheint direkt der Kulisse des Hollywood-Streifens Cleopatra mit Elizabeth Taylor zu entstammen.

100 Sloane Street

Eine exklusive Einkaufsstraße.

www.cadogan.co.uk/sloane
U-Bahn Sloane Square

Die Sloane Street verläuft zwischen den Londoner Edelvierteln Chelsea und Belgravia. Vornehme Wohnhäuser mit weißen Stuckfassaden prägen die Gegend. Bewohnt werden sie von bonusverwöhnten Investmentbankern, nahöstlichen Ölscheichs und russischen Oligarchen – der reichste von ihnen, Roman Abramowitsch, besitzt ein Haus an der Lowndes Street. Ein Großteil der Gegend gehört dem Cadogan Estate, der Vermögensverwaltung der Nachfahren von Hans Sloane und dem Earl of Cadogan.

Die Geschäfte entlang der Sloane Street richten sich an diese extrem wohlhabende Klientel. Zwischen Knightsbridge und Sloane Square schmücken

Jagdszenen an den Decken, Fischspezialitäten in den Vitrinen – die Food Halls von Harrods,

Außen klassizistisch-streng, im Inneren dafür umso aufregender: Die Saatchi Gallery

hochhackige Schuhe das Schaufenster der Boutique von Jimmy Choo und edle Taschen jenes von Fendi, der modebewusste Herr kauft bei Salvatore Ferragamo ein – sofern er es sich leisten kann. Gucci betreibt an der Straße seinen Londoner Flagship-Store.

101 Saatchi Gallery

Zeitgenössische Kunst in ehemaliger Militärkaserne.

Duke of York's Headquarter, Kings Road, SW3
Tel. 020/78 25 55 77
www.saatchi-gallery.co.uk
tgl. 10–18 Uhr
U-Bahn Sloane Square oder Victoria

Die Saatchi Gallery zeigt die Sammlung des Werbemoguls *Charles Saatchi* (*1943). Kein anderer Kunstsammler hält die Szene seit den 1980er-Jahren so in Atem wie er. Denn Saatchi sammelt Kunst genauso, wie er Werbung inszenierte: Mit größtmöglicher öffentlicher Wirkung.

Er machte den extrovertierten Damien Hirst bekannt, indem er dessen in Formaldehyd eingelegten Hai ausstellte und förderte die Young British Artists, eine Künstlergruppe, der auch Hirst angehörte. Später wandte er sich der chinesischen, indischen und russischen Kunstszene zu, und auch deutsche Künstler sind in seinem Portfolio zu finden. In stetem Wechsel zeigt Saatchi seine Errungenschaften in den geräumigen, lichtdurchfluteten Sälen im Duke of York's Headquarter, einer einstigen Kaserne.

102 Royal Hospital Chelsea

Von Christopher Wren errichtetes Veteranenheim, in dessen Gärten die Chelsea Flower Show stattfindet.

Royal Hospital Road, SW3
Tel. 020/78 81 52 00
www.chelsea-pensioners.org.uk
April–Sept. Mo–Sa 10–12 und 14–16, So 14–16, Okt.–März Mo–Sa 10–12 und 14–16 Uhr
U-Bahn Sloane Square

Wer die Pforte zu dieser altehrwürdigen Einrichtung für Pensionisten der britischen Armee passiert, den beschleicht unweigerlich das Gefühl, in eine andere Zeit geraten zu sein. Alte Herren mit wallenden weißen Bärten in ordensgeschmückten Uniformen – marineblauer Gehrock im Winter, scharlachroter im Sommer – flanieren in korrekter Haltung durch Gänge und Gärten. Über 400 alleinstehende Pensionäre, die mindestens 22 Jahre Militärdienst hinter sich gebracht haben müssen, leben im Royal Hospital Chelsea, einer Institution, die unter Charles II. ins Leben gerufen wurde – nach dem Vorbild des von Ludwig XIV. gegründeten Hôtel des Invalides in Paris.

Die von den Pensionisten selbst veranstalteten *Führungen* (Voranmeldung, Tel. 020/78815305) verleihen der Besichtigung besondere Authentizität. Im *Museum* gibt es Informationen zur Geschichte des Veteranenheims sowie eine stattliche Medaillensammlung.

Der Hauptteil des Gebäudes wurde von Sir Christopher Wren 1682–92 errichtet. Es folgten Erweiterungen von Robert Adams (1765–82) und Sir John Soane, der das Royal Hospital 1819 im streng klassizistischen Stil vollendete: Ein schlichter Ziegelbau mit langen Gebäudeflügeln, welche die drei Innenhöfe begrenzen. Bescheiden herausragend präsentiert sich nur der kleine Turm über der Säulenvorhalle, die zu Speisesaal und Kapelle führt.

Der imposante Speisesaal **Great Hall** mit schöner Holztäfelung, zahlreichen Königsporträts und erbeuteten Flaggen kann außerhalb der Mittagszeit besichtigt werden. Besonders augenfällig ist das *Fresko* von Verrio mit Charles II. hoch zu Ross und dem Royal Hospital im Hintergrund. Die kleine, ebenfalls holzgetäfelte **Wren-Kapelle** ist im ursprünglichen Zustand erhalten. Sehenswert ist hier das Gemälde ›Auferstehung Christi‹ (1710) des Venezianers Sebastiano Ricco in der Apsis. Beim Verlassen des Gebäudes gelangt man in den *Figurenhof*, wo sich das von Grinling Gibbons gefertigte *Denkmal für Charles II.* befindet. Es wird alljährlich am 29. Mai, dem *Founder's Day*, im Beisein eines Mitglieds der Königsfamilie mit einer Parade geehrt.

Ebenfalls im Mai findet in den Gärten des Royal Hospital die **Chelsea Flower Show** (www.rhs.org.uk/chelsea) statt, eine üppige Blumenausstellung, die Donnerstag und Freitag für die Allgemeinheit zugänglich ist. Montag ist sie für die Queen reserviert, Dienstag und Mittwoch für die Royal Horticultural Society.

103 Chelsea Physic Garden

Lebendiges Museum mit nachwachsenden Beständen.

66 Royal Hospital Road, SW3
Tel. 020/73525646
www.chelseaphysicgarden.co.uk
April–Okt. Mi–Fr 12–17, So 12–18 Uhr
U-Bahn Sloane Square

Nicht nur für Botaniker interessant ist dieser 1673 von Mitgliedern der Apothekerzunft angelegte *Lehr- und Kräutergarten*. Zur Vorratsgewinnung wurden zunächst vor allem Heilkräuter angepflanzt, doch im 18. Jh. gewann der Garten an Bedeutung, weil hier unbekannte Pflanzen aus den neu entdeckten Gebieten rund um den Erdball gehegt und gepflegt wurden. So stammten beispielsweise die Setzlinge für die ersten in den USA angelegten Baumwollplantagen aus dem Chelsea Physic Garden. Auch heute findet man in dieser kleinen Oase der Ruhe noch eine ganze Reihe exotischer Pflanzen und Bäume sowie den ältesten Steingarten Englands. Sir Hans Sloane hat sich zu seinen Lebzeiten um den Garten verdient gemacht, indem er ihn vor dem finanziellen Ruin rettete. Als Dank errichtete man eine Statue des Gönners.

Speisesaal mit Stil – Armeeveteranen verbringen im Royal Hospital Chelsea ihren Lebensabend

104 Cheyne Walk

Bezaubernde Wohnstraße am Themseufer.

SW3
U-Bahn Sloane Square

Elegante Stadthäuser – viele davon im Queen-Anne-Stil – säumen Cheyne Walk am Themseufer. Henry VIII. besaß hier einst ein stattliches *Manor House*, als er noch häufig zu Gast bei seinem ebenfalls in der Gegend lebenden Lordkanzler Sir Thomas More war. Später lebte Sir Hans Sloane, dessen wissenschaftliche Sammlung den Grundstock für das British Museum lieferte, in Chelsea Manor. Auch wenn Sloanes Schwiegersohn das Haus 1753 abreißen ließ, blieb ein wenig vom Glanz vergangener Tage bestehen, und damit war Cheyne Walk weiterhin ein Wohnviertel für Künstler und Persönlichkeiten des öffentlichen Lebens.

So feierte in No. 3 Cheyne Walk der Rolling Stone Keith Richards. In No. 4 residierten der Künstler Daniel Maclise und später die Schriftstellerin George Eliot. In No. 10 wohnte einst der Politiker Lloyd George, während No. 16 ab 1862 als Zentrum der Londoner Künstlergruppe der **Präraffaeliten** galt. Der Maler Dante Gabriel Rossetti wohnte hier mitsamt seinem exotischen Zoo (darunter Pfauen, ein Känguru und ein Beuteltier) und zeitweise auch in Gesellschaft seiner Freunde Algernon Charles Swinburne und George Meredith. Die Liste ließe sich beliebig fortsetzen. Am südlichen Ende von Cheyne Walk stößt man schließlich nach einem hübschen Spaziergang am Fluss entlang auf die einstigen Wohnhäuser des aus Amerika stammenden Malers James McNeill Whistler (No. 101) und von William Turner (No. 119).

105 Chelsea Old Church

Geschichtsträchtige Gemeindekirche.

Cheyne Walk, SW3
Tel. 020/77 95 10 19
www.chelseaoldchurch.org.uk
Führungen So 13.30–17.30 Uhr
U-Bahn Sloane Square

Die alte Dorfkirche von Chelsea wurde im 12. Jh. gegründet, später mehrmals umgebaut und nach schweren Bombenschäden im Zweiten Weltkrieg grundlegend restauriert. ›The Church that would not die‹ heißt es deshalb stolz im Titel einer Kirchengeschichte. Weitgehend erhalten blieb die **More Chapel**, die im Jahre 1528 von Thomas More erbaute Votivkapelle an der Südseite der Kirche. Hier liegt Mores erste Ehefrau begraben, während sich das Grab des Philosophen und einstigen Lordkanzlers am Hofe Henrys VIII. selbst im Tower befindet. Die beiden Renaissance-Kapitelle mit symbolischen Darstellungen von Mores Aufgaben in Kirche und Staat sollen ein Entwurf seines Freundes, des Malers Hans Holbein, sein. In der nördlichen Votivkapelle, der **Lawrence Chapel**, wurden 1536, wenige Tage vor der offiziellen Staatshochzeit, Henry VIII. und Jane Seymour getraut.

Unter den **Grabmonumenten** der Kirche sind auch jene für Lady Jane Cheyne und den Schriftsteller Henry James. Der Naturwissenschaftler und Sammler Sir Hans Sloane wiederum liegt im Kirchhof begraben. Ein *Obelisk* erinnert hier an Philipp Miller, den Kurator des Chelsea Physic Garden. Vor der Kirche steht eine Bronzestatue Thomas Mores.

106 Carlyle's House

Ehemaliges Wohnhaus des Historikers und Philosophen Thomas Carlyle.

24 Cheyne Row, SW3
Tel. 020/73 52 70 87
www.nationaltrust.org.uk
Mitte März–Okt. Mi–Fr 14–17, Sa/So/Fei 11–17 Uhr
U-Bahn Sloane Square

Das 1708 erbaute Haus des schottischen Historikers, Essayisten und Philosophen Thomas Carlyle, in dem er während der Jahre 1834–81 wohnte, bietet die willkommene Gelegenheit, einen Blick hinter eine der eleganten Fassaden des Viertels zu werfen. Der als der ›Weise von Chelsea‹ bekannte Carlyle schrieb hier ›The French Revolution‹, ›The Life and Letters of Oliver Cromwell‹ und ›Frederick the Great‹.

Das seit jenen Tagen kaum veränderte Stadtpalais präsentiert eine Vielzahl persönlicher Gegenstände der Carlyles. In einem der Zimmer hängt Robert Taits Gemälde ›A Chelsea Interior‹, das Carlyle mit seiner Gattin zeigt. Ihr besonderer Sinn für Humor wurde von den zahlreichen Besuchern des Hauses, darunter Thackeray, Dickens und Tennyson, sehr geschätzt. Auch der Garten, in dem der

Verträumte Romantik – in der Tate Britain hängt John William Waterhouse' Lady of Shallot

Philosoph unter den schönen Walnuss- und Kirschbäumen zu lustwandeln pflegte, befindet sich noch weitgehend in seinem ursprünglichen Zustand.

107 Tate Britain

TOP TIPP

Spitzenwerke britischer Künstler wie Hogarth, Turner, Constable und Reynolds.

Millbank, SW1
Tel. 020/78 87 88 88
www.tate.org.uk
Sa–Do 10–18 Uhr, Fr 10–22 Uhr
U-Bahn Pimlico

Ende des 19. Jh. machte der Zuckermillionär *Sir Henry Tate* der Regierung ein Angebot: Falls sie ein entsprechendes Grundstück stellen würde, werde er dort eine Galerie für britische Kunst errichten lassen und der Nation seine eigene Sammlung aus über 60 Gemälden zeitgenössischer – also viktorianischer – Künstler als Grundstock für ein Museum vermachen. Es dauerte seine Zeit, bis sich das Parlament zur Annahme dieses Geschenks an die Nation entschloss. Anschließend wurde der Stadtteil Millbank als Standort ausgewählt. Das riesige Gefängnis, das sich an der vorgesehenen Stelle befand, wurde abgerissen. 1897 öffnete die Tate Gallery of British Art in einem von *Sidney Smith* entworfenen neoklassizistischen Gebäude.

1917 erweiterte das Parlament den Auftrag der Tate: Fortan sollte sie auch internationale Gegenwartskunst sammeln. Dieser Teil ihrer Bestände ist seit dem Jahr 2000 in der *Tate Modern* [Nr. 116] themseabwärts zu sehen.

Im Stammhaus konzentriert man sich auf die britische Kunst von 1500 bis ins 20. Jh. Alles, was Rang und Namen hat in der Kunstgeschichte der Nation ist in thematisch sortierten Galerien und in glänzendem Rahmen vertreten: Peter Lely, Thomas Gainsborough, Joshua Reynolds, Edwin Landseer und die Präraffaeliten. Zu den Highlights zählen ›The Cholmondely Sisters‹, ein elisabethanisches Porträt zweier Frauen und ihrer Kinder von einem unbekannten Künstler, William Hogarths ›Selbstporträt‹ mit seinem Hund und seine antifranzösische, satirische Darstellung ›The Roast Beef of Old England‹ sowie John Everett Millais' ›Ophelia‹.

Die Illustrationen von William Blake, darunter die Originale zu Miltons ›Paradise Lost‹, ziehen den Besucher mit ihrer düsteren Unmittelbarkeit in ihren Bann. Bedeutende Arbeiten William Turners sind in einem von James Stirling entworfenen zweistöckigen Anbau, der *Clore Gallery*, untergebracht. Auch ein weiterer Heros der englischen Kunst, der Landschaftsmaler John Constable, wird ausführlich gewürdigt. Kein anderer prägte die Vorstellung der Briten von einer romantisch verklärten Szenerie so nachdrücklich wie er.

Vor der Clore Gallery befindet sich die Anlegestelle des **Tate Boats** [s. S. 178], mit dem man über die Themse zur Tate Modern schippern und je nach Lust und Laune noch einen Zwischenstopp am Riesenrad London Eye einlegen kann.

108 Westminster Cathedral

TOP TIPP *Hauptkirche der Katholiken Englands und Sitz des Erzbischofs von Westminster mit schöner Aussicht.*

42 Francis Street, SW1
Tel. 020/77 98 90 55
www.westminstercathedral.org.uk
tgl. 10–17 Uhr
U-Bahn St. James's Park

Keine Verbindung zur Westminster Abbey hat die gleichnamige Westminster Cathedral aufzuweisen. Das war auch eine der Maximen, als sich die rund 300 Jahre nach der Reformation wieder etablierte katholische Kirche gegen Ende des 19. Jh. endlich zum Bau einer neuen Kathedrale entschloss: Es sollte keinerlei Ähnlichkeit zur Abbey bestehen und der Bau sollte ein weites Kirchenschiff besitzen, um viele Gläubige aufnehmen zu können. Erzbischof Herbert Vaughan und Architekt John Bentley planten den für das Londoner Stadtbild exotischen Bau: eine *Basilika* (1895–1903) in romanisch-byzantinischem Stil.

Die **Fassade** besteht aus roten Ziegeln, durchzogen von Bändern aus weißem Portland-Stein, einem von überkuppelten Türmen gerahmten Hauptportal und einem ebenfalls überkuppelten Campanile. Der **Innenraum** ist ein einziges Farbenspiel: Marmor in allen Schattierungen neben goldblitzenden Mosaiken. Über 100 Marmorsorten aus aller Welt wurden verwendet, um Wände, Säulen und Pilaster zu verkleiden. Irgendwann einmal,

Reminiszenz an die byzantinische und romanische Baukunst: Westminster Cathedral

wenn das nötige Geld dafür vorhanden ist, sollen auch die oberen Wandpartien im Marmorglanz erstrahlen und die Kuppelinnenseiten mit weiteren Mosaiken versehen werden. Ein mächtiges goldenes Kreuz hängt am Ostende des mit 52 m breitesten Kirchenschiffs in England. Sehenswert sind Eric Gills Reliefs mit den Kreuzwegstationen an den Hauptsäulen. In einer der ebenfalls reich geschmückten Seitenkapellen befindet sich das Grab des Priesters John Southworth, der 1654 für seinen Glauben sterben musste. Eine Bischofsmütze von Thomas Becket gehört zur *Reliquiensammlung*, die es in der Krypta zu betrachten gibt.

Der **Campanile** ist Edward the Confessor geweiht, der in Westminster Abbey begraben liegt. Die **Aussichtsgalerie** des knapp 100 m hohen Turms bietet einen weiten Blick über London. Da sie über einen Lift verfügt, ist der Aufstieg kein Problem.

Von Perpendicular bis High-Tech: Architektur in London

In Londons Architektur spiegeln sich Herkunft und Interessen der jeweiligen Herrscher wider. In **normannischen** Bauten wie dem White Tower des Tower of London dominieren französische Einflüsse – schließlich kamen die neuen Regenten aus Nordfrankreich. Mit Beginn der **Gotik**, im **Early English Style** (frühes 13. Jh.), wurden die Gewölbe reich verziert. Dieses Element verstärkte sich gegen Ende des 13. Jh. im **Decorated Style**. Der **Perpendicular Style** des 14.–16. Jh. hingegen blieb vergleichsweise schlicht. Die Betonung lag auf großen, maßwerkgegliederten Fenstern und prächtigen Fächergewölben.

Londoner Meisterwerke der **Renaissance** (16./17. Jh.) schuf in den Epochen **Tudor** und **Stuart** der Baumeister *Inigo Jones*, der mit seinem Banqueting House dem Vorbild des Italieners Palladio folgte. Standards dieses Palladianismus waren klassisch-klare Baukörper und Säulenvorhallen. Als Vertreter des **Regency** (18./19. Jh.) war *John Nash* dem Neoklassizismus verpflichtet.

Der unter Queen Victoria vorherrschende **Historismus** erhielt die Bezeichnung **Victorian Style**. Er zeichnete sich durch fantasievoll inszenierte Stilzitate früherer Epochen aus. So sollten die Umbrüche der Moderne mit einer als sicherer betrachteten mittelalterlichen Welt versöhnt werden. Das **Natural History Museum** repräsentiert diese Phase.

Längst ist die Londoner Architektur in der **Moderne** angekommen. *Richard Rogers'* Lloyd's of London, in dem das Innere nach außen gekehrt zu sein scheint, sorgte in den 1980er-Jahren für Aufsehen. Nach der Jahrtausendwende setzte *Sir Norman Foster* mit der eiförmigen City Hall und 30 St. Mary Axe neue Maßstäbe.

2012 setzte sich der Wettlauf der großen Architekten mit der Eröffnung von *Renzo Pianos* Shard London Bridge, dem derzeit höchsten Gebäude Londons, fort.

Am Südufer der Themse – moderne Kunst und ein Riesenrad

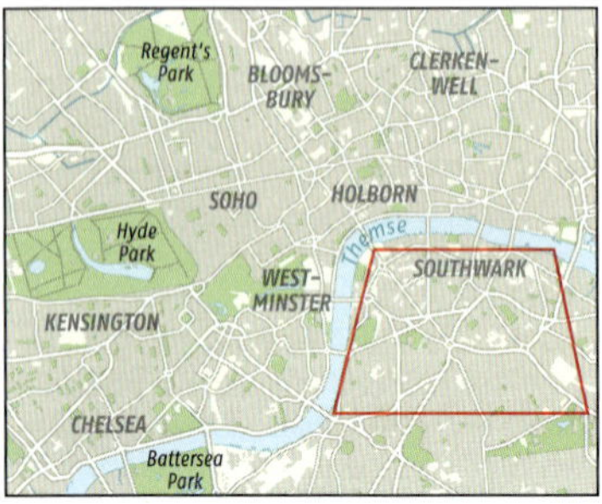

Am Südufer der Themse, unmittelbar gegenüber der City of London, erstreckt sich Southwark, weiter westlich folgen Waterloo und Lambeth. Glitzernde Hochhausfassaden wechseln sich hier ab mit bescheidenen Mietskasernen. Pilgerstätte für die Verehrer des größten Dichters Englands ist **Shakespeare's Globe Theatre**, der Kunst der Gegenwart widmet sich die **Tate Modern** und immer wieder fasziniert moderne Architektur, so die **Millennium Bridge** und die eiförmige **City Hall** von Sir Norman Foster. Weitere Highlights sind das **Sea Life London Aquarium** und das Riesenrad **London Eye**.Das enorme Kulturareal um das Southbank Centre sollte besuchen, wer sich für klassische Musik oder moderne Kunst interessiert.

109 Lambeth Palace

Die Londoner Residenz des Erzbischofs von Canterbury mit einer großartigen Bibiliothek und einem Museum für Gartengeschichte.

Lambeth Palace Road, SE1
Tel. 020/78 98 12 00
www.archbishopofcanterbury.org
Besichtigung nur für Gruppen und auf Voranmeldung
Bibliothek: Tel. 020/78 98 14 00
www.lambethpalacelibrary.org
Mo–Fr 10–17 Uhr. Für den Besucherausweis zwei Passfotos und Personalausweis mitbringen
U-Bahn Waterloo, dann Bus 507

Unweit der Lambeth Bridge liegt inmitten einer reizvollen Parkanlage Lambeth Palace, wo seit 1207 der Erzbischof von Canterbury seinen Sitz hat. Die ältesten erhaltenen Gebäudeteile des um einen Innenhof gruppierten mittelalterlichen Ziegelpalastes sind *Kapelle* und *Krypta* aus dem Jahr 1200. Durch den mit Zinnen bewehrten *Morton's Tower*, erbaut im 15. Jh. unter dem früheren Erzbischof und Kardinal John Morton, gelangt man in die Anlage. Dort erhebt sich die gotische **Great Hall** (17. Jh.), in der die kostbare *Lambeth Pala-*

Lambeth Palace – der ziegelrote Amtssitz des Bischofs von Canterbury an der Themse

ce Library mit zahlreichen historischen Dokumenten und Manuskripten untergebracht ist. Bibliophile werden von den interessanten Wechselausstellungen, die hier regelmäßig stattfinden, begeistert sein. Der Wasserturm **Lollards' Tower** diente jahrelang als Kerker. Im **Laud Tower** sind Klerikerporträts aus der Feder von Künstlern wie Holbein, Hogarth, Reynolds und van Dyck versammelt. Der Erzbischof selbst bewohnt den 1829 von Edward Blore ebenfalls im Tudor-Stil erbauten *Nordflügel* der Anlage.

Naturfreunde wird das in der Kirche St. Mary-at-Lambeth ansässige **Museum of Garden History** (Tel. 020/74 01 88 65, So–Fr 10.30–17, Sa 10.30–16 Uhr, 1. Mo im Monat geschl., www.museumgardenhistory.org) interessieren. Die kleine Sammlung wurde vom Tradescant Trust in Erinnerung an den königlichen Hofgärtner John Tradescant ins Leben gerufen. Im kleinen Kirchhof gibt es botanische Raritäten aus dem 17. Jh. Das dazugehörige Café bietet Tee und Kuchen.

110 Florence Nightingale Museum

Denkmal für die bekannteste Krankenschwester der Welt.

St. Thomas' Hospital, 2 Lambeth Palace Road, SE1
Tel. 020/76 20 03 74
www.florence-nightingale.co.uk
tgl. 10–17 Uhr
U-Bahn Waterloo oder Westminster

Florence Nightingale, eine der herausragenden Persönlichkeiten des viktorianischen Zeitalters, erfuhr aus den Medien von der unsäglichen Behandlung Kriegsversehrter im Krimkrieg. Gegen massiven Widerstand des Militärs machte sie sich auf den Weg ins Osmanische Reich und revolutionierte mit ihrer aufopferungsvollen Arbeit die Krankenpflege. Das Museum, dessen Herzstück die Nachbildung einer Krankenstation aus dem Krim-Krieg ist, erinnert an die Heldin, deren Porträt die 10-Pfund-Note schmückt.

111 Imperial War Museum

Großbritanniens Kriege in Europa und der Welt seit 1914.

Lambeth Road, SE1
Tel. 020/74165320
www.iwm.org.uk
tgl. 10–18 Uhr
U-Bahn Elephant & Castle
oder Lambeth North

Zwei mächtige Kanonenrohre, drohend auf jeden Ankömmling gerichtet – der erste Eindruck vom Imperial War Museum ist nicht gerade einladend. Das gilt auch für sein Sujet, blickt es doch zurück auf all die Kriege, in denen britische Soldaten im 20. und 21. Jh. kämpften und noch immer kämpfen. Dabei geht es den Ausstellungsmachern nicht um die Feier soldatischer Heldentaten, sondern um eine realistische Darstellung der Schrecken des Krieges. Gegründet wurde das Museum im Jahr 1920 unter dem Eindruck des Ersten Weltkrieges.

In der **Large Exhibits Gallery** gibt es sperrige Exponate wie Panzer, Busse, ein Schiff und gewagt von der Decke baumelnde Flugzeuge zu betrachten. Waffen, Medaillen, Uniformen und anderes Kriegsgerät in den weiteren Sälen ergänzen die Sammlung. Schaudern lässt der begehbare Nachbau eines *Schützengrabens* in den **First World War Galleries**. Auch die komplexen Entwicklungen, die zum Ausbruch des Krieges führten, werden in den Blick genommen.

In den **Second World War Galleries** steht die britische Heimatfront im Fokus. In der *Blitz Experience* kann man die beengten Verhältnisse in einem Luftschutzbunker erleben und durch eine von deutschen Kampfflugzeugen zerstörte Straße gehen, inklusive simuliertem

Bombenangriff mit bebendem Boden und rauchgeschwängerter Luft.

Um die von Nazi-Deutschland ins Werk gesetzte Judenvernichtung geht es in der **Holocaust Exhibition**. Die Abteilung **Crimes Against Humanity** verfolgt all die Grausamkeiten, die sich Menschen aus Rassenhass und ideologischer Verblendung im 20. Jh. zugefügt haben.

Conflicts since 1945 dokumentiert Kriege und Kämpfe seit dem Zweiten Weltkrieg. Von den Aufständen in den britischen Kolonien wird ebenso berichtet wie vom Falklandkrieg gegen Argentinien und den Kampfeinsätzen im Irak und in Afghanistan.

Im Mittelpunkt der **Art Galleries** steht das Bild *Gassed* (1919) von John Singer Sargent. Exemplarisch zeigt es das ganze Grauen des Gaskriegs im Ersten Weltkrieg: Geblendete Soldaten ziehen darauf über ein verheertes Schlachtfeld.

Flugzeuge, Raketen und Kanonen – Furcht erregendes Kriegswerkzeug des 20. und 21. Jh. zeigt das Imperial War Museum

112 County Hall

Sea Life London Aquarium und London Film Museum

In der County Hall gibt es viele Fische und ein Filmmuseum zu sehen.

Belvedere Road, South Bank, SE1
Tel. 020/74 01 87 47
www.londoncountyhall.com
U-Bahn Waterloo oder Westminster

Die gewaltige **County Hall** spiegelt das ganze Selbstbewusstsein der britischen Hauptstadt am Beginn des 20. Jh. wider. Ralph Knotts errichtete den Monumentalbau im Stil der Neorennaissance 1911–22 für die Londoner Stadtverwaltung. Die Beamten verfügten fortan über 2390 Zimmer und rund 10 Meilen an Korridoren. Die zur Themse hin ausgerichtete, 250 m lange *Schauseite* besteht aus zwei Gebäudeflügeln, deren Mittelpunkt eine im eleganten Halbrund geschwungene, von einem Glockenturm überragte Eingangshalle bildet.

Seit Margaret Thatcher 1986 die Auflösung der Londoner Stadtverwaltung erzwang, haben ganz unterschiedliche Mieter die County Hall bezogen. Es gibt mehrere fernöstliche Restaurants, ein luxuriöses Marriott-Hotel sowie das einfache Premier Inn.

Am Themseufer befindet sich der Eingang zum **Sea Life London Aquarium** (Tel. 08 71 663 36 78, www.visitsealife.com/London, Mo–Fr 10–18, Sa/So 10–19 Uhr, letzter Einlass 1 Std. vor Schließung). Wasserlandschaften mit Fluss- und Meeresbewohnern, Korallenriffe, Mangroven und Regenwälder verschiedener Regionen werden präsentiert. Ein riesiges Doppelaquarium kombiniert die Unterwasserwelt von Atlantik und Pazifik. Im Pazifik-Aquarium leben Haie.

Das **London Film Museum** (Tel. 020/72 02 70 40, www.londonfilmmuseum.com, Mo–Fr 10–17, Sa/So 10–18 Uhr, letzter Einlass 1 Std. vor Schließung) befasst sich mit der britischen Filmgeschichte. Gezeigt werden nicht nur Requisiten und Kulissen von ›Star Wars‹ und anderen Blockbustern, auch die Arbeit der Menschen vor und hinter den Kameras wird beleuchtet. Außerdem kann man einen Mini-Film drehen.

113 London Eye

TOP TIPP

›Fly the eye‹, mit diesem Slogan wirbt der Betreiber für einen ›Flug‹ im Londoner Riesenrad, einem der Wahrzeichen Londons.

Riverside Building, Westminster Bridge Road, SE1
Tel. 087 05 00 06 00
www.londoneye.com
Kernzeiten: Okt.–März tgl. 10–20, April–Sept. tgl. 10–21 Uhr, saisonal und feiertags länger, aktuelle Öffnungszeiten siehe Website, Ticketbuchung vorab ist empfehlenswert
U-Bahn Waterloo oder Westminster

Direkt am Themseufer, gegenüber den Houses of Parliament, erhebt sich die funkelnde Stahl-Glas-Konstruktion des London Eye über die *Jubilee Gardens* – das mit 135 m Höhe derzeit größte Riesenrad Europas. Es wurde anlässlich der Millennium-Feiern errichtet, die in Großbritannien besonders intensiv begangen wurden. Etwa eine halbe Stunde dauert der ›Flug mit dem Auge‹. 32 Kabinen für je 25 Passagiere stehen zur Verfügung. Da das London Eye ein großer Publikumsliebling ist, sollte man Tickets vorab reservieren. Unvergesslich ist der Blick: Bei klarem Wetter hat man eine Fernsicht von bis zu 40 km im Umkreis, wenn man in einer der transparenten Kapseln langsam höher schwebt. Von ganz oben sieht man drei Flughäfen, sieben Grafschaften und 34 Brücken.

114 Southbank Centre

Aus mehreren Komplexen bestehendes Kunst- und Kulturzentrum.

South Bank, SE1
Tel. 020/79 60 42 00
Hayward Gallery: Mo–Do, Sa/So 10–18, Fr 10–22 Uhr
BFI Southbank: tgl. 11–23 Uhr
www.southbankcentre.co.uk
U-Bahn Waterloo oder Embankment

Das Southbank Centre ist eine der größten kulturellen Institutionen Europas. Seit 1951 schichtete man immer neue Betonriegel neben- und übereinander, es entstanden Konzerthallen und Galerien, Restaurants und Cafés am Themseufer.

Das grazile London Eye überragt spielend die County Hall (rechts)

Hervorgegangen ist das Kulturzentrum aus den Veranstaltungshallen für das Festival of Britain, mit dem Premier Richard Attlee 1951 das Ende des Zweiten Weltkriegs und den Aufbruch in eine neue, bessere Zeit feiern wollte.

Royal Festival Hall

Die Royal Festival Hall [s. S. 173] ist der älteste Teil des Centre und zugleich eine der besten Londoner Konzerthallen. Besonderen Wert hatte man bei der Planung der 2900 Zuhörer fassenden Konzerthalle auf die Akustik gelegt. Die 1967 eröffnete *Queen Elizabeth Hall* (917 Plätze) für Symphoniekonzerte und der *Purcell Room* (370 Plätze), ein Kammermusiksaal, vervollständigen das Ensemble. In den Foyers finden Performances und Lesungen statt – meist bei freiem Eintritt.

Hayward Gallery

Dass in der Hayward Gallery keine Alten Meister zu finden sind, lässt schon das avantgardistische Äußere der Galerie erahnen. Sie hat sich auf Wechselausstellungen der Klassischen Moderne und zeitgenössische Kunst spezialisiert.

BFI Southbank

Das British Film Institute zeigt Filmreihen und Low-Budget-Produktionen. Tickets gibt es nur für Mitglieder, doch eine Abendmitgliedschaft plus Eintrittskarte ist immer noch billiger als eine Vorstellung in einem der großen West-End-Kinos. Zudem gibt es eine Galerie für Ausstellungen zum Thema Film.

TOP TIPP National Theatre

Schon Mitte des 19. Jh. forderten namhafte Theaterleute ein Nationaltheater. Dieser Wunsch ging gut 100 Jahre später mit der Eröffnung des von Sir Denys Lasdun 1967–76 in moderner Terrassenbauweise errichteten National Theatre [s. S. 174] in Erfüllung. Dessen größter Saal, das *Olivier*, ist nach seinem ersten Direktor, dem Schauspieler Sir Laurence Olivier benannt. Im winzigen *Cottesloe* wird meist experimentelles Theater geboten. Kostenlose *Foyerkonzerte* und ein *Terrassencafé* mit großartigem Blick über die Themse locken nicht nur Theaterbesucher an. Wer einen Blick hinter die Kulissen werfen möchte, kann auch an einer *Backstage Tour* (Information Desk, Tel. 020/74 52 34 00) teilnehmen.

115 Southwark

Viele Museen und ein enormer Wolkenkratzer im Süden der Themse.

London Bridge, SE1
Tel. 020/73 67 67 00
cathedral.southwark.anglican.org
tgl. 8–18 Uhr
U-Bahn London Bridge oder Monument

Dank seiner zentralen Lage im Herzen von London ist Southwark ein beliebtes Wohn- und Geschäftsviertel. Besuchermagneten sind die Tate Modern [Nr. 116] am Themseufer und das Globe Theatre [Nr. 117]. Doch es gibt auch viele kleinere, weniger bekannte Sehenswürdigkeiten.

Quer durch das Viertel verläuft die vielbefahrene Southwark Street. Hier befindet sich die *Menier Chocolate Factory* (Nr. 53, www.menierchocolatefactory.com). Hinter der Klinkerfassade einer einstigen Schokoladenfabrik kommen originelle Musicals und Theaterstücke zur Aufführung.

Von der Straße sind es nur wenige Schritte zur Themse. Hier, am St. Mary Overie Dock an der Cathedral Street, kann man die **Golden Hinde** (Tel. 08700118700, www.goldenhinde.com, in der Regel tgl. 10–17.30 Uhr) besichtigen. Das Flaggschiff des Freibeuters Sir Francis Drake, der im 16. Jh. im Auftrag Ihrer Majestät die Spanier beraubte, wurde rekonstruiert.

In der Clink Street, die von Westen zum Dock führt, befand sich bis zum Ende des 18. Jh. das berüchtigte Gefängnis des Bishop of Winchester. Das **The Clink Prison Museum** (1 Clink Street, Tel. 020/74030900, www.clink.co.uk, Juli–Sept. tgl. 10–12, Okt.–Juni Mo–Fr 10–18, Sa/So 10–19.30 Uhr) nähert sich dem Thema mit größtmöglicher Effekthascherei.

Ein Stück London abseits der Touristenattraktionen erlebt man im **Borough Market** neben der Southwark Cathedral. In seinen von den Hochgleisen der Metro durchschnittenen Hallen kaufen die Bewohner des Viertels Lebensmittel und Spezialitäten aus aller Welt ein.

Unübersehbar ragt am östlichen Ende von Southwark der spitz zulaufende Wolkenkratzer **The Shard London Bridge** auf. Mit seinen 310 m ist der von Renzo Piano entworfene Turm höher als alle anderen Gebäude in der Metropole. Wie bescheiden wirkt dagegen die nahe Southwark Cathedral [Nr. 118]!

Unmittelbarer Nachbar von The Shard ist die Bahnstation London Bridge. Von ihrem Nordausgang sind es nur wenige Schritte zum **London Dungeon** (28–34 Tooley Street, Tel. 020/74037221, www.thedungeons.com, tgl. 10–17 Uhr, im Sommer länger). In diesem Gruselkabinett rollen im ›Theatre of the Guillotine‹ die Köpfe hingerichteter Revolutionäre, ›Judgement Day‹ stellt den Weg eines zum Tode Verurteilten durchs Traitors' Gate des Tower nach. Unvermeidlich sind wohl die Gruselszenen aus dem London von Jack the Ripper, abschließend wartet noch eine Fahrt mit der Geisterbahn.

Eine erschreckend realistische Inszenierung des ›Blitz‹, der deutschen Luftangriffe auf London im Zweiten Weltkrieg, bietet wenige Schritte enfernt **Churchill's Britain at War Experience** (64–66 Tooley Street, Tel. 020/74033171, www.britainatwar.co.uk, April–Okt. tgl. 10–17, Nov.–März tgl. 10–16.30 Uhr).

Wie der Turmbau zu Babel überragt The Shard die übrigen Gebäude von Southwark

Am Kai unweit der **City Hall** [Nr. 119] liegt das Kriegsschiff **HMS Belfast** (Morgan's Lane/Tooley Street, Tel. 020/ 79 40 63 00, http://hmsbelfast.iwm.org.uk, März–Okt. 10–18, Nov.–Febr. 10–17 Uhr) vor Anker. Es war vom Zweiten Weltkrieg bis 1965 im Einsatz der Royal Navy. An Bord kann man die Waffen und Munitionsmagazine, den Maschinenraum und die Mannschaftsunterkünfte inspizieren.

116 Tate Modern

TOP TIPP *Elektrisierende Kunst der Klassischen Moderne und der Gegenwart in einem einstigen Kraftwerk.*

Bankside
25 Sumner Street, SE 1
Tel. 020/78 87 88 88
www.tate.org.uk
So–Do 10–18, Fr/Sa 10–22 Uhr
U-Bahn Southwark oder Blackfriars

Mindestens so aufsehenerregend wie die Kunstschätze im Inneren ist der Museumsbau selbst. Dem Architektenteam Herzog & de Meuron gelang es nämlich, aus der Bankside Power Station, einem Kraftwerk aus den 1950er-Jahren, ein zeitgemäßes Museum für das 21. Jh. zu machen. Eine Ikone postindustrieller Architektur ist die gewaltige Turbinenhalle, in der großformatige Kunst besonders gut zur Geltung kommt. Über den Öltanks, aus denen das Kraftwerk einst seinen Brennstoff bezog, wächst derzeit ein steinerner Berg empor, dessen scharfe Kanten die Tate Modern deutlich überragen werden. Dieser Erweiterungsbau, entworfen ebenfalls von Herzog & de Meuron, soll 2016 vollendet sein.

In den Stockwerken über der Turbinenhalle zeigt die Tate Modern Meisterwerke von der **Klassischen Moderne** bis zur **Gegenwart**. Auf Level 3 und Level 5 wird die Stilvielfalt dieser Epochen dokumentiert: Impressionismus, Kubismus, Futurismus, Expressionismus, Dadaismus, Konstruktivismus, Surrealismus sowie Pop Art, Minimal Art und Conceptual Art.

Durch die Fenster des *Restaurants* auf Level 7 bietet sich ein spektakulärer Blick über London. Mit dem **Tate Boat** [s. S. 178] kann man stimmungsvoll über die Themse zur Tate Britain [Nr. 107] schippern.

Aus einem Elektrizitätswerk wurde die Tate Modern

117 Shakespeare's Globe Theatre

TOP TIPP *Shakespeares Premieretheater, originalgetreu rekonstruiert.*

21 New Globe Walk, Bankside, SE1
Tel. 020/79 02 14 09 (Info),
Tel. 020/74 01 99 19 (Tickets)
www.shakespearesglobe.com
Mitte Okt.–Mitte April tgl. 9–17.30, sonst Mo–Sa 9–12.30 und 13–17, So 9–11.30 und 12–17 Uhr
U-Bahn London Bridge oder Mansion House

Wie am Beginn des 17. Jh. steht das Globe Theatre (1500 Plätze) an der Themse, inzwischen allerdings deutlich überragt von der Tate Modern nebenan. Dem kreisrunden Holz- und Fachwerkbau mit reetgedeckten Zuschauerrängen sieht man nicht an, dass er nicht das Original, sondern ein Nachbau von 1997 ist.

Auch bei den Aufführungen hält man sich eng an die Gegebenheiten zu Shakespeares Zeiten: Rund um die Bühne gibt es 500 Stehplätze, und weil es im 17. Jh. noch keine Möglichkeit gab, eine Bühne bei Dunkelheit zu beleuchten, finden viele Vorstellungen am Tage statt. Als Konzession an moderne Zeiten wurden jedoch auch Abendvorstellungen ins Programm aufgenommen. Fliegende Händler verkaufen Speisen und Getränke, und die Zuschauer dürfen sich während der Aufführungen frei bewegen.

Im Untergeschoss blickt die **Globe Exhibition** zurück auf die Geschichte der Bühne: *William Shakespeare* (1564–1616) war seit 1598 einer ihrer Betreiber. Damals lag das Globe mitten im Vergnügungsviertel, zwischen Pubs, Bordellen und Bärhatzarenen. ›Hamlet‹, ›King Lear‹ und ›Macbeth‹ erlebten hier ihre Premiere. 1613 wurde das Theater ein Raub der Flammen: Während der Uraufführung von ›Henry VIII.‹ entfachte ein Funke von einer Kanone den Brand. Das wieder aufgebaute Globe schloss 1642 auf Druck der kunstfeindlichen Puritaner.

Heute ist das ›Wooden O‹ in einen Komplex eingebunden, der auch das kleinere **Inigo Jones Theatre** nach Plänen des Baumeisters von 1617 einschließt. Im **Globe Education Centre** (Tel. 020/79 02 14 33) werden Workshops und Vorträge angeboten.

Es war übrigens ein Amerikaner, der den Wiederaufbau durchsetzte. Der Schauspieler und Regisseur **Sam Wanamaker** suchte bei seinem ersten London-Besuch 1949 vergeblich nach Spuren der berühmten Bühne. Als Wanamaker 1993 starb, war nach jahrzehntelangem Kampf um Genehmigungen, Baugrund und die Finanzierung des Projekts endlich mit dem Bau des Globe begonnen worden.

118 Southwark Cathedral

Der Zauber der Gotik unter Ehrfurcht gebietendem Gewölbe.

London Bridge, SE1
Tel. 020/73 67 67 00
cathedral.southwark.anglican.org
tgl. 8–18 Uhr
U-Bahn London Bridge oder Monument

Ein quadratischer Vierungsturm mit spitzen Eckzinnen überragt die Southwark Cathedral. Schon im 7. Jh. soll hier eine erste Kirche gestanden haben, die 1106 durch den Neubau der normannischen St. Mary Overie (over the river) ersetzt wurde. Ihr war ein Augustinerkloster angegliedert, dessen Abtei an der Nordseite lag. Nach einem Brand im Jahr 1212 baute man eine neue Kirche im gotischen Stil, die nach weiteren Brandschäden erst um 1420 fertiggestellt wurde. Lange unterstand sie dem Bishop of Winchester, dessen Bistum bis an die Grenzen der City of London heranreichte. 1905 wurde sie zur Kathedrale erhoben und trägt seither den Namen The Cathedral Church of St. Saviour & St. Mary Overie Southwark.

Der Innenraum wird von der *Altarwand* des 16. Jh. bestimmt. Die Figuren in den Nischen sind moderne Arbeiten, die ab 1905 eingesetzt wurden. Ein **Rundgang** im Uhrzeigersinn führt vom Haupteingang zunächst zu dem aus dem 13. Jh. stammenden Taufstein an der Westseite. Im *nördlichen Seitenschiff* fällt das normannische Tor aus dem 12. Jh. auf. Unter einem farbenprächtigen Grabmal ist John Gower bestattet (1330–1408). Der Poet navigierte erfolgreich durch die Wechselfälle seiner Zeit und widmete seine Dichtung zunächst König Richard II., nur um spätere Werke dessen Bezwinger Henry IV. zuzueignen. Die *Harvard Chapel* erinnert an John Harvard, Gründer der amerikanischen Universität, der 1607 hier getauft wurde.

Etwas verkniffen wirken die Darstellungen des Ehepaars Trehearne im *nördlichen Chorumgang*. John Trehearne war

Meisterwerk englischer Gotik – Blick in den Chor von Southwark Cathedral

eines von vier Gemeindemitgliedern, die die Kirche im Jahr 1614 von James I. kauften, um sie vor dem Abriss zu bewahren. Ganz in der Nähe liegt die hölzerne Totenfigur eines Ritters aus dem 13. Jh.

In dem hinter dem Chor befindlichen *Retrochor* – er stammt ebenfalls aus dem 13. Jh. – steht eine Eichenholztruhe mit kunstvollen Einlegearbeiten und Schnitzereien, die *Nonesuch Chest* (1588). Im *südlichen Chorumgang* erinnert ein Kenotaph, also ein leeres Grab, an Bishop Talbot, der 1905-11 als erster Bischof von Southwark diente.

Das Buntglasfenster (1954) von Christopher Webb zeigt Protagonisten aus Dramen von William Shakespeare. Seine Londoner Zeit war eng mit Southwark verknüpft, sein Bruder Edmund liegt hier begraben. Das Fenster bildet den Hintergrund für das *Shakespeare Monument*: eine Alabasterfigur des großen Dramatikers, hingestreckt vor einer Reliefdarstellung des elisabethanischen Southwark.

Im *Visitors' Centre* gibt es eine Dokumentation zu aktuellen Ausgrabungen sowie Touchscreens, die mit einer Kamera auf dem Kirchturm verbunden sind und Stadtbilder liefern. Das Restaurant *The Refectory* (Tel. 020/74 07 57 40, Mo–Fr 8.30–18, Sa/So 10–18 Uhr) befindet sich auf dem Weg zum Millennium Courtyard.

119 City Hall

Dynamische Architektur von Sir Norman Foster für den Bürgermeister.

The Queen's Walk, SE1
Tel. 020/79 83 41 00,
www.london.gov.uk
Mo–Do 8.30–18, Fr 8.30–17.30 Uhr
U-Bahn London Bridge

Londons Bürgermeister regiert über mehr Menschen, als mancher Staat Einwohner hat. Da darf auch sein Rathaus ein optisches Ausrufezeichen sein. Nicht rechtwinklig ist es, sondern eine Art *Schiefes Ei* von London, ein glitzernder, stromlinienförmiger Glaspalast an der Themse, nur einen Steinwurf von der altehrwürdigen Tower Bridge entfernt. Entworfen wurde die 2002 eröffnete City Hall von **Sir Norman Foster**, dem Architekten der Berliner Reichstagskuppel.

Auf ihren zehn Stockwerken bietet sie Platz für etwa 500 Mitarbeiter. Als transparentes Verwaltungs- und Regierungsgebäude steht sie auch Bürgern und Besuchern offen. Eine *Besuchertreppe* windet sich spiralförmig um die Büros. Sie führt zu einer verglasten *Terrassenplattform*, von der aus man nicht nur einen großartigen Panoramablick über die Skyline der City hat, sondern auch in den *Sitzungssaal* der Parlamentarier blicken kann. Britischem Understatement entsprechend trägt die Aussichtsplattform den Namen *London's Living Room*, also Londons Wohnzimmer.

Bis 1986 hatte das Greater London Council von County Hall [Nr. 112] aus über die Großstadt gewacht. Dann war Margaret Thatcher die Umtriebe des linken Labour-Bürgermeisters ›Red Ken‹ Livingston leid: Immer wieder hatten Plakate mit Anti-Thatcher-Parolen an der Fassade der

County Hall gegenüber der Houses of Parliament gehangen. Thatcher löste das Council auf. Fortan sollten die Bürgermeister der einzelnen Stadtteile über ihre Geschicke wachen. Erst seit 1999 hat London wieder einen Oberbürgermeister – und Ken Livingston wurde prompt erneut gewählt. Seine Antrittsrede begann er mit den Worten: »As I was saying, before I was so rudely interrupted 14 years ago ...« (Wie ich schon vor 14 Jahren sagte, bevor man mich so rücksichtslos unterbrach ...)

120 Design Museum

TOP TIPP

Das strahlend weiße Museum in Terrassenbauweise zeigt, wie gutes Design unser Leben verschönt.

Butler's Wharf, 28 Shad Thames, SE1
Tel. 020 79 40 87 90
www.designmuseum.org
tgl. 10–17.45 Uhr
U-Bahn Tower Hill oder London Bridge

Gegründet wurde das Design Museum von dem um seine Verdienste fürs Design

geadelten **Sir Terence Conran** (www.conran.com). Er ist Architekt, Designer, Möbelhändler und Gastronom. Seine Botschaft ist der gute Geschmack. Praktisch, funktional und möglichst schlicht – das ist sein Stil, und damit hat er das britische Wohnzimmer umgekrempelt.

Sein Museum bietet eine Sammlung zur **Alltagskultur**: Gebrauchsgegenstände, deren Gestaltung so ansprechend, schnittig, innovativ oder einfach nur so kurios ist, dass sie von sich reden machte. In den Ausstellungsräumen erfährt man so ziemlich alles über Theorie und Geschichte, Entwicklung und praktische Umsetzung von Design-Ideen. Hier kann man sich an den Resultaten erfreuen, die häufig in Massenproduktion gingen. Das Museum verfügt außerdem über umfassende Studieneinrichtungen, darunter eine hervorragende *Bibliothek*.

Bis zum Jahr 2014 ist ein Umzug nach Kensington in das ehemalige Commonwealth Institute geplant. Letzteres steht seit 2002 leer und soll dem Design Museum nach einer aufwändigen Umgestaltung das Dreifache an Fläche bieten.

Kontraste an der Themse – Tower Bridge und City Hall trennen ein Fluss und Hundert Jahre

121 Fashion and Textile Museum

Der letzte Schrei in Sachen Mode in kultigem Rahmen.

83 Bermondsey Street, SE1
Tel. 020/74 07 86 64
www.ftmlondon.org
Di–Sa 11–18 Uhr
U-Bahn London Bridge

Echt kultig finden die Londoner ihr Modemuseum, das schon von außen zeigt wo's lang geht: Schön schrill im fröhlichen pink-orangefarbenen Kleid präsentiert sich der Bau des Architekten Ricardo Legorreta. Die erfolgreiche Textildesignerin **Zandra Rhodes** hat sich mit diesem Museum einen Traum erfüllt: Die charmante Sammlung dokumentiert den rasanten Wandel der Mode seit den 1950er-Jahren. Die Dauerausstellung versammelt Kreationen von Belville Sassoon, Biba, Christian Dior oder Jean Muir.

Bayswater und Marylebone bis Regent's Park – Kitsch, Kunst und Natur

Die Stadtviertel zwischen Hyde Park, Kensington Gardens und Regent's Park wurden ursprünglich als vornehme Wohngegenden angelegt. Dabei bildete der 1717–19 entstandene Cavendish Square das Zentrum von **Marylebone**, während sich **Bayswater** von dem rund 100 Jahre später entstandenen Connaught Square aus am Hyde Park entlang westwärts ausdehnte. In Bayswater lebt eine große arabische Community, und so findet man rund um die Haupteinkaufsstraße Queensway zahlreiche arabische Geschäfte und Restaurants. Schön flanieren kann man in Marylebone insbesondere nördlich der U-Bahn Bond Street bis hinauf zur Marylebone High Street, die mit ihren kleinen Geschäften, Bars und Cafés fast schon südländisches Flair besitzt. Für ausgedehnte Spaziergänge bieten sich **Regent's Park** und **London Zoo** an.

122 Wallace Collection

Französische Kostbarkeiten in einer Kunstsammlung der Extraklasse.

Hertford House, Manchester Square, W1
Tel. 020/75 63 95 00
www.wallacecollection.org
tgl. 10–17 Uhr
U-Bahn Bond Street, Baker Street

Über mehrere Generationen wurde die Wallace Collection von der Familie des Marquess of Hertford und einem Sohn des 4. Marquess, Sir Richard Wallace, zusammengetragen. Sir Richards Witwe (1819–1897) vermachte die Sammlung und das Stadtpalais Hertford House dem Staat mit der Auflage, dass nichts daran verändert werden dürfe und dass die Kunstwerke stets in London bleiben müssten.

Die Wallace Collection begeistert ihre Besucher mit wertvollen französischen Möbeln, darunter Stücke, die für Ludwig XV. gefertigt wurden. Der französische König liebte auch das Porzellan aus der Manufaktur *Sèvres* bei Versailles. Die Wallace Collection besitzt eine repräsentative Sammlung des feinen Geschirrs. Auch italienische *Keramik*, *Gold-* und *Bronzearbeiten* aus dem 16.–18. Jh., aufwendig gearbeitete *Uhren* sowie europäische und orientalische *Waffen*, *Rüstungen* und *Uniformen* sind zu sehen. Spektakulär ist die **Gemäldesammlung** mit Werken von Rubens, Tizian, Canaletto, Velázquez, Watteau, Fragonard und Delacroix. Die englische Malerei ist mit Arbeiten von Gainsborough, Reynolds, Romney, Lawrence und Turner vertreten.

123 Madame Tussaud's

Berühmtestes Wachsfigurenkabinett der Welt mit atemberaubenden interaktiven Erlebnis-Shows.

Marylebone Road, NW1
Tel. 0871 894 30 00
www.madametussauds.com
tgl. 9.30–17.30 Uhr,
während der britischen Schulferien
tgl. 9–18 Uhr
U-Bahn Baker Street

Wie im 19. Jh. übt Madame Tussaud's einen ungeheueren Reiz auf die Besucher aus. Offenbar ist das Interesse an Persönlichkeiten des öffentlichen Lebens – und seien sie aus Wachs – ungebrochen.

Madame selbst hieß eigentlich Marie Großholtz, stammte aus dem Elsass und war vor der Französischen Revolution als Wachsbildnerin am Hof von Ludwig XVI. beschäftigt. 1802 kam sie mit ihrer Kollektion von Wachsarbeiten nach England und tingelte über Land, ehe sie 1835 im Alter von 74 Jahren beschloss, sich in London niederzulassen. Seither wird die Sammlung ständig auf dem *neuesten Stand* der Zeitgeschichte gehalten.

Eine Besonderheit, die noch aus der ursprünglichen Show von Madame Tussaud selbst stammt, ist ›*The Sleeping Beauty*‹, das Abbild von Madame du Barry, der Mätresse von Ludwig XVI., das dank eines raffinierten Mechanismus tatsächlich im Schlaf atmet. Natürlich gibt sich hier neben vielen historischen Persönlichkeiten auch die Königliche Fa-

Bei Madame Tussaud's erscheint Heinrich VIII im trauten Kreise seiner glücklosen Gattinen

Während des britischen Sommers liegt eine besondere Stimmung über Regent's Park

milie ein Stelldichein. Neben Klassikern wie Winston Churchill und Marilyn Monroe trifft man Lady Gaga, Daniel Craig und David Beckham.

Publikumslieblinge bei Madame Tussaud's sind auch die virtuellen interaktiven Shows. In *Bollywood for Beginners* kann der Gast unter Anleitung eines Regisseurs und Choreografen eine Szene in einem indischen Film mitspielen. Für den Thrill gibt es *Chamber Live*. Hier bringen Serienmörder und andere Ungeheuer den Zuschauern nach guter alter englischer Tradition das Gruseln bei.

124 Sherlock Holmes Museum

Besuch beim talentiertesten Privatdetektiv der Welt.

Baker Street 221 b
Tel. 020/79 35 88 66
www.sherlock-holmes.co.uk
tgl. 9.30–18 Uhr,
U-Bahn Baker Street

An der Baker Street wohnte von 1881–1904 Sherlock Holmes – zumindest wenn man den Kriminalerzählungen Arthur Conan Doyles glauben darf. In den Wohnräumen des Meisterdetektivs im ersten Stock steht der Lehnstuhl, in dem er über seinen Widersacher Moriarty nachsann, im Kamin flackert das Feuer, und auch Karo-Umhang und Lupe liegen bereit.

Das Zimmer seines treuen Helfers Watson befindet sich im zweiten Stock. Auf dem Schreibtisch liegt das Tagebuch, in dem er die Ereignisse während der Ermittlungen im Fall des Hunds von Baskerville festhielt.

125 Regent's Park

Park mit großem Freizeitangebot und einem Zoo, gesäumt von eleganten Häuserzeilen.

Regent's Park: Marylebone, W1
ww.royalparks.org.uk
U-Bahn Baker Street oder Regent's Park

1812 begann John Nash mit der Umwandlung des alten königlichen Jagdreviers in eine mit vornehmen Villen bebaute Gartenstadt, umringt von eleganten Häuserterrassen. Sein groß angelegter städtebaulicher Entwurf wurde bei weitem nicht vollständig verwirklicht, doch es entstand einer der attraktivsten Londoner Parks, dessen kreisrunder *Inner Circle* von einem weit gefassten *Outer Circle* umschlossen wird. Letzterer wird noch heute von diversen *Terraces* – eleganten Häuserzeilen – gesäumt, darunter York Terrace, Chester Terrace sowie die großartige Cumberland Terrace, deren imposante Fassade lediglich übertroffen wird von der schlichten Eleganz des im sanften Halbrund geschwungenen *Park Crescent* am Südostende von Regent's Park.

Im Park selbst gibt es einen **Boating Lake**, wo man sich zwischen April und September Boote ausleihen kann. Auf Tennis- und Kricketplätzen messen sich die Londoner beim Sport. Die Kinderspielplätze bieten den lieben Kleinen Abwechslung vom Museumsbesuch. Natürlich kann man auch *Deckchairs* zum

Ausruhen mieten. Im Inner Circle findet man im Sommer ein herrlich duftendes Rosenparadies, den von der britischen Rosenzüchtervereinigung angelegten, romantischen *Queen Mary's Garden*. Nur einen Steinwurf entfernt liegt das *Open Air Theatre*, die Freiluftbühne des Parks, wo im Sommer Shakespeare aufgeführt wird. Die pittoreske Villa *The Holme* westlich des Inner Circle wurde 1818 von James Burton für seinen Sohn Decimus (er entwarf den Londoner Zoo) nach Plänen von John Nash errichtet. Sie ist eine der drei (von insgesamt acht) noch bestehenden Villen, die ursprünglich auf dem Areal gebaut wurden.

Die nördliche Begrenzung des Regent's Park bildet der 1820 eröffnete **Grand Union Canal** (auch Regent's Canal genannt), der ein ganzes Stück parallel zum Outer Circle verläuft. Auf dem Kanal kann man Bootsausflüge in den Stadtteil **Little Venice** und weiter zur Schleusenstation Camden Lock unternehmen.

126 London Zoo

Die große Welt der Tiere am Nordrand des Regent's Park.

Outer Circle,
Regent's Park, NW1
Tel. 020/77 22 33 33
www.zsl.org
März–Mitte Okt. tgl. 10–17.30,
Mitte Okt.–Febr. tgl. 10–16 Uhr
U-Bahn Camden Town

Auch die größte Attraktion des Regent's Park, den **London Zoo**, erreicht man per *Kanalboot* (London Waterbus Co., www.londonwaterbus.com, Tel. 020/74 82 26 60). 1828 wurde er als einer der ersten Tierparks Europas gegründet. Er beherbergt heute etwa 5000 Tiere. Zu den Attraktionen gehören der (Streichel-) Zoo *Children's Zoo and Pet Care Centre* sowie die Insektenschau *B.U.G.S.* Die *Mappin Terraces* sind als Felsenlandschaft für Bären inszeniert, ferner gibt es ein Reptilienhaus und ein Aquarium.

Docklands und Greenwich – glitzernde Hochhäuser und Kleinstadtflair

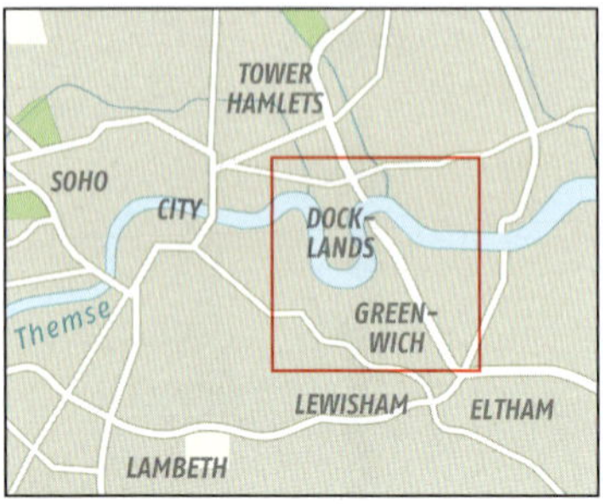

Entspannung stellt sich ein, sobald man auf dem Deck eines der Ausflugsboote Platz genommen hat, die ab Westminster, am Victoria Embankment, auf der Themse stromaufwärts und stromabwärts verkehren.

In einer engen Schleife windet sie sich um die Isle of Dogs. Hier, in Canary Wharf, jonglieren die Banker in ihren Bürotürmen mit Milliardenbeträgen. Auf der anderen Themseseite liegt das kleinstädtisch-vitale **Greenwich** mit seinen monumentalen Bauten. Im **National Maritime Museum** erinnert sich Großbritannien seiner maritimen Vergangenheit: Gemälde zeigen Heldentaten zur See und Ausstellungen verdeutlichen, wie sehr Britannien von seiner Seefahrertradition geprägt ist. Der Unterhaltungstempel **The O2** vereint Konzerthalle, Kinos und viele Bars unter seinem weiten Zeltdach.

127 Canary Wharf

Londons zweites Bankenviertel beeindruckt mit seinen Wolkenkratzern.

U-Bahn Canary Wharf und Docklands Light Railway (DLR)

Jahrhundertelang waren die östlich des Tower gelegenen Docks der Warenumschlagplatz, aus dem die Metropole ihren Reichtum schöpfte. Mit dem Zerfall des British Empire nach dem Zweiten Weltkrieg allerdings verlor diese größte **Hafenanlage** Europas an Bedeutung. Ein Dock nach dem anderen wurde geschlossen, die aus viktorianischer Zeit stammenden Speicher und Lagerhallen verfielen. Ein Gebiet von 22 qkm ganz in City-Nähe lag einfach brach.

1981 wurde dann von der Regierung Thatcher die *London Docklands Development Corporation (LDDC)* gegründet. Die quasi autonome Behörde sollte die Wiederbelebung der Docklands ins Werk setzen. Ohne ein größeres städtebauliches Konzept sollte bis zur Jahrtausendwende eine neue Stadt am Wasser entstehen, gleichsam als Pendant zur aus allen Nähten platzenden City.

One Canada Square (links) ist das höchste Gebäude von Canary Wharf

In Canary Wharf auf der **Isle of Dogs** kann man nun das Ergebnis des ambitionierten Projekts begutachten. Gläserne Büropaläste schossen hier wie Pilze aus dem Boden, die Neubaugebiete wirken steril und kalt. Mit schierer Größe beeindruckt **One Canada Square** (244 m, 50 Etagen), ein Prestigebau des Architekten Cesar Pelli. Luxuswohnanlagen wie *The Cascades* und *Pan Peninsula* sollen Investmentbankern, die in der Gegend arbeiten, ein Zuhause bieten. Bemerkenswert ist das Museum of London Docklands am West India Quay. Weiter südlich stehen die silberblau spiegelnden Harbour-Exchange-Bauten am *Millwall Dock*.

Den besten Überblick gewinnt man auf einer Fahrt mit der DLR quer über die Isle of Dogs bis zur Station Island Gardens. Eine DLR-Linie führt nach Osten (Endstation Beckton) zu den **Royal Docks**. In der Nähe befindet sich der *London City Airport* [s. S. 164], ein kleiner Flughafen für innereuropäische Flüge.

128 Museum of London Docklands

Handel und Wandel im einst größten Hafengebiet der Welt.

Number 1 Warehouse
West India Quay, Canary Wharf, E14
Tel. 020/70 01 98 44
www.museumoflondon.org.uk
tgl. 10–18 Uhr
U-Bahn Canary Wharf und Docklands Lig ht Railway (DLR)

Die Queen höchstpersönlich eröffnete 2003 das Museum of London Docklands, eine vielschichtige Dokumentation zur Wirtschafts- und Sozialgeschichte der Themse und der Hafenstadt London mit ihren Docks. Im Gegensatz zu seiner postmodernen Umgebung ist das Ausstellungsgebäude von der Patina der Geschichte überzogen: In dem Speicherhaus wurden einstmals kostbare Handelsgüter wie Kaffee, Pfeffer, Rum und

Blick über Queen's House und Old Royal Naval College hinweg zur Canary Wharf

Zucker gelagert. Anhand rekonstruierter Szenen und mittels Multimediapräsentationen werden der Handel der Römer, der mittelalterliche Hafen, die koloniale Expansion, die Bedeutung der Themse und ihrer Docks für die City, die Geschichte der Docklands im Zweiten Weltkrieg und ihre Veränderung am Ende des 20. Jh. dokumentiert. Das Hauptaugenmerk der *London, Sugar & Slavery Gallery* gilt der britischen Beteiligung am Sklavenhandel des 17.–19. Jh. Besonders lukrativ wurde er durch den Boom, den der transatlantische Handel mit Zucker zu jener Zeit erlebte.

129 Greenwich

UNESCO-Welterbe am Themseufer vor der Kulisse von Canary Wharf.

SE10
DLR Cutty Sark oder Greenwich, Boot bis Greenwich

Schon die Anreise nach Greenwich kann zum Vergnügen werden. Denn man erreicht den etwa 10 km flussabwärts von der London Bridge gelegenen Bezirk sehr bequem mit einem Ausflugsboot auf dem klassischen Wasserweg. Alternativ führt die Fahrt mit der Docklands Light Railway quer über die Isle of Dogs bis zur Station Cutty Sark.

Wer Boot oder Zug schon in Island Gardens auf der Isle of Dogs verlässt, hat vor sich auf der gegenüberliegenden Fluss-Seite jenes atemberaubende Panorama, dem schon Canaletto nicht widerstehen konnte: Inigo Jones' Queen's House, gerahmt von Christopher Wrens Old Royal Naval College [Nr. 131]. Überragt wird beides vom Royal Observatory auf einer Anhöhe im Hintergrund.

Ein weiß gefliester Fußgängertunnel, erbaut 1902, führt 10 m unter Wasser auf die andere Seite der Themse, von wo schon die Masten des ehemaligen Teeklippers **Cutty Sark** [Nr. 130] herüberwinken. Nahe der Kirche **St. Alfege**, erbaut 1712–28 von dem Wren-Schüler Nicholas Hawksmoor, befinden sich die Hallen von *Greenwich Market* (www.shopgreenwich.co.uk). Unter seinem Dach kann man sich bei einem Imbiss stärken. Am Wochenende werden die Stände vom *Greenwich Crafts Market* [s. S. 166] ergänzt.

Jenseits des King William Walk erstrecken sich die Gebäude des Old Royal Naval College [Nr. 130] sowie das National Maritime Museum [Nr. 131] mit dem Royal Observatory. Sie sind eingebettet in den weitläufigen Greenwich Park.

An seinem Südwestende ist im Ranger's House aus dem 18. Jh. die **Wernher Collection** (Chesterfield Walk, Blackheath, Tel. 020/88 53 00 35, www.english-heritage.org.uk, April–Sept. Mo–Mi 10–17 Uhr,

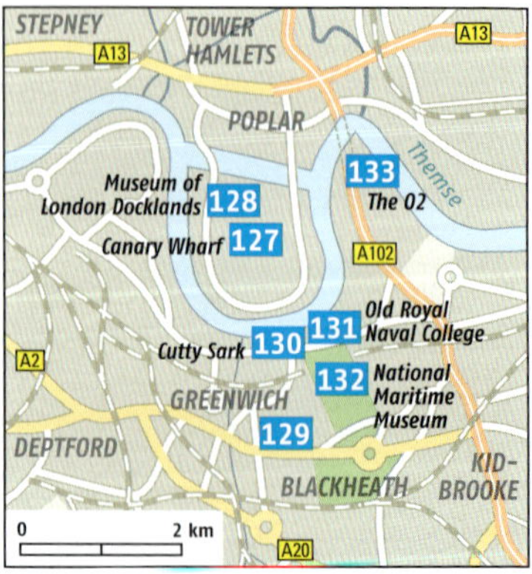

Zug bis Blackheath oder Maze Hill) zu sehen. Der Diamantenhändler Sir Julius Wernher (1850–1912) trug diese Sammlung aus kostbarem Schmuck, Gemälden, Kunsthandwerk und Möbeln zusammen.

Unweit der DLR Station Cutty Sark, schon im heruntergekommenen Nachbarbezirk Deptford, haben die Schweizer Architekten Herzog und de Meuron ihr zweites Londoner Werk neben der Tate Modern mitten in ein Gewerbegebiet gesetzt. Das **Laban Dance Centre** [s. S. 173] ist ein Institut für zeitgenössischen Tanz mit eigenem Theater. Es trägt wegen seiner pink-hellgrün-türkis gestreiften Außenhaut den Spitznamen *Rainbow Building*.

Vom Greenwich Pier kann man per Boot einen Ausflug zum **Thames Barrier Learning Centre** (1 Unity Way, Woolwich, SE 18, Tel. 020/83 05 41 88, April–Sept. tgl. 10.30–16, Okt.–März tgl. 11–15.30 Uhr) unternehmen. Thames Barrier, die größte Flutschleuse der Welt, überspannt mit 520 m Länge seit 1984 die Themse. Die zehn gewaltigen Tore schließen sich bei hohem Wasserstand automatisch und schützen so London vor Überschwemmungen. Das Besucherzentrum zeigt u. a. ein Funktionsmodell und einen Dokumentationsfilm über die Schleuse.

130 Cutty Sark

Ein schnittiger Teeklipper im Trockendock.

King William Walk, Greenwich, SE10
www.cuttysark.org.uk
Di–So 10–17 Uhr,
DLR Cutty Sark oder Greenwich bzw. Boot bis Greenwich

Die 1869 vom Stapel gelaufene Cutty Sark war eines der schnellsten Schiffe auf der Route von China nach England und nahm mehrfach am *Tea Race* teil, dessen Ziel es war, den ersten Tee aus der Ernte des Jahres nach London zu bringen. Der Siegermannschaft winkte eine Erhöhung der Heuer, hohe Wetten wurden alljährlich abgeschlossen. Allerdings konnte die Cutty Sark diesen Wettkampf nie gewinnnen.

Jetzt liegt der Dreimaster im Trockendock, etwas erhöht über einer begehbaren Rinne, sodass man das Schiff auch

von unten betrachten kann. Auf Höhe des früheren Wasserspiegels umgibt eine Glasfläche den 85 m langen Klipper. In einem gläsernen Lift schwebt man von Deck zu Deck und erfährt unterwegs, wie hier 20 Matrosen auf engstem Raum zwischen Wollballen und Teekisten geschuftet und geschlafen haben.

131 Old Royal Naval College

Ebenmäßiges Gebäudeensemble am Themseufer.

King William Walk, Greenwich, SE10
Tel. 020/82694747
www.oldroyalnavalcollege.org
Gelände tgl. 8–18 Uhr,
Painted Hall, Chapel und Visitor Centre tgl. 10–17 Uhr,
DLR Cutty Sark oder Greenwich bzw. Boot bis Greenwich

Schöner könnte Greenwichs Visitenkarte nicht sein: In perfekter Harmonie erstreckt sich das Old Royal Naval College an der Themse.

Die Könige aus den Häusern Tudor und Stuart schätzten Greenwich wegen seiner im Vergleich zu London wesentlich reineren Luft. Charles II. beauftragte John Webb 1664 mit dem Neubau eines Palastes. Doch weil die Herrschenden schon im 17. Jh. gelegentlich knapp bei Kasse waren, mussten die Arbeiten bald abgebrochen werden. 20 Jahre später überließ das Königspaar William und Mary die Bauruine dem Royal Naval Hospital, das hier einen Alterssitz für Kriegsveteranen einrichtete. Ab 1873 hatte das Royal Naval College, eine Ausbildungsstätte für Marineoffiziere, hier seinen Sitz. Heute nutzen die *University of Greenwich* und das *Trinity College of Music* die ehrwürdigen Bauten.

Christopher Wren vollendete John Webbs Werk 1696–98 im klassizistischen Stil. Er schuf einen unterbrochenen Zwillingsbau, dessen Flügel das zurückgesetzte Queen's House (s.u.) flankieren.

Im Pepys Building ist das **Greenwich Visitor Centre** beheimatet. Dort kann man sich auf unterhaltsame Art und Weise über die Entwicklung des Stadtteils im Lauf seiner mehr als 500-jährigen Geschichte informieren.

Staunen lässt die **Painted Hall** (1727) im *King William Building*, dem Südwestgebäude. Sie war der Speisesaal für die Kriegsveteranen. Queen Mary bestand

Ständig neue Eindrücke hält die Videoinstallation in der Voyagers-Schau bereit

darauf, die Halle prachtvoll auszugestalten. Die barocken Wand- und Deckengemälde stammen von Sir James Thornhill. Das Bild im zentralen Oval zeigt William und Mary, wie sie Frieden und Freiheit nach Europa bringen.

Die **Chapel** im *Queen Mary Building* gegenüber gestaltete James ›Athenian‹ Stuart im griechisch-klassischen Stil. Das *Altarbild* von Benjamin West stellt den Schiffbruch des Apostels Paulus an der Küste Maltas dar.

132 National Maritime Museum

Museum zur Geschichte der britischen Seefahrt.

Romney Road, Greenwich, SE10
Tel. 020/88 58 44 22
www.nmm.ac.uk
tgl. 10–17 Uhr, Juli/Aug. bis 18 Uhr
DLR Cutty Sark oder Greenwich
bzw. Boot bis Greenwich

Großbritannien war einst die größte Seemacht der Welt, und entsprechend ambitioniert ist das Nationale Schifffahrtsmuseum. Es besteht aus vier Sammlungen und Attraktionen: Im Queen's House werden Kunstwerke gezeigt, deren Sujet mit dem Meer zu tun hat. Im Gebäude nebenan befinden sich die Maritime Galleries mit ihren Ausstellungen. Und auf einer Anhöhe im Greenwich Park steht das Royal Observatory. Auch die Cutty Sark [Nr. 130] gehört zum Museum.

Queen's House

1616 beauftragte James I. den Baumeister Inigo Jones, in Greenwich eine Sommerresidenz für seine Gattin Anne of Denmark zu errichten. Doch schon 1619 starb Queen Anne, und so wurde das prächtige Gebäude im palladianischen Stil erst 1639 für Henrietta Maria, die Frau von Charles I., fertig gestellt. Nach ihrem Tod wurde die Residenz immer seltener genutzt. Anfang des 19. Jh. richtete man hier eine Marineschule ein. Damals entstanden auch Ost- und Westflügel, durch Kolonnaden mit Queen's House verbunden.

Die große **Atriumshalle** des Queen's House ist gemäß palladianischem Vorbild ein exakter Kubus. Der Fußboden ist mit schwarz-weißem Marmor versehen, die Decke zieren kostbare Schnitzereien. Von der Halle gelangt man über die *Tulip Stairs* ins Obergeschoss. Diese Wendeltreppe schwingt sich ohne Stütze anmutig nach oben. Sie war die erste ihrer Art in England und verdankt ihren Namen den am Geländer dargestellten Blüten, die allerdings keine Tulpen, sondern Lilien sind.

In den königlichen *Staatsgemächern*, die ganz im Stil des 17. Jh. gehalten sind, hängen Gemälde aus der Sammlung des Maritime Museum. *Art for the Nation* heißt diese Dauerausstellung. Nicht um Kunstgattungen geht es hier, sondern um die Auseinandersetzung ganz unterschiedlicher Künstler mit dem Meer, den großen Erkundungsfahrten und Britanniens Siegen und Niederlagen zur See. So sieht man Captain Cook auf großer Fahrt, ferner Porträts berühmter Seeleute von van Dyck, Kneller, Reynolds, Hogarth, Romney und Gainsborough.

Maritime Galleries

Neben dem Queen's House befinden sich die Maritime Galleries. Hier haben es die Ausstellungsmacher geschafft, Britanniens ruhmreiche Seefahrtsgeschichte packend zu erzählen. Die prächtigen

The O2 ist auch ein Symbol für den Optimismus, mit dem England das 21. Jh. begrüßte

Exponate werden stets in einen größeren Zusammenhang gestellt.

Den Auftakt bildet *Voyagers: Britons and the Sea.* Schlaglichtartig wird hier der prägende Einfluss der Weltmeere auf die britische Psyche beleuchtet. Optisch dominiert wird der Raum von einer Videoinstallation, bei der Filmsequenzen und Bilder auf einen quer durch den Raum verlaufenden, wellenförmigen Baukörper projiziert werden.

Anschließend kommt man in den von einem riesigen Glasdach überspannten *Neptune Court* mit dem Café Paul. Ihn umgeben die übrigen Galerien. Sie beschäftigen sich mit Schiffsbau, Schiffsarchäologie und dem rauen Seemannsleben. Auch um Auswanderer und Entdecker, darunter James Cook, geht es. Ihre Reisen eröffneten nicht nur geografisch neue Horizonte. Denn wie die Schau *Traders: The East India Company & Asia* zeigt, flossen auch enorme Reichtümer aus fernen Gestaden nach England. Dass Geschäftserfolg und Bankrott schon im 17. Jh. nicht weit auseinander lagen, wird hier ebenfalls deutlich.

Bewundert werden können außerdem die vergoldete *State Barge* von Frederic, Prince of Wales, und eine Staatsbarkasse von Queen Mary of Orange sowie ein silbernes Teeservice von der Britannia. In der *Nelson Gallery* hängt der Uniformrock des kleinwüchsigen Admirals. Nelson trug ihn in der Schlacht bei Trafalgar 1805, die ihn zwar das Leben kostete, den Briten aber den Sieg über die Franzosen und die Vormacht zur See brachte.

Top Tipp Royal Observatory

Durch den 1622 vom französischen Landschaftsarchitekten André Le Nôtre angelegten *Greenwich Park* gelangt man hinauf zum Royal Observatory. Das älteste Gebäude der Anlage, **Flamsteed House**, wurde 1675 von Sir Christopher Wren für den ersten königlichen Astronom John Flamsteed errichtet. Im *Octagon Room* versuchten er und seine Nachfolger, eine zuverlässige Methode zur Längengradbestimmung festzulegen. Dieses Problem konnte erst 1761 von dem Zimmermannssohn John Harrison gelöst werden. Das British Board of Longitude hatte eine Prämie von 20 000 £ für die Erfindung eines Schiffschronometers ausgesetzt. Harrisons Chronometer ist heute ebenso in Flamsteed House zu sehen wie diverse Teleskope und Zeitmessinstrumente. Täglich um 12.55 Uhr steigt eine rote Kugel an einer Stange über dem Observatorium nach oben und fällt Schlag 13 Uhr **Greenwich Mean Time** wieder hinunter – ein Vorgang, der von vielen Flussschiffern beobachtet und zur genauen Zeiteinstellung benutzt wurde.

Nebenan befindet sich das **Meridian Building** aus dem 18. Jh. Ein im Boden eingelassener Messingstab markiert den *Null-Meridian,* die Trennlinie zwischen der östlichen und der westlichen Hemisphäre. Er wurde auf einer internationalen Konferenz 1884 festgelegt. Auf einem Eisenstab sind die imperialen *Maßeinheiten* Yard, Foot und Inch verzeichnet. Ergänzend widmen sich die **Time & Society Galleries** den Themen Zeit, Geschichte der Zeitmessung und der Zeit im Alltag.

Das von einer kugelförmigen Kuppel überragte **Great Equatorial Building** schließlich beherbergt ein 28-Zoll-Refraktorteleskop, das Forschungszwecken dient und für Vorführungen verwendet wird. Die Sternwarte wurde 1948 wegen zunehmender Luftverschmutzung von

Greenwich nach Herstmonceux Castle in Sussex, dann nach Cambridge verlegt, kehrte aber 1998 an ihren ursprünglichen Standort zurück. Im Südtrakt des Royal Observatory schickt das **Peter Harrison Planetarium** mit seinen Shows Besucher mehrmals täglich ins All.

133 The O2

Unterhaltungstempel unter gewaltigem Zeltdach.

Greenwich, SE 10
Tel. 020 84 63 20 (Info)
Tel. 01 61 38 53 21 (Tickets)
www.theo2.co.uk
U-Bahn North Greenwich oder Schiff bis Millennium Pier

Wie ein gewaltiges Zirkuszelt steht The O2 auf der Greenwich Peninsula an der Themse. 100 m hohe Pylone halten die Zeltkonstruktion aufrecht. Mit 320 m Durchmesser und bis zu 50 m Höhe überspannt das gigantische Dach 80 000 m^2 Fläche. Mit ihm schuf der Architekt Richard Rogers das größte Bauwerk dieser Art weltweit.

Eröffnet wurde The O2 an Sylvester 1999. Damals hieß das Gebäude noch Millenium Dome und gehörte zu jenen Projekten, mit denen Großbritannien das neue Jahrtausend feiern wollte. Ob seiner Ausmaße und Kosten von gut 800 Mio. Pfund war es von Beginn an umstritten, hat sich aber inzwischen als Konzerthalle etabliert. 20 000 Zuschauer passen in die **O2 Arena** unter dem Zeltdach. Geschichte schrieben die 21 aufeinander folgenden Auftritte von Prince vor vollem Haus im Jahr 2007.

Ganz im Zeichen populärer Musik von 1944 bis zur Gegenwart steht auch **The British Music Experience** (Tel. 020/ 84 63 20 00, www.britishmusicexperience.com, tgl. 11–19.30 Uhr) im *O2 Bubble*. Hier kann man nicht nur unzählige Memorabilia wie Bühnenoutfits, handgeschriebene Liedtexte oder Musikinstrumente von David Bowie, den Spice Girls oder der 2011 verstorbenen Amy Winehouse bestaunen, sondern auch die eigenen Starqualitäten im Tonstudio oder auf der Tanzbühne unter Beweis stellen. Außerdem gibt es im O2-Komplex die Kinos von Cineworld, mehrere Cafés und Restaurants.

Londons Norden und Nordosten – Hampstead und Olympia

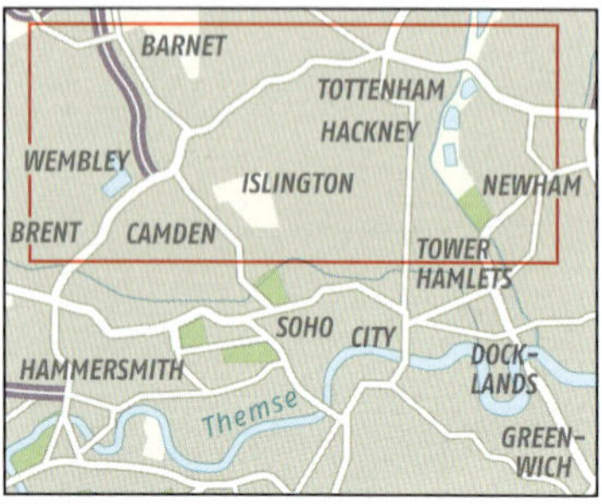

Zwei Sportstätten sind in Londons Norden und Nordosten hervozuheben. Im Sommer 2012 waren die Augen der Welt auf den **Olympic Park** in Stratford gerichtet. Denn dort fanden die 30. Olympischen Sommerspiele der Neuzeit statt. Legendenumwoben ist das **Wembley Stadium** im gleichnamigen Stadtteil. Kaum ein Fußballbegeisterter, der nicht davon träumen würde, ein Spiel in diesem von Sir Norman Foster erbauten Stadion zu erleben.

Geradezu ländlich wirkt Hampstead mit seinen stillen Gassen. Hier praktizierte Sigmund Freud und John Keats schrieb seine Gedichte. Auf dem Friedhof Highgate Cemetery liegt Karl Marx begraben. Einen exotischen Akzent setzt schließlich der hinduistische Mandir-Tempel.

134 Olympic Park

Ein Park wie kein Zweiter – das olympische Vermächtnis.

2013 Queen Elizabeth Olympic Park, E20
http://noordinarypark.co.uk
Wiedereröffnung ab Juli 2013
U-Bahn und DLR Stratford Regional Station

London ist einzigartig, auch was Olympia angeht: Denn noch keine andere Metropole durfte die Spiele drei Mal austragen. In London war das nach 1908 und 1948 im Sommer 2012 der Fall. Die Welt blickte auf die Stadt an der Themse und folgte gebannt der Olympiade und den Paralympics, den Spielen für Körperbehinderte.

Besonders der Osten von London hat sich durch das Großereignis nachhaltig verändert. Der weitläufige Queen Elizabeth Olympic Park entstand auf einer Industriebrache in Stratford, einem Viertel im ärmlichen Londoner Eastend. Über viele Jahrzehnte hatten dort Raffinerien, Textil- und Chemiefabriken ihre Spuren hinterlassen. Der Boden war so stark kontaminiert, dass er zu 97 Prozent abgetragen werden musste. Mittlerweile hat man Flüsse und Bäche renaturiert und eine Vielzahl heimischer Baumarten ge-

Ein Oval auf Zeit: Londons Olympiastadion wird nach den Spielen verkleinert

pflanzt. Ungeklärt ist noch, wer künftig im kreisrunden **Olympic Stadium** spielen wird. Favoriten sind derzeit die Fußballer von West Ham United.

Weithin sichtbar in seiner fast schon megalomanen Großartigkeit ist das Kunstwerk **ArcelorMittal Orbit** vor dem Stadion. Rote Stahlträger, vielfach ineinander verwunden, wecken Erinnerungen an den DNA-Strang des menschlichen Erbguts. 115 m hoch ist das von Anish Kapoor entworfene Bauwerk. Im Lauf des Jahres 2013 wird seine Aussichtsplattform wieder geöffnet werden. Das wellenförmig geschwungene **Aquatics Centre** für die Schwimmwettbewerbe entwarf die Stararchitektin Zaha Hadid. 2014 soll es für die Allgemeinheit zugänglich gemacht werden.

Wer sich für das Gelände interessiert, dem seien die *Daily Olympic Walks* (Start tgl. 11 Uhr ab U-Bahn Bromley-by-Bow, www.toursof2012sites.com) empfohlen.

Am Rand des Olympiazentrums erstreckt sich das riesige Einkaufszentrum **Westfield Stratford City**. Es ist mit 300 Läden, Restaurants und Kinos eines der größten Einkaufszentren Europas.

135 Hampstead und Hampstead Heath

Idyllische Wohngegend mit angrenzender Parklandschaft im Norden Londons.

NW3
U-Bahn Hampstead oder Golders Green

Beschauliche Gassen, baumbestandene Straßen, gepflegte Vorgärten sowie bezaubernde Häuser und Cottages – das ist **Hampstead**. Im 18. Jh. war es ein beliebter Badekurort, und noch heute haftet dieser Londoner Vorstadt etwas Ländliches an,

auch wenn durch den Zuzug reicher Geschäftsleute und exklusiver Modegeschäfte die Atmosphäre an Originalität verloren hat. Geradezu magisch zog das gediegene Wohnviertel stets eine illustre Einwohnerschaft an. Dichter, Schriftsteller, Maler, aber auch bedeutende Staatsmänner und Wissenschaftler ließen sich hier nieder, darunter Lord Byron, John Keats, John Constable, H. G. Wells, D. H. Lawrence, William Pitt, Charles de Gaulle und Sigmund Freud.

Die angrenzende Heidelandschaft von Hampstead, **Hampstead Heath**, ist eine der attraktivsten Grünflächen Londons. Rund 320 ha umfasst das mit kleinen Wäldchen und Teichen aufgelockerte hügelige Gebiet, das hervorragende Sport- und Erholungsmöglichkeiten bietet. Begleitet von fröhlichem Vogelgezwitscher – über 100 verschiedene Arten sollen hier beheimatet sein –, kann man in Hampstead Heath joggen, Tennis oder Bowling spielen, wandern oder ein Picknick im Grünen genießen. Die *Open Air Ponds* (ein Damen-, ein Herren- und ein gemischtes Becken, s. S. 177) sind eine typische Londoner Institution und gehören zu den wenigen Freibädern der Stadt. (Leider ist das Wasser nur zu Beginn der Badesaison empfehlenswert.)

TOP TIPP Drachen kann man am **Parliament Hill** steigen lassen, der übrigens der höchste Punkt Londons ist und einen herrlichen Ausblick bietet.

In der Hampstead Lane in der Nordhälfte des Parks befindet sich **Kenwood House** (Tel. 020/83481286, www.english-heritage.org.uk, bis Okt. 2013 geschl, dann wieder tgl. 11.30–16 Uhr, U-Bahn Hampstead oder Highgate) ein stattliches Herrenhaus mit hervorragender Kunstsammlung. Das 1616 erbaute Gebäude wurde 1765–69 von Robert Adam für den 1. Earl of Mansfield umgestaltet. Als Meisterwerk im Adam-Stil gilt insbesondere die *Bibliothek*. 1925 erwarb Edward Guinness, der 1. Earl of Iveagh das Haus. Der Inhaber der gleichnamigen irischen Brauerei trug eine wertvolle Gemäldesammlung mit Werken von Rembrandt, Vermeer, Reynolds, Gainsborough und Romney zusammen. Er starb 1928 und vermachte das Haus inklusive eines Großteils seiner Kunstsammlung der Nation. Den Park schmücken Skulpturen von Henry Moore.

Am südlich gelegenen Kenwood Pond finden an lauen Sommerabenden die *Kenwood Lakeside Concerts* [s. S. 173] statt. Das Picknick bringt man mit, Liegestühle gibt es am Ort und oft wird im Anschluss auch noch ein Feuerwerk geboten.

136 Museen in Hampstead

Erinnerung an einst hier ansässige Berühmtheiten.

NW3
U-Bahn Hampstead oder Belsize Park

Hampstead ist reich an kleinen Museen, denn hier lebte eine überdurchschnittlich hohe Zahl bekannter Persönlichkeiten. Eine ganze Reihe früherer Wohnhäuser kann heute besichtigt werden:

Ein echtes Juwel ist das **Fenton House** (3 Hampstead Grove, Tel. 020/74353471, www.nationaltrust.org.uk, April–Okt. Mi–Fr 14–17, Sa/So 11–17 Uhr, U-Bahn Hampstead). Dieses rote Backsteingebäude (1693) ist eines der ältesten Bauwerke Hampsteads, das sich heute im Besitz des National Trust befindet. Allein die Pracht des üppigen *Gartens* lohnt einen Besuch, doch sollte man sich auch das *Innere* von Fenton House keinesfalls entgehen lassen. Die geschmackvollen Möbel stammen zum Großteil noch aus dem 18. Jh. und werden ergänzt durch eine wertvolle *Porzellansammlung* mit Stücken aus China, England und Meißen. Die Hauptattraktion von Fenton House ist allerdings die *Benton Fletcher Collection*, eine umfangreiche Musikinstrumentesammlung mit hervorragend erhaltenen Stücken, vor allem Tasteninstrumenten.

Das **Burgh House** (New End Square, Tel. 020/74310144, www.burghhouse.org.uk, Mi–So 12–17 Uhr, U-Bahn Hampstead) wurde 1703 im Queen Anne Style errichtet. 1720 erwarb es der Kurarzt Dr. William Gibbons, der das eisenhaltige Heilwasser aus Hampstead bekannt machte. Seine Initialen sind noch immer am Tor zu finden. Vielfach wechselte es den Hausherrn, ehe es schließlich in den Besitz des Camden Council gelangte und zum lokalgeschichtlichen *Hampstead Museum* umfunktioniert wurde. Im holzgetäfelten Music Room finden gelegentlich Konzerte statt. Das Café genießt einen ausgezeichneten Ruf.

In der Nähe steht **2 Willow Road** (Tel. 020/74356166, www.nationaltrust.org.uk, Mitte April–Okt. Do–So 12–17 Uhr, U-Bahn Hampstead), das einzige Beispiel moderner Baukunst im Besitz des National Trust. Zur Ausstattung des quaderförmigen Gebäudes (1939), entworfen und lange be-

Arbeiter aller Länder vereinigt Euch! – das Grab von Karl Marx auf dem Highgate Cemetery

wohnt vom österreichisch-ungarischen Architekten *Ernö Goldfinger*, gehören Originalmobiliar sowie Werke aus seiner Privatsammlung, etwa Gemälde von Max Ernst und Skulpturen von Henry Moore.

Das einstige Wohnhaus von Sigmund Freud dient heute als **Freud Museum** (20 Maresfield Gardens, Tel. 020/74352002, www.freud.org.uk, Mi–So 12–17 Uhr, U-Bahn Finchley Road). Seine größte Attraktion, wie könnte es anders sein, ist die Couch des Psychoanalytikers. 1938 transferierte Freud auf der Flucht vor den Nazis sein gesamtes Hab und Gut aus Wien nach Hampstead, wo er das letzte Jahr seines Lebens verbrachte. Seine Tochter Anna pflegte den Nachlass des Vaters auf das Sorgfältigste – sechs Räume blieben seit 1939 unverändert. In den Regalen reihen sich Freuds Lieblingsbücher von Shakespeare und Heine, auf einem Beistelltisch steht noch sein Schachbrett mit aufgestellten Figuren. Auch seine Skulpturen- und Antiquitätensammlung brachte Freud von Wien an die Themse.

Das im Regency Style erbaute **Keats House** (Wentworth Place, Keats Grove, Tel. 020/73323868, www.cityoflondon.gov.uk, Fr–So 13–17 Uhr, U-Bahn Belsize Park oder Hampstead) war ursprünglich zweigeteilt. Die östliche Hälfte bewohnte 1818–20 der Romantiker John Keats, während seine Verlobte Fanny Brawne mit ihrer Familie nebenan lebte. Einige seiner besten Gedichte entstanden hier, z.B. ›Ode to a Nightingale‹, die Keats unter einem Pflaumenbaum im Garten geschrieben haben soll. Zu den Exponaten zählen Möbel, Bücher, Manuskripte und Briefe, darunter ein Liebesbrief an Fanny sowie ihr Verlobungsring. Eheglück war dem Paar nie beschieden, denn Keats starb 25-jährig während einer Italienreise an Tuberkulose.

137 Highgate Cemetery

Ein verwunschen wirkender viktorianischer Friedhof.

Swaine's Lane, N6
Tel. 020/83401834
www.highgate-cemetery.org
März–Okt. Mo–Fr 10–17, Sa/So 11–17, Nov.–Febr. Mo–Fr 10–16, Sa/So 11–16 Uhr
U-Bahn Archway oder Highgate

Einer der interessantesten Londoner Friedhöfe ist Highgate Cemetery östlich von Hampstead Heath. Seine Gründung wurde nötig, weil die Friedhöfe in Londons Innenstadt Anfang des 19. Jh. hoffnungslos überfüllt waren. So ordnete das Parlament an, rund um die Hauptstadt mehrere neue, großflächige Beerdigungsstätten anzulegen. 1839 eröffnet, war Highgate Cemetery im 19. Jh. als letzte Ruhestätte derart gefragt, dass bald eine Erweiterung nötig wurde. Ein Be-

Mit dem Shri Swaminarayan Mandir kamen asiatische Formen nach England

such des Friedhofs mit seinen Teichen, dem alten Baumbestand und den eindrucksvollen Grabmälern (steinerne Engel, Obeliske und kleine Katakomben) lohnt auch wegen der herrlichen Aussicht. Das Grab von Karl Marx ist eine regelrechte Pilgerstätte. Auch interessant: die Gräber von George Eliot und Christina Rossetti. Der Westteil kann nur im Rahmen von Führungen besichtigt werden.

138 Shri Swaminarayan Mandir

Der größte Hindu-Tempel außerhalb Indiens.

105–119 Brentfield Road, Neasden, NW10
Tel. 020/89 65 26 51
www.mandir.org
tgl. 9–18 Uhr
U-Bahn Neasden

Seit 1995 gibt es diese exotische Schönheit im sonst eher trostlosen Stadtteil Neasden in Nordwest-London: Ein Mandir, also ein prächtiger Tempel in traditioneller Steinbauweise für die Hindu-Gottheit Swaminarayan. Zuckerguss-Architektur so weit das Auge reicht: Hier sieht man ziselierte Kuppeln und Türme, handbehauene Säulen und bogenumrankte Fenster aus insgesamt 4800 t Carrara-Marmor und bulgarischem Kalkstein. Das Baumaterial des Tempels ist ein Zugeständnis an das feuchte Londoner Klima. Dem nämlich hätte indischer Sandstein keinesfalls standhalten können.

Zwei Jahre lang waren 1500 indische Steinmetze beschäftigt, bis sie das Material zu filigraner Spitze aus Stein verarbeitet hatten. Danach wurden 26 300 durchnummerierte Einzelteile nach London geschickt und dort zum jetzigen Tempel zusammengesetzt. Ehrensache für die rund 20 000 britischen Angehörigen der Glaubensgemeinschaft, hier mit Hand anzulegen: Unzählige Feierabende und Wochenenden wurden geopfert, was die Baukosten um etwa ein Drittel senkte und eine Fertigstellung des monumentalen Bauwerks innerhalb von knapp drei Jahren ermöglichte. Der ›Evening Standard‹ sprach vom »achten Weltwunder in Nord-London«, Orient im Okzident.

Außerdem vermittelt die Ausstellung ›Understanding Hinduism‹ interessante Hintergrundinformationen über die indische Religion.

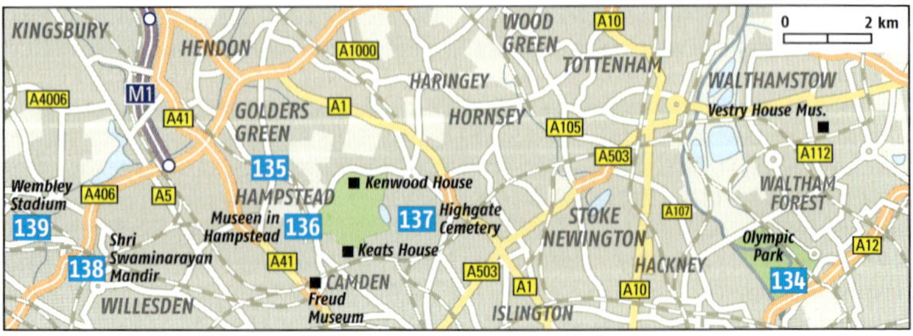

139 Wembley Stadium

Viel mehr als ein Fußballstadion – Wembley ist ein britischer Mythos.

HA9
Tel. 084 49 80 80 01
www.wembleystadium.com
Führungen tgl. 10–16 Uhr, Buchung unter www.ticketmaster.com oder Tel. 084 48 00 27 55
U-Bahn Wembley

Ein riesiger Bogen überwölbt das Wembley Stadium. Der Prestigebau des Architekten Sir Norman Foster für die englische Football Association (FA) verschlang mit 1,4 Millarden Pfund mehr als drei Mal soviel Geld wie ursprünglich geplant, und auch die Fertigstellung verzögerte sich immer wieder. Am Ende lagen sieben Jahre zwischen dem letzten Spiel im alten und dem ersten Spiel im neuen Stadion im Jahr 2007. Dafür ist es aber auch doppelt so groß und viermal so hoch wie der Vorgängerbau. Aus den 39 Stufen, die siegreiche Fußballer für die Pokalübergabe in der Royal Box erklimmen mussten, sind 107 geworden.

Ob Aufwand und Nutzen in einem sinnvollen Verhältnis standen, war von Anfang an umstritten. Doch angesichts von 90000 enthusiastischen Zuschauern bei einem FA-Cup-Finale oder einem englischen Länderspiel schwinden diese Zweifel schnell. Bei Führungen durchs Stadion darf man den FA Cup sogar berühren, man sieht die Umkleidekabinen und betritt die Royal Box.

Das erste Wembley Stadium wurde für die British Empire Exhibition 1923 in Rekordzeit gebaut und sollte bald nach Ende der Ausstellung wieder abgerissen werden. Trotzdem blieb das Gebäude mit den charakteristischen Twin Towers 80 Jahre bestehen und wurde zum Schauplatz manchen Fußballkrimis: Hier fiel 1966 das legendäre Wembley-Tor im WM-Finale England gegen Deutschland, das den Gastgebern zum Weltmeistertitel verhalf, hier wurde Deutschland 30 Jahre später durch ein Golden Goal zum dritten Mal Europameister. Das letzte Tor im alten Stadion schoss übrigens Dietmar Hamann, die deutsche Nationalmannschaft gewann das Spiel mit 1:0.

Londons Westen – königliche Parks und Residenzen

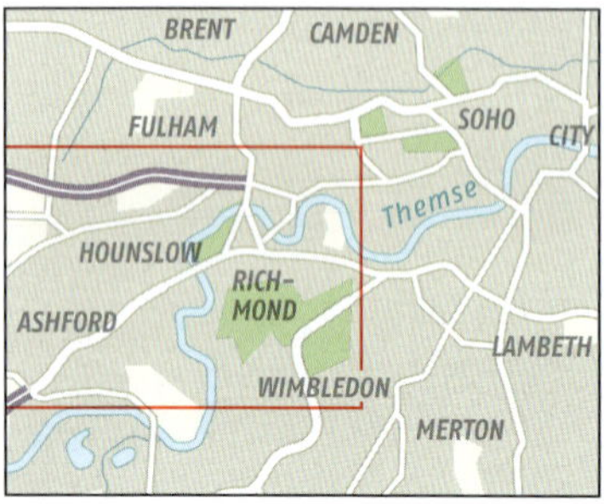

Folgt man der Themse in Richtung Westen, so kommt man in wahrhaft königliche Gefilde: In prachtvollen Parks liegen die Landsitze von Königshaus, Aristokratie und Geldadel.

Seine Vorstellung von einem italienischen Landhaus verwirklichte sich der Earl of Burlington mit **Chiswick House**. Osterley House und Syon House sind weitere, in ausgedehnte Parks gebettete Herrenhäuser. Exquisit ausgestattet, geben sie einen Einblick in den Lebensstil des englischen Hochadels im 18. Jh. Königliche Höhepunkte im Westen sind die **Kew Gardens**, die zu den ältesten Botanischen Gärten der Welt zählen, sowie **Hampton Court Palace**, der ehemalige Königspalast von Heinrich VIII. **Windsor Castle** ist auch wegen seiner Nähe zu London der meist genutzte Landsitz der Queen.

140 Windsor Castle

Das älteste bewohnte Schloss der Welt beeindruckt mit atemberaubender Ausstattung.

Windsor, Berkshire
Tel. 020/77 66 73 04
www.royalcollection.org.uk
in der Regel März–Okt. tgl. 9.45–17.15, Nov.–Febr. 9.45–16.15 Uhr, jedoch nur in Abwesenheit der Queen, letzter Einlass 75 Min. vor Schließung
Zug von Waterloo oder Paddington Station bis Windsor

Rund 35 km von London entfernt ließ William the Conqueror um 1078 eine Festung über der Themse errichten. Sie wurde in den folgenden Jahrhunderten immer wieder umgebaut und erweitert. Die heutige monumentale Anlage stammt im Wesentlichen aus dem 14. Jh., damals ließ Edward III. die State Apartments, den Round Tower und das Norman Gate anfügen. Die letzte große Umgestaltung der königlichen Residenz veranlasste George IV. Anfang des 19. Jh. Ein verheerender Brand zerstörte 1992 Teile der Anlage, u. a. Waterloo Chamber und St. George's Hall, doch längst erstrahlt alles wieder im alten Glanz. Windsor Castle ist bis heute der bevorzugte Wohnsitz der Queen.

Die Gebäude gruppieren sich um zwei Höfe, den Unteren Paradehof (Lower

Ward) und den Oberen Paradehof (Upper Ward). Im **Lower Ward** findet um 11 Uhr die *Wachablösung* statt. Ihn begrenzen verschiedene Klostergebäude sowie die **St. George's Chapel** (1475–1528), ein Meisterwerk der englischen Spätgotik, des Perpendicular Style. Sie ist dem Schutzpatron des Hosenbandordens geweiht und beeindruckt durch den lichtdurchfluteten Innenraum mit prächtigen Fächergewölben. Im Chor befindet sich die *Königsgrablege*, hier ist u.a. Henry VIII. beigesetzt.

Ein weiterer Glanzpunkt von Windsor Castle sind die **State Apartments**. In diesen königlichen Gemächern ist ein Teil der wertvollen *Kunstsammlung* der Queen zu sehen. Die Gemälde stammen von Dürer, Holbein, Rembrandt, Rubens und van Dyck. Deckenmalereien, Gobelins und erlesene Möbel vervollständigen die Ausstattung. Ein besonderes Kleinod ist *Queen Mary's Dollhouse*. Dieses Puppenhaus ist ein Meisterwerk der Feinmechanik: Seine Stuben werden elektrisch beleuchtet und die Spülung der Toiletten funktioniert mit fließendem Wasser. Der **Upper Ward** ist Staatsanlässen vorbehalten. Vom *Round Tower* (12. Jh.), einem der ältesten und mächtigsten Wehrtürme der Anlage, bietet sich ein wunderbarer Rundblick. Von Oktober bis März kann man die Semi-State Rooms besichtigen. In den prächtig ausgestatteten Privaträumen Georges IV. empfängt die Queen offizielle Besucher.

Nur einen Steinwurf vom königlichen Schloss ist das Städtchen **Windsor** entfernt. Am Samstag Vormittag findet an der von Pubs gesäumten Hauptstraße St. Leonard ein Bauernmarkt statt. Der *Windsor Great Park* und das Gelände des *Eton College*, einer Eliteschule, bieten sich für einen Spaziergang an. Bei Kindern löst das **Legoland** (Winkfield Road, www.legoland.co.uk) Begeisterung aus.

Inmitten einer grünen Parklandschaft liegt Windsor Castle, Lieblingsschloss der Queen

141 Chiswick House

Paradebeispiel des englischen Palladianismus.

Burlington Lane, W4
Tel. 020/89 95 05 08
www.english-heritage.org.uk
April–Okt. So–Mi 10–17 Uhr
U-Bahn Turnham Green oder
Zug nach Chiswick

Richard Boyle, der 3. Earl of Burlington (1694–1753), verfügte über einen exquisiten Geschmack – und als reicher Adeliger über die Mittel, ihn auszuleben. Wie damals in besseren Kreisen üblich, unternahm er eine *Grand Tour*, also eine Studienreise, nach Italien. Dort begeisterte er sich für den palladianischen Stil, und so ließ er ab 1725 Chiswick House erbauen, das sich an Palladios Villa Capra bei Vicenza orientiert.

Zwei symmetrisch angelegte Freitreppen führen hinauf zu einem korinthischen Säulenportikus mit Dreiecksgiebel an der Vorderseite des zweistöckigen, quadratischen Baus. Chiswick House wird überragt von einer achteckigen Kuppel, die im Inneren mit einer prächtigen Kassettendecke ausgestattet ist. Der **Kuppelraum** bildet das Herzstück des Gebäudes. Chiswick House wurde nicht als Wohnhaus konzipiert, sondern war ein Schaustück, ein Paradebeispiel dafür, was die Schönen Künste vermögen. Es diente als elegante Kulisse für Abendgesellschaften und Gesprächszirkel. Die oberen Räume wurden von William Kent ausgestattet, der als einer der Wegbereiter des englischen Landschaftsgartens gilt.

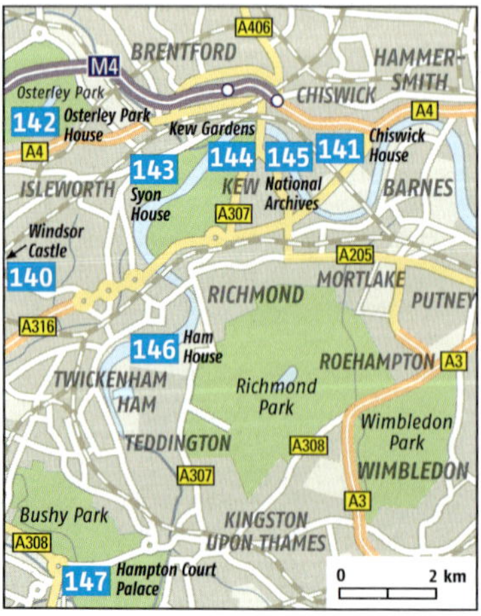

142 Osterley Park House

Interieur von Robert Adams und ein stimmungsvoller Park.

Osterley, Isleworth, TW7
Tel. 020/82 32 50 50
www.nationaltrust.org.uk
Mitte März–Okt. Mi–So 12–15.30 Uhr
U-Bahn Osterley

Mit seinen vier Backsteintürmen wirkt Osterley Park House wie eine wehrhafte Residenz aus der Tudorzeit. Tatsächlich wurde der älteste Teil des Hauses schon im 16. Jh. errichtet. In den Innenräumen dagegen taucht man ein in die Welt des 18. Jh. Die Bankiersfamilie Child engagierte 1762 die Baumeister Sir William Chambers und Robert Adam. Die beiden Stararchitekten ihrer Zeit machten Osterley Park zu einem Anwesen, auf das Londons Society voller Neid blickte. Das Beste, was die damalige Handwerkskunst vermochte, war gerade gut genug. Den von William Chambers entworfenen **Landschaftsgarten** (April–Okt. tgl. 8–19.30, Nov.–März 8–18 Uhr) prägt alter Baumbestand. Blickfang ist das elegant gerundete *Gewächshaus*. Inmitten eines formalen Gartens steht der dorische Temple of Pan.

143 Syon House

Von Robert Adams opulent ausgestattetes Herrenhaus.

Syon Park, Brentford
Tel. 020/85 60 08 82
www.syonpark.co.uk
April–Okt. Mi/Do, So/Fei 11–17,
Gärten April–Okt. tgl. 10.30–17 Uhr,
U-Bahn Gunnersbury

Syon House ist bis heute der Sitz des Duke of Northumberland. Ursprünglich hatte sich hier ein von Henry V. gegründetes Brigittinnenkloster befunden. Später wurde es zu einem repräsentativen Wohnhaus umgebaut, das noch heute den Kern von Syon House bildet. Mitte des 18. Jh. erwarb Sir Hugh Smithson, Duke of Northumberland, das Herrenhaus. Er übertrug die Neugestaltung des Inneren Robert Adam, der seiner Fantasie freien Lauf ließ. So sind die **Adam-Räume** – Eingangshalle, Vorzimmer, Speisesaal, Roter Salon und als Höhepunkt die *Great Gallery* – klassizistische Kunstwerke.

Der **Syon Park** wurde 1767–73 von Lancelot ›Capability‹ Brown angelegt, dem

Der Treetop Walkway (vorne) führt durch die Baumkronen von Kew Gardens

bekanntesten Landschaftsgärtner seiner Zeit. Im Gewächshaus *Great Conservatory* von Charles Fowler, einer erhabenen Glas-Stahl-Konstruktion, gedeihen exotische Pflanzen.

144 Kew Gardens

TOP TIPP

Einer der schönsten botanischen Gärten der Welt mit zauberhaften Gewächshäusern.

Kew Road, Richmond, Surrey
Tel. 020/83 32 56 55
www.kew.org
April–Aug. Mo–Fr 9.30–18, Sa/So 9.30–19, Sept.–Jan. tgl. 9.30–15.45, Febr./März tgl. 9.30–17 Uhr,
U-Bahn Kew Gardens

Problemlos lässt sich in den Royal Botanic Gardens von Kew ein ganzer Tag verbringen. Gegründet wurden die Gärten 1759 von Prinzessin Augusta. Ihr Sohn, George III., vergrößerte sie und engagierte den Landschaftsgärtner Lancelot ›Capability‹ Brown. Die auch als Forschungseinrichtung angesehenen Kew Gardens gehören seit 2003 zum UNESCO-Kulturerbe.

Folgt man der Kew Explorer Route durch den Park, so kommt man zunächst zum **Temperate House**, dem größten Gewächshaus der viktorianischen Zeit. In der Konstruktion aus Eisen und Glas des Architekten Decimus Burton gedeihen Bananenstauden aus Asien, Akazien und Eukalyptus. Ein lebendiges Bild der Vegetationsgeschichte vermittelt das **Evolution House**. Zwischen den Baumwipfeln wandeln kann man auf dem **Treetop Walkway** weiter nördlich.

William Chambers schuf die weithin sichtbare **Chinesische Pagode**. Von ihr geht es zum im Jahr 1772 errichteten **Queen Charlotte's Cottage** (April–Sept. Sa/So 11–16 Uhr). Es diente als Rückzugsort für die Königin und ihre Familie. Weiter führt der Weg zur **Orangerie** am Nordende der Gärten, wo ein elegantes Restaurant zur Einkehr lädt.

In der Nähe befindet sich **Kew Palace** (Tel. 084 44 82 77 77, www.hrp.org.uk, April–Sept. Mo 11–17, Di–So 10–17 Uhr). Das Backsteinhaus wurde 1631 von einem holländischen Kaufmann errichtet und gelangte unter George II. in den Besitz der königlichen Familie. George III. hielt sich bis zum Tod seiner Gattin Charlotte 1818 bevorzugt hier auf, und noch heute ist das Haus im Stil jener Zeit möbliert. Im 1987 eingeweihten Gewächshaus **Princess of Wales Conservatory** sind tropische Pflanzen aus zehn verschiedenen Klimazonen versammelt. Im viktorianischen **Palm House** wandelt man durch einen tropischen Regenwald.

145 National Archives

Das britische Staatsarchiv zeigt seine Kostbarkeiten.

Ruskin Avenue
Kew, Richmond, Surrey
Tel. 020/88 76 34 44
www.nationalarchives.gov.uk
Di/Do 9–19, Mi, Fr/Sa 9–17 Uhr
U-Bahn Kew Gardens

Die National Archives sind das Gedächtnis Englands. Seine ältesten Dokumente stammen aus dem 11. Jh. Im **Museum** sind einige dieser Schätze zu sehen. Unter ihnen sind das Testament von William Shakespeare, das Geständnis von Guy Fawkes, Sir Francis Drakes Bericht über die Spanische Armada und Kardinal Wolseys Gnadengesuch an Henry VIII. Kostbarstes Stück ist das *Domesday Book* aus dem Jahr 1086, die unter William the Conqueror erfolgte Bestandsaufnahme des gesamten zu seinem Herrschaftsbereich gehörenden englischen Landbesitzes.

146 Ham House

Prächtiger Landsitz aus der Stuart-Zeit mit Miniaturporträt-Sammlung.

Ham Street, Ham, Richmond, Surrey
Tel. 020/89 40 19 50
www.nationaltrust.org.uk
April–Okt. Sa–Mi 13–17,
Gärten Sa–Mi 11–18 Uhr
U-Bahn Richmond, dann Bus 371
bis Fox and Duck

Ham House repräsentiert den aufwendigen aristokratischen Lebensstil des 17. Jh. Elizabeth, Countess of Dysart ließ es zusammen mit ihrem zweiten Mann, dem einflussreichen John Maitland, Duke of Lauderdale, im üppigen Barock-Stil der Restaurationszeit ausbauen. Sogar doppelt verglaste Fenster konnten sich die Besitzer leisten.

Ein Großteil des Mobiliars sowie *Gemälde* (Lely, van Dyck, Kneller), Gobelins und andere Kunstgegenstände aus der Zeit der Lauderdales blieben erhalten. Das *Cabinet of Miniatures* ist eine der kostbarsten Sammlungen von Miniaturporträts in England. Der **Park** ist teils Landschaftsgarten, teils wie mit der Schablone angelegt. Dort findet man auch das Eishaus, das bereits um 1800 als Kühlschrank diente, ferner einen Kirschgarten, die Orangerie und einen typischen Küchengarten des 17. Jh.

147 Hampton Court Palace

Geschichtsträchtiger Tudor-Palast mit Meisterwerken berühmter Maler.

East Molesey, Surrey
Tel. 0870 950 44 99
www.hrp.org.uk
Palast: April–Okt. tgl. 10–18,
Nov.–März tgl. 10–16.30,
Gärten: April–Okt. tgl. 10–19,
Nov.–März 10–17.30 Uhr
Park: tgl. 7 Uhr bis Sonnenuntergang
Zug bis Hampton Court

Hampton Court Palace ist ein gewaltiges Bauwerk. Aus der Vogelperspektive wirkt es wie eine eigene Kleinstadt. Allenthalben sieht man Kamine und Erker, die vielen Flügel gruppieren sich um zahlreiche Innenhöfe. Eingebettet ist der Palast in mehrere, ganz unterschiedliche Parkanlagen.

Geschichte Kein König war es, der diesen riesigen Palast 1514–20 errichten ließ, sondern der einflussreiche *Kardinal Wolsey*, der unter Henry VIII. Karriere gemacht hatte. Wolseys grenzenloser Pomp allerdings erregte den Neid des Königs, und als es dem Kardinal nicht gelingen wollte, Henrys Scheidung von seiner ersten Frau, Catherine of Aragon, herbeizuführen, fiel der Kirchenfürst in Ungnade. Wolsey verlor sämtliche Ämter, 1529 wurden seine Besitztümer von der Krone beschlagnahmt. Henry hielt unmittelbar darauf Einzug in Hampton Court und begann, den Palast zu erweitern und umzugestalten. Elizabeth I. feierte hier rauschende Feste, ebenso die Stuarts. William und Mary beauftragten Christopher Wren mit einer weiteren größeren Umgestaltung: Die Süd- und Ostflügel wurden abgerissen und im Renaissance-Stil neu erbaut.

Besichtigung Durch ein Tor, das schon unter Kardinal Wolsey erbaut wurde, betritt man den *Base Court*. Auf seiner anderen Seite sieht man *Anne Boleyn's Gate* mit einer Astronomischen Uhr. Sie tut ihren Dienst, seit Henry VIII. sie 1529 einbauen ließ. Dahinter öffnet sich der *Clock Courtyard* (Uhrenhof). Auf seiner linken Seite befindet sich die *Great Hall* von 1532, in der Henry große Empfänge gab. Mit ihrem Bau fand die Tradition der mittelalterlichen Saalbauten ein grandioses Ende. Die Tapisserien, die ihre Wände bedecken, erzählen die biblische Geschichte von Abraham. Für die üppigen Bankette der Tudors wurden riesige *Küchenanla-*

Hampton Court – die King's Staircase mit Wandgemälden von Antonio Verrio

gen benötigt, die ebenfalls zu den Attraktionen des Palasts gehören. Auch die *State Rooms* wurden für offizielle Anlässe genutzt. Zu ihnen gehört die *Haunted Gallery*, wo noch heute der Geist von Catherine of Aragon spuken soll.

Da es in erster Linie Henry VIII. war, der dem Palast seinen Stempel aufdrückte, ist ihm auch eine eigene Ausstellung gewidmet. In ihr geht es um seine Ehe mit Katharina von Aragon, ihre Fehlgeburten und den Beginn der Reformation im Heiligen Römischen Reich und in England.

Der Real oder Royal Tennis Court, ein Hallen-Tennisplatz, auf dem schon Henry VIII. dem Ball nachjagte, wird von den Mitgliedern des Royal Tennis Court Club bespielt, denen man oft bei einem Match auf dem altertümlichen Platz zusehen kann.

Auch die **Royal Collection** lohnt einen Besuch. Hier sind Künstler wie Tizian, Tintoretto, Holbein, Cranach und Bruegel d. Ä. vertreten. In der *Lower Orangery* wird Andrea Mantegnas ›Triumph Cäsars‹ (1484–1505) gezeigt, auf dem seine Soldaten nach dem Sieg über die Gallier in Rom einziehen. Der Bildzyklus entstand für den Hof der Gonzaga in Mantua, Charles I. erwarb ihn und ließ die Gemälde 1630 nach Hampton Court bringen.

Genügend Zeit einplanen sollte man für die **Palace Gardens**. Hier steht der Great Vine, eine riesige Weinrebe, die 1769 unter der Ägide des großen Landschaftsarchitekten Lancelot ›Capability‹ Brown eingepflanzt wurde. Der Privatgarten Williams III., der *Privy Garden* von 1702, sieht genauso aus wie vor 300 Jahren. William III. ließ auch *The Maze* anlegen. Wer am Abend noch in diesem Labyrinth aus Hecken herumirrt, bekommt Hilfe von einem der Aufseher.

CAMDEN LOCK

London aktuell A bis Z

Vor Reiseantritt

ADAC Info-Service:
Tel. 018 05/10 11 12 (0,14 €/Min.)

ADAC im Internet:
www.adac.de
www.adac.de/reisefuehrer

Informationsbroschüren und Kartenmaterial können ADAC-Mitglieder kostenlos bei allen ADAC-Geschäftsstellen oder unter Tel. 018 05/10 11 12 (0,14 €/Min.) anfordern.

London im Internet:
www.visitlondon.com/de
www.timeout.com
www.londontown.com
www.streetmap.co.uk
www.visitbritaindirect.com

Großbritannien im Internet:
www.visitbritain.com
Es gibt keine darüber hinausgehende, telefonische Reiseberatung. Auch der Prospektversand wurde eingestellt.

The London Pass
Diese Besucherkarte für 1, 2, 3 oder 6 aufeinanderfolgende Kalendertage ermöglicht freien Eintritt zu mehr als 50 London-Attraktionen, darunter über 40 Museen, Kirchen und Paläste. Auch lange Warteschlangen kann man damit umgehen. Der London Pass bietet außerdem Ermäßigungen in einigen Restaurants, bei Stadtrundfahrten, beim Geldwechsel etc. Bestellt man den London Pass im Voraus online oder per Telefon, ist er kombinierbar mit der **London Travelcard** [s. S. 182] für öffentliche Verkehrsmittel. Infos und Buchung:

Leisure Pass Group, London,
Tel. 00 44/(0)16/64 48 50 20,
www.londonpass.com

Besichtigungs-Planung
Für alle *National Museums* ist der Eintritt kostenlos. Sehenswürdigkeiten und Ausstellungen mit großem Besucherandrang verkaufen vorab *Timed Tickets*, zeitgebundene Eintrittskarten (Buchung telefonisch und online möglich, frühzeitige Vorbestellung ratsam). In den meisten Museen, Palästen etc. ist der letzte Einlass 60–45 Min. vor der Schließung. Feiertags sind viele Häuser geschlossen. Die königlichen Schlösser und Paläste sind bei staatlichen Anlässen oder Besuchen der Königin nicht öffentlich zugänglich, daher wird auch hier Vorabinformation empfohlen.

Allgemeine Informationen

Reisedokumente

Bis zum Ende der Reise gültiger Personalausweis oder Reisepass, für Kinder unter 16 Jahren Kinderausweis oder Reisepass.

Kfz-Papiere

Führerschein und Zulassungsbescheinigung Teil 1 (vormals Fahrzeugschein), empfohlen wird die *Internationale Grüne Versicherungskarte*.

Krankenversicherung

Die Europäische Krankenversicherungskarte ist in die übliche Versicherungskarte integriert. Sie wird in ganz EU-Europa anerkannt und garantiert die medizinische Versorgung. Sicherheitshalber empfiehlt sich jedoch der Abschluss einer zusätzlichen Reisekranken- und Rückholversicherung.

Hund und Katze

Für Hunde und Katzen ist bei Reisen innerhalb der EU ein gültiger, vom Tierarzt ausgestellter EU-Heimtierausweis vorgeschrieben, ebenso eine Kennzeichnung durch Mikrochip und eine Tollwutimpfung. Einreisen dürfen Sie mit dem Tier erst 21 Tage nach erfolgter Impfung. Pflicht ist auch eine Bandwurmbehandlung des Hundes 24–120 Stunden vor der Einreise nach Großbritannien. Eine Zeckenbehandlung ist hingegen nicht erforderlich. Folgende Hunderassen sind im Land verboten: Pit-Bull-Terrier, Tosa, Dogo Argentino und Fila Braziliero. Aktuelle Informationen finden Sie unter: ukingermany.fco.gov.uk/de/visiting-uk/pet-travel-scheme

Zollbestimmungen

Abgabenfreie Richtmengen für Privatreisende pro Person (EU-Bürger): 800 Zigaretten, 400 Zigarillos, 200 Zigarren, 3 kg Tabak, 10 l Spirituosen, 20 l Zwischenerzeugnisse (z.B. Likör), 90 l Wein (davon höchstens 60 l Schaumwein) sowie 110 l Bier. Bei Einreise aus Nicht-EU-Ländern gelten geringere Mengen. Bei der Rückreise zu beachten ist die für die EU gültige Einfuhrgrenze für zollfreie Waren in Höhe von 175 €.

Zoll-Information
Deutschland: www.zoll.de
Österreich: www.bmf.gv.at/zoll
Schweiz: www.ezv.admin.ch

Geld

Die britische Währung ist das Pfund Sterling (£). 100 Pence (p) ergeben ein Pfund. Scheine zu 5, 10, 20 und 50 £ sowie Münzen zu 1, 2, 5, 10, 20, 50 p und zu 1 und 2 £ sind im Umlauf.

Die gängigen Kreditkarten werden in Banken, Hotels und den meisten Geschäften akzeptiert. An den überall angebrachten Geldautomaten kann man mit Kreditkarte und EC/Maestro-Karte rund um die Uhr Geld abheben. In Banken mit Bureau de Change kann man Bargeld oder Travellerschecks (mit Ausweis) in Pfund tauschen.

Tourismusämter in London

Visit London, 1 Lower Regent Street, W1, Tel. 0870 156 63 66, www.visitlondon.com

Weitere Informationsbüros, **TICs**, befinden sich im **Heathrow Airport**, Tel. 020/90 68 66 33 44, tgl. 8–18 Uhr, in den Flughäfen Gatwick, Stansted, Luton und im London City Airport sowie in den Bahnhöfen **Waterloo International Terminal** (U-Bahn-Station Waterloo, tgl. 8.30–22.30 Uhr), **Liverpool Street Station** (U-Bahn-Station Liverpool Street, tgl. 8–18 Uhr) am Bishopsgate in der City of London, **Paddington Train Station** und **Victoria Coach Station**.

City of London Information Centre, St. Paul's Churchyard, EC4, Tel. 020/73 32 14 56, www.cityoflondon.gov.uk, Mo–Sa 9.30–17.30 Uhr

London Information Centre, Leicester Square, WC2, Tel. 020/72 92 23 33, www.londoninformationcentre.com, tgl. 8–24 Uhr

Notrufnummern

Notruf: Tel. 112 (EU-weit, auch mobil: Polizei, Unfallrettung, Feuerwehr)

Polizei Central London:
Tel. 020/72 30 12 12

Pannendienst der Automobile Association (AA), Tel. 080 00 28 90 18 oder 016 22 76 23 42 (mobil), www.theaa.com

Pannendienst des Royal Automobile Club (RAC), Tel. 084 48 91 31 11 (auch mobil), www.rac.co.uk

ADAC Notrufzentrale München:
Tel. 00 49/89/22 22 22 (24 Std.)

ADAC Ambulanzdienst München:
Tel. 00 49/89/76 76 76 (24 Std.)

ÖAMTC Schutzbrief-Nothilfe:
Tel. 00 43/(0)1/251 20 00, www.oeamtc.at

TCS Zentrale Hilfsstelle:
Tel. 00 41/(0)224 17 22 20, www.tcs.ch

Ärztliche Versorgung

Die folgenden Krankenhäuser haben alle *Casualty Departments* (Notaufnahmen). Die Behandlung ist kostenlos.

E1: **Royal London Hospital**, Whitechapel Road, Tel. 020/73 77 70 00, U-Bahn Whitechapel

E9: **Homerton Hospital**, Homerton Row, Tel. 020/89 19 55 55, U-Bahn Homerton

NW3: **Royal Free Hospital**, Pond Street, Tel. 020/77 94 05 00, U-Bahn Belsize Park

SW10: **Chelsea & Westminster Hospital**, 369 Fulham Road, Tel. 020/87 46 80 00, U-Bahn South Kensington und Bus 14 oder 211

W6: **Charing Cross Hospital**, Fulham Palace Road, Eingang St. Dunton Road, Tel. 020/88 46 12 34, U-Bahn Hammersmith

WC1: **University College Hospital**, Grafton Way, Tel. 020/73 87 93 00, U-Bahn Euston Square

Zahnärztlicher Notdienst, Tel. 020/79 55 21 86, Mo–Fr 8.45–15.30 Uhr. Von hier wird man an einen Zahnarzt weiterverwiesen.

Diplomatische Vertretungen

Deutsche Botschaft, 23 Belgrave Square, SW1, Tel. 020/78 24 13 00, www.london.diplo.de, U-Bahn Hyde Park Corner

Österreichische Botschaft, 18 Belgrave Mews West, SW1, Tel. 020/73 44 32 50, www.bmeia.gv.at/botschaft/london, U-Bahn Hyde Park Corner

Schweizer Botschaft, 16–18 Montagu Place, W1, Tel. 020/76 16 60 00, www.eda.admin.ch/london, U-Bahn Marylebone

Besondere Verkehrsbestimmungen

In England fährt man auf der linken Seite und überholt rechts. *Tempolimits* innerorts für alle Kfz 48 km/h (= 30 mph), auf Landstraßen für Pkw, Wohnmobile und Motorräder 96 km/h (= 60 mph), für Gespanne 80 km/h (= 50 mph). Auf Autobahnen und vierspurigen Schnellstraßen gelten für Pkw, Wohnmobile und Motorräder 112 km/h (70 mph), für Pkw mit Anhänger 96 km/h (60 mph).

Die *Promillegrenze* liegt bei 0,8.

Straßen *ohne Vorfahrtsberechtigung* sind gekennzeichnet durch Stop- oder Give Way-Schilder oder Markierungen (doppelte Linie: stoppen, doppelt unterbrochene Linie: langsam heranfahren). Ist die Vorfahrt nicht geregelt, muss man sich untereinander verständigen. Beim Einfahren in mehrspurigen *Kreisverkehr* ist Einordnen notwendig: Zum Verlassen des Kreises an der ersten Ausfahrt die linke, ansonsten die rechte Fahrspur benutzen. Quadratische, auf der Spitze stehende weiße Schilder kündigen *Ausweichstellen* an schmalen Straßen an.

Gelbe oder rote Markierungen am Fahrbahnrand bedeuten *Park-* oder *Halteverbot* zu der auf Schildern angegebenen Zeit. Ein Halteverbot gilt in Straßen mit weißer Doppellinie entlang der Straßenmitte. Bei *Parkverstößen* gibt es häufig eine Parkkralle. Parken entgegen der Fahrtrichtung ist tagsüber erlaubt.

Maße und Gewichte

Obwohl in Großbritannien 1971 das Dezimalsystem eingeführt wurde, sind auch folgende Maßeinheiten gebräuchlich:

1 inch	= 2,54 cm
1 foot	= 30,48 cm
1 mile	= 1,609 km
1 acre	= 4047 m^2
1 pint	= 0,57 l
1 gallon	= 4,54 l
1 ounce	= 28,35 g

Stromspannung

Die Netzspannung beträgt 240 Volt. Für britische Steckdosen benötigt man einen Adapter. Diesen gibt es bei den ADAC Geschäftsstellen, vielen Elektronikgeschäften oder vor Ort.

Zeit

In England gilt die *Greenwich Mean Time* (GMT). Es ist stets eine Stunde früher als auf dem Kontinent. Stundenangaben erfolgen nur von 1 bis 12, mit dem Zusatz a.m. (vormittags) bzw. p.m. (nachmittags), z. B.: 1 p.m. = 13 Uhr.

Fotografieren

Das seit 2009 gültige Antiterrorgesetz verbietet u. a. das Fotografieren von Polizisten, dazu zählen auch die Bobbies.

Orientierung

Jeder Besichtigungspunkt in diesem Reiseführer ist neben der Adresse auch mit dem Kürzel des jeweiligen Postcodes versehen, wobei W West bedeutet, SW Southwest, EC Eastcentral, etc. Diese Angaben erleichtern das Auffinden der Sehenswürdigkeiten auf dem Stadtplan.

Anreise

Auto

Für die Anreise mit dem Auto: Die Überfahrt mit der **Fähre** (Auswahl z. B. auf www.aferry.co.uk) von Calais nach Dover dauert ca. 80 Min., mit dem Luftkissenboot 35 Min. Außerdem gibt es weitere Verbindungen von Hamburg, Ostende oder Hoek van Holland. Die Fahrt durch den **Eurotunnel** (www.eurotunnel.com) zwischen Folkestone und Calais wird zu Hauptverkehrszeiten im 15 Min.-Takt angeboten; während der ca. 35-minütigen Fahrt mit dem Pendelzug durch den Kanaltunnel kann man im Auto bleiben.

Alle **Autobahnen** laufen sternförmig auf London zu und schließen sich in einem Ring zusammen, der **M 25**. Die Ausfahrten sind im Uhrzeigersinn nummeriert. **Tankstellen** sind in der Regel 7–23 Uhr geöffnet, manche auch rund um die Uhr.

Es ist ratsam, in **London** auf das Auto zu verzichten, denn Parken ist teuer. Außerdem gibt es die City-Maut, genannt **Congestion Charge** (Mo–Fr 7–18 Uhr, 10–12 £ pro Tag, Tel. 08459001234 (nur im Land), Tel. 020/76499122, www.cclondon.com).

Bahn

Der Zugverkehr nach England läuft über die Fährverbindungen Ostende–Dover oder Hoek van Holland–Harwich. Zugverbindungen bestehen von den Zielhäfen der Fähren zu Londoner Bahnhöfen, die ans U-Bahnnetz angeschlossen sind. Die Eurostar-Züge, die den Eurotunnel benutzen, starten und enden am Bahnhof *St. Pancras International*. In London gibt es sieben Bahnhöfe. BritRail bietet Intercity-

Verbindungen zu allen größeren Städten des Landes. Ermäßigte Tarife gelten für Fahrten außerhalb der Rush-hour (Off-Peak) und an Wochenenden. Zudem gibt es diverse *BritRail Pässe*, die nur außerhalb Großbritanniens online oder in Reisebüros erhältlich sind, gültig 2 Tage bis 1 Monat. Weitere Infos bei:

National Rail Enquiries, Tel. 020/72785240, www.nationalrail.co.uk

BritRail London, Sutton House, 158 Victoria Street, 2nd Floor, London SW1, www.britrail.com

Deutsche Bahn, Tel. 0180/5996633 (gebührenpflichtig), Tel. 0800/1507090 (kostenlose Fahrplanauskunft), www.bahn.de

Österreichische Bundesbahn, Tel. 05 17 17, www.oebb.at

Schweizerische Bundesbahnen, Tel. 09 00 30 03 00, www.sbb.ch

Flugzeug

London hat fünf Flughäfen, von denen *Heathrow* die meisten Fluggäste in Europa zählt (jährlich rund 66 Mio.). Sein neues Terminal ist eine Augenweide.

Die **Sicherheitsvorkehrungen** auf den Londoner Flughäfen sind sehr streng und werden regelmäßig aktuellen Erfordernissen angepasst. Um unangenehmes Umpacken z. B. von Kosmetika und Flaschen mit Flüssigkeiten vom Hand- ins Hauptgepäck zu vermeiden, empfiehlt sich eine genaue Vorabinformation beim jeweiligen Flughafen.

Gatwick Airport, Tel. 08443351802, www.gatwickairport.com Von Gatwick nimmt man am besten den *Gatwick Express* (5.50–24 Uhr alle 15 Min., dann alle 60 Min.) nach Victoria Station, der etwa 30 Min. braucht. Auch *Züge* der National Rail (tagsüber alle 15 Min., nachts alle 60 Min.) fahren nach Victoria Station (Fahrzeit: 30 Min.), andere Züge nach St. Pancras International (45 Min.). Per *Taxi* dauert es über 60 Min. in die City und kostet ca. £ 100.

Heathrow Airport, Tel. 08443351801, www.heathrowairport.com. In Heathrow gibt es einen U-Bahn-Anschluss durch die *Piccadilly Line* (tgl. ca. 5–23.30 Uhr), die in etwa 50 Min. das Zentrum erreicht. Außerdem gibt es den *Heathrow Express* (tgl. 5–23.30 Uhr), der alle 15 Min. fährt und ohne Zwischenstopp Paddington in 20 Min. erreicht. Die Fahrtzeit mit dem Bus von *National Express* (tgl. 5.30–21.30 Uhr, alle 30 Min.) bis Victoria Station beträgt etwa 40 Min. *Taxis* brauchen etwa 45–60 Min. und kosten zwischen £ 45–75.

London City Airport, Tel. 020/76460088, www.londoncityairport.com. Mit der *DLR* gelangt man direkt von und zum Flughafen. Umsteigemöglichkeiten zur U-Bahn bestehen in Canning Town (8 Min.) und Bank Station (22 Min.). Das *Taxi* braucht 30–40 Min. und kostet ca. £ 20.

Luton Airport, Tel. 01582405100, www.london-luton.co.uk. Mit Shuttlebus zum Bahnhof Lunton Airport und dem *Zug*, der am Tag alle 10 Min., in der Nacht stündlich fährt, benötigt man in die City, z. B. bis St. Pancras International 30–40 Min. Mit dem *easyBus* (rund um die Uhr, alle 20 Min.) geht es in ca. 70 Min. nach Victoria Station. Das *Taxi* benötigt mindestens 60 Min. und kostet ca. £ 65.

Stansted Airport, Tel. 08700000303, www.stanstedairport.com. Vom Flughafen empfiehlt sich der Zug *Stansted Express* (tgl. 4.40–23.25 Uhr, alle 15 Min.), der Liverpool Street Station in 45 Min. erreicht. Der Bus *National Express A6* (rund um die Uhr, alle 10 Min.) fährt in ca. 1 Std. 30 Min. zur Victoria Station. Das *Taxi* benötigt 60–90 Min. und kostet ca. £ 100.

Bank, Post, Telefon

Bank

Öffnungszeiten: Mo–Fr 9.30–15.30 Uhr. In jeder Bank kann man Geld wechseln und Travellerschecks tauschen (mit Ausweis). In der Regel muss man eine Grundgebühr von etwa £ 3 entrichten.

Post

Öffnungszeiten: Mo–Fr 9.30–17.30, Sa 9–12 Uhr, www.postoffice.co.uk

Trafalgar Square Post Office, 24–28 William IV Street, WC2, Mo–Fr 8–20, Sa 9–20 Uhr, U-Bahn Charing Cross

Briefmarken sind im Postamt sowie in Zeitungsläden und an Postkarten-Verkaufsständen erhältlich. Innerhalb Englands wird Post 1. oder 2. Klasse befördert. Bei Briefen ins Ausland die Aufschrift *Air Mail* nicht vergessen.

Telefon

Internationale Vorwahlen

Großbritannien 0044
Deutschland 0049
Österreich 0043
Schweiz 0041

Es folgt die Rufnummer ohne die Null.

Vorwahl London: 020

Die mit 08 beginnenden Nummern entsprechen unseren 0800-Nummern und benötigen *keine* Ortsvorwahl.

Auskunft: Tel. 11 81 19 (national), Tel. 11 85 05 (international)

Operator: Tel. 100 (national), Tel. 155 (international)

Der Operator hilft bei allen Fragen rund ums Telefonieren. Für *Collect Calls*, bei denen der Angerufene die Kosten übernehmen soll, wählt man den internationalen Operator.

Die Benutzung handelsüblicher **Mobiltelefone** ist in ganz Großbritannien möglich. Man sollte sich jedoch vor Reiseantritt über das günstigste Netz vor Ort informieren und das eigene Mobiltelefon entsprechend programmieren.

Telefonkarten, *Phone Cards*, erhält man in Zeitungsläden, im Wert von £ 2–20. Am günstigsten telefoniert man nach 18 Uhr.

Einkaufen

Öffnungszeiten: in der Regel Mo–Sa 10–18 Uhr. Viele Geschäfte und Supermärkte sind auch So geöffnet.

Antiquitäten

Antiquitätenläden sind in London zahlreich. Die meisten teuren Geschäfte finden sich rund um die Bond Street, W1, und in der Pimlico Road, SW1. Die Kensington Church Street ist ähnlich berühmt. Billiger, oft auch spannender, wird es in den Geschäften an der Westbourne Grove, die die Portobello Road kreuzt. Auch einige Warenhäuser (Markets) haben sich auf Antiquitäten spezialisiert:

Alfie's Antique Market, 13–25 Church Street, NW8, Tel. 020/77 23 60 66, www.alfiesantiques.com, Di–Sa 10–18 Uhr, U-Bahn Edgware Road oder Marylebone. Am Nordrand des Stadtzentrums. Er ist mit über 370 Ständen einer der größten Antiquitätenmärkte in England und bietet alles Erdenkliche.

Bourbon-Hanby Antiques Arcade, 151 Sydney Street, SW3, Tel. 020/73 52 21 06. www.bourbonhanby.co.uk, U-Bahn South Kensington oder Sloane Square. Eine besondere Freude für Liebhaber von altem Porzellan, Kunst, Schmuck und Uhren.

Camden Passage, 7 Pierrepoint Row, N1, Tel. 020/73 59 01 90, www.camdenpassageislington.co.uk, U-Bahn Angel. Die größte Ansammlung von Antiquitätenhändlern im Land, Mi und Sa auch Openair Market.

Grays Antiques Market, 1–7 Davies Mews, W1, Tel. 020/76 29 70 34, www.graysantiques.com, Mo–Fr 10–18, Sa 11–17 Uhr, U-Bahn Bond Street. Hier findet man neben alten Lederwaren, Koffern, Spielzeug und Spielen auch viel Art Déco.

Auktionshäuser

Die *Viewings* (Vorschauen) für die nächste Auktion sind immer interessant. Die größten und wichtigsten Häuser sind:

Christie's, Hauptbüro: 8 King Street, SW1, Tel. 020/78 39 90 60, www.christies.com, U-Bahn Piccadilly Circus oder Green Park. Filiale: 85 Old Brompton Road, SW7, Tel. 020/79 30 60 74, U-Bahn South Kensington

Sotheby's, 34–35 New Bond Street, W1, Tel. 020/72 93 50 00, www.sothebys.com, U-Bahn Bond Street oder Oxford Circus. Filiale: Hammersmith Road, W14, Tel. 020/72 93 55 55, U-Bahn Kensington Olympia oder West Kensington.

Buchläden

Waterstone's, 421 Oxford Street, W1, Tel. 020/74 95 85 07, www.waterstones.co.uk, U-Bahn Bond Street. Buchhandlungskette, wohlsortiert. Besonders gut: Literatur, Lyrik und Krimis.

Hatchards, 187 Piccadilly, W1, Tel. 020/74 39 99 21, www.hatchards.co.uk, U-Bahn Piccadilly oder Green Park. Londons älteste Buchhandlung (1797 gegr.); beschafft jedes Buch, auch wenn es *out of print* ist.

Kaufhäuser

TOP TIPP **Fortnum & Mason**, 181 Piccadilly, W1, Tel. 020/77 34 80 40, www.fortnumandmason.com, U-Bahn Green Park oder Piccadilly Circus [Nr. 75]

TOP TIPP **Harrods**, 87–135 Brompton Road, SW1, Tel. 020/77 30 12 34, www.harrods.com, U-Bahn Knightsbridge [Nr. 99]. Gediegenes Ambiente und Designermode aus aller Welt.

Harvey Nichols, 109–125 Knightsbridge, SW1, Tel. 020/72 35 50 00, www.harveynichols.com, U-Bahn Knightsbridge. Hier findet man fast die ganze Palette englischer Designer unter einem Dach.

Liberty, 210–220 Regent Street, W1, Tel. 020/77 34 12 34, www.liberty.co.uk, U-Bahn Oxford Circus [Nr. 80]

Marks & Spencer, 458 Oxford Street, W1, Tel. 020/79 35 79 54, www.marksandspencer.com, U-Bahn Marble Arch. Beliebte Food & Wine-Abteilung, ferner Mode, Schuhe etc. zu moderaten Preisen.

Selfridges, 400 Oxford Street, W1, Tel. 08 00 12 34 00, www.selfridges.co.uk, U-Bahn Bond Street [s. S. 96]

TOP TIPP

Märkte

Brick Lane Market, Brick Lane etc., E1, So 8–13 Uhr, U-Bahn Aldgate East. Bunter Flohmarkt in einem aufwendig sanierten Viertel.

Camden Markets, www.camdenmarkets.org, U-Bahn Camden Town. Jede Abteilung dieser Marktstadt hat ein anderes Warenangebot: *Camden Market*, Camden High Street bis Kreuzung Buck Street, NW1, Do–So 9–17.30 Uhr. Second-Hand-Klamotten und Accessoires. – *Camden Lock*, Camden Lock Place bis Chalk Farm Road, NW1, tgl 10–18 Uhr. Internationales Kunsthandwerk, exotische Gerichte. – *Electric Market*, Camden High Street, südlich der Kreuzung Dewsbury Terrace, NW1, So 9–17.30 Uhr. Elektrogeräte und Street Fashion – *Stables*, Chalk Farm Road bis Hartland Road, NW1, tgl. 10–18 Uhr. Sammlerstücke des 20./21. Jh., schrille Mode, Möbel. – *Camden Canal Market*, Chalk Farm Road bis südl. der Kreuzung Castle Haven Road, NW1, Sa/So 10–18 Uhr. Neue Kleidung und Nippes.

Greenwich Market, Greenwich High Road, Greenwich Church Street, Stockwell Street, etc., SE 10, www.greenwichmarket.net, Do–So 10–17 Uhr, DLR Cutty Sark oder Greenwich. Das Warenangebot reicht von antiken Möbeln über Lebensmittel und Kunsthandwerk bis zu Flohmarktartikeln.

Old Truman Brewery, 91–95 Brick Lane, Tel. 020/77 70 61 00, www.trumanbrewery.com, U-Bahn Aldgate East. Auf dem Gelände einer ehem. Brauerei werden Fr–So 11–17 Uhr Märkte mit Vintage, Kitsch und Kunsthandwerk abgehalten. Darüber hinaus gibt es mehrere Modegeschäfte, Restaurants, Bars, Galerien und Nachtklubs.

Petticoat Lane Market, Middlesex Street, Wentworth Street etc., E1, U-Bahn Aldgate East oder Liverpool Street, So 9–14 Uhr, Wentworth Street auch Mo–Fr 10–14.30 Uhr. Großer Kleidermarkt.

Portobello Road Market, Portobello Road, W10 und W11, Golborne Road, W10,

Bunte und ausgefallene Garderobe in einem Laden in Camden Lock

www.portobelloroad.co.uk, U-Bahn Ladbroke Grove oder Notting Hill Gate, *Obst und Gemüse* Mo–Mi, Fr/Sa 8–18, Do 9–13 Uhr. *Klamotten und Nippes*, Fr 8–16, Sa 8–17, So 9–16 Uhr. *Antiquitäten und Trödel*, Sa 8–18 Uhr.

Spitalfields Market, Commercial Street, E1, www.spitalfields.co.uk, Mo–Fr 11–16, So 9–17 Uhr, U-Bahn Liverpool Street. Kunsthandwerk, Möbel, Textilien etc.

Mode

Swinging London ist eine der Fashion-Hochburgen Europas: Neben den internationalen Klassikern gibt es viele talentierte junge Designer, die verrückte Mode entwerfen und für frischen Wind sorgen.

Brown's Labels for Less, 24–27 South Molton Street, W1, Tel. 020/75 14 00 16, www.brownsfashion.com, U-Bahn Bond Street. Durchweg erschwingliche Mode von über 65 Designern.

Donna Karan, 46 Conduit Street, W1, Tel. 020/74 79 79 00, www.donnakaran.com, U-Bahn Oxford Circus. Flagship-Store der bekannten New Yorker Designerin.

Dover Street Market, 17–18 Dover Street, Tel. 020/75 18 06 80, www.doverstreetmarket.com, U-Bahn Green Park. Ausgefallene Mode auf sechs Stockwerken in Mayfair. Geisteskind von Comme des Garçon-Designer Rei Kawakubo.

Gieves & Hawkes, 1 Savile Row, W1, Tel. 020/74 34 20 01, www.gievesandhawkes.com, U-Bahn Piccadilly Circus. In diesem Geschäft für klassische britische Herrenmode kauft auch Prinz Charles.

Huntsman, 11 Savile Row, W1, Tel. 020/ 77347441, www.h-huntsman.com, U-Bahn Piccadilly Circus. Cut, Smoking und Co.: Gediegene Herrenkleidung.

James Lock & Co, 6 St. James's Street, SW1, Tel. 020/79308874, www.lockhatters.co.uk, U-Bahn Green Park. Ein Hutladen, der Geschichte gemacht hat: Hier wurde der klassische *Bowler Hat*, die Melone, erfunden.

Jigsaw, 9 Argyll Street, W1, Tel. 020/ 74375750, www.jigsaw-online.com, U-Bahn Oxford Circus. Klassische qualitativ hochwertige Damenmode.

Reiss, Barrett Street, W1, Tel. 020/ 74866557, www.reissonline.com, U-Bahn Bond Street. Hinter einer spektakulären Schleierfassade gibt es jugendlich-englischen Schick. Prinzessin Catherine trägt häufig Kleider dieser erschwinglichen Modemarke.

Stella McCartney, 30 Bruton Street, W1, Tel. 020/75183100, www.stellamccartney.com, U-Bahn Bond Street. Die Tochter des Beatles Paul McCartney setzt Trends mit ihrer *veganen* Damenmode – sie verarbeitet keine tierische Materialien.

Vivienne Westwood, 44 Conduit St., W1, Tel. 020/74391109, www.viviennewestwood.co.uk, U-Bahn Oxford Street. Extravagante Mode der High Fashion-Designerin.

Juweliere und Modeschmuck

Garrard, 24 Albemarle Street, W1, Tel. 08708718888, www.garrard.com, U-Bahn Green Park. Kronjuwelier.

Asprey, 167 New Bond Street, W1, Tel. 020/74936767, www.asprey.com, U-Bahn Green Park. Hier gibt es alles vom Schmuckkästchen bis zur vergoldeten Zahnbürste. Ganz zu schweigen von iPad-Hüllen für 500 £.

Butler & Wilson, 189 Fulham Road, SW3, Tel. 020/73523045, U-Bahn South Kensington, und 20 South Molton Street, W1, www.butlerandwilson.co.uk. Paradies für exquisiten Modeschmuck.

Kinderkleidung und Spielwaren

Hamley's, 188–196 Regent Street, W1, Tel. 08717041977, www.hamleys.com, U-Bahn Oxford Circus. Der größte Spielzeugladen der Welt auf sechs Etagen.

Mothercare, 526 Oxford Street, W1, Tel. 08453650515, www.mothercare.com, U-Bahn Marble Arch. Bekannte Ladenkette für Babyausstattung, Kinderkleidung und Umstandsmoden.

Lederwaren

Mulberry, 50 New Bond Street, W1, Tel. 020/74913900, www.mulberry.com, U-Bahn Bond Street

Pickett, 32–33 Burlington Arcade, W1, Tel. 020/74938939, www.pickett.co.uk, U-Bahn Green Park

Regenbekleidung

Burberry, 21–23 New Bond Street, W1, Tel. 020/79680000, www.burberry.com, U-Bahn Bond Street. Klassiker ist der berühmte Trench 21.

Swaine, Adeney, Brigg and Sons, 54 St. James's Street, SW1, Tel. 020/74097277, www.swaineadeney.co.uk, U-Bahn Green Park. Traditionsreiches Geschäft (seit 1750) für Regenschirme und Lederwaren.

Schuhe

Gina, 189 Sloane Street, SW1, Tel. 020/72352932, www.gina.com, U-Bahn Knightsbridge. Handgefertigte Damenschuhe englischer Designer.

John Lobb, 9 St. James's Street, SW1, Tel. 020/79303664, www.johnlobbltd.co.uk, U-Bahn Green Park. Erste Adresse für handgefertigte Schuhe.

Office, 57 Neal Street, WC2, Tel. 020/73791896, www.office.co.uk, U-Bahn Covent Garden. Modisch, doch billiger als die Designer.

Musik und Film

Zahlreiche gut sortierte CD- und DVD-Läden lassen in Notting Hill und in der Denmark Street die Herzen von Musikfreunden höher schlagen. Darüber hinaus sind empfehlenswert:

HMV, 150 Oxford Street, W1, Tel. 08432210289, www.hmv.com, U-Bahn Oxford Circus oder Tottenham Court Road

Ray's Jazz Shop, Foyles Bookshop, 1. Stock , 113–119 Charing Cross Road, WC2, Tel. 020/74375660, www.foyles.co.uk, U-Bahn Tottenham Court Road

Rough Trade, 91–95 Brick Lane, in der Old Truman Brewery, Tel. 020/73927788, / www.roughtrade.com, U-Bahn Liverpool Street. Alles, was nicht zum Mainstream gehört. Regelmäßig Konzerte im Laden.

Schreibwaren

Smythson of Bond Street, 40 New Bond Street, W1, Tel. 08458732435, www.smythson.com, U-Bahn Bond Street oder Oxford Circus. Persönliches Briefdesign, auf Qualitätspapier gedruckt.

The Filofax Centre, 21 Conduit Street, W1, Tel. 087 05 14 37 02, www.filofax.co.uk, U-Bahn Oxford Circus. Personal Organisers, Taschen und mehr.

Wohnen und Design

The Conran Shop, Michelin House, 81 Fulham Road, SW3, Tel. 020/75 89 74 01, www.conran.co.uk, U-Bahn South Kensington. Modernes Wohnstyling des Designers Conran.

Designers Guild, 267–271 und 275–277 King's Road, SW3, Tel. 020/73 51 57 75, www.designersguild.com, U-Bahn Sloane Square. Handgearbeitete Designermöbel, Tapeten und Stoffe.

Essen und Trinken

Englands Küche hat einen legendär schlechten Ruf – und das leider oft zu Recht. Besonders der *pub grub*, meist bestehend aus Pommes und Pie, ist häufig von bedauernswertem Geschmack. Doch es geht auch anders: Große Küchenchefs zelebrieren in London heute eine Küche, die sich *Modern British* und *Modern European* nennt. Für Abwechslung sorgen all die Einwanderer, die in den letzten 100 Jahren nach London kamen und hier ihre Restaurants eröffneten. Das in ganz England herrschende **Rauchverbot** gilt auch in Restaurants, Pubs, Bars und Cafés.

Traditional British

Dorchester Grill Room, im Hotel The Dorchester, 54 Park Lane, W1, Tel. 020/76 29 88 88, www.thedorchester.com, U-Bahn Hyde Park Corner oder Marble Arch. Gekocht wird nur mit besten Zutaten. Sakko und Schlips sind obligatorisch.

Fortnum & Mason, 181 Piccadilly, W1, Tel. 020/77 34 80 40, www.fortnumandmason.com, U-Bahn Green Park oder Piccadilly Circus. Im Fountain Café kann man seinen Tee mit Gebäck genießen, das St. James's Restaurant im 4. Stock ist eine Institution [Nr. 75].

Rules, 35 Maiden Lane, WC2, Tel. 020/78 36 53 14, www.rules.co.uk, U-Bahn Covent Garden oder Charing Cross. Very British. Hervorragende Küche im edlen Ambiente des traditionsreichen Londoner Restaurants machen ein Dinner zum Erlebnis. Wild ist hier Spezialität.

Simpson's-in-the-Strand, 100 Strand, WC2, Tel. 020/78 36 91 12, www.simpsonsinthestrand.co.uk, U-Bahn Covent Garden oder Charing Cross. Eines der berühmtesten traditionell britischen Restaurants, das jetzt zum Savoy Hotel gehört [s. S. 180].

Modern British and European

Alastair Little, 49 Frith Street, W1, Tel. 020/77 34 51 83, U-Bahn Leicester Square oder Tottenham Court Road. Trendsetter unter den Modern British-Restaurants. Preise sehr gehoben (So geschl.).

BBB – Beach Blanket Babylon, 45 Ledbury Road, W11, Tel. 020/72 29 29 07, www.beachblanket.co.uk, U-Bahn Notting Hill Gate. Die Bar hat eine angenehme Hallenatmosphäre, im burgartigen Restaurant speist man Hummer oder Chateaubriand.

Belgo Centraal, 50 Earlham Street, WC2, Tel. 020/78 13 22 33, www.belgo-restaurants.co.uk, U-Bahn Covent Garden. In einem Kellergewölbe servieren Kellner in Mönchskutten Speisen und Getränke aus Belgien.

Bibendum, Michelin House, 81 Fulham Road, SW3, Tel. 020/75 81 58 17, www.bibendum.co.uk, U-Bahn South Kensington. Restaurant der gehobenen Preisklasse im beeindruckenden Michelin-House. Seafood vom Feinsten und andere kulinarische Köstlichkeiten in edel-schlichtem Conran-Ambiente. Unbedingt vorbestellen.

Bluebird, 350 King's Road, SW3, Tel. 020/75 59 10 00, www.bluebird-restaurant.com, U-Bahn Sloane Square. Für dieses Restaurant hat Terence Conran eine Autowerkstatt aus den 1920er-Jahren edel durchgestylt. Schlemmen und Shopping unter einem Dach: *Gastrodome* mit Café, Feinkost-Supermarkt und *Chef Shop* für Küchenutensilien.

Blue Print Café, Design Museum, Butlers Wharf, Shad Thames, SE1, Tel. 020/73 78 70 31, www.blueprintcafe.co.uk, U-Bahn London Bridge. Dieses Conran-Restaurant bietet moderne europäische Küche und ein schönes Themse-Panorama von der Dachterrasse (So geschl.).

Books for Cooks, 4 Blenheim Crescent, W11, Tel. 020/72 21 19 92, www.booksforcooks.com, U-Bahn Notting Hill Gate oder Ladbroke Grove. Ein Kochbuchladen, in dem die Betreiberinnen ihre Lieblingsrezepte gleich zum Verkosten anbieten. Unbedingt reservieren (Di–Sa 10–18 Uhr, s. S. 111).

Ein schnelles Pint geht immer: Mittagspause vor dem Pub Marquis of Granby

Butler's Wharf Chop House, Butler's Wharf Building, 36E Shad Thames, SE1, Tel. 020/74 03 34 03, www.chophouse.co.uk, U-Bahn Tower Hill oder London Bridge. Conran gestaltete hier mit Glas, Chrom und Holz das Interieur. Köstliche Gerichte, nicht billig (So abends geschl.).

Clarke's, 124 Kensington Church Street, W8, Tel. 020/72 21 92 25, www.sallyclarke.com, U-Bahn Notting Hill Gate. Das Menü sehr kalorienbewusst, die meisten Zutaten sind hausgemacht, z. B. das (unübertroffene) Brot (So abends geschl.).

Establishment, 35–37 Battersea Rise, SW 11, Tel. 020/72 28 94 00, www.theestablishment.com, U-Bahn Clapham Junction. Retro-schickes Ambiente, berühmt für die ausgezeichneten Steaks vom Angus-Rind (Mo–Fr erst ab 17 Uhr).

TOP TIPP **Floridita**, 100 Wardour Street, W1, Tel. 020/73 14 40 00, www.floridita.co.uk, U-Bahn Tottenham Court Road. Gaumenkitzel im Esstempel mit über 700 Plätzen. Moderne lateinamerikanische Küche in cool gestyltem Ambiente, dazu gepflegte Livemusik. An der Bar, die Cocktails nach Rezepten der 1930er-Jahre serviert, spürt man einen Hauch von Kuba (Mo geschl.).

Kensington Place, 201–209 Kensington Church Street, W8, Tel. 020/77 27 31 84, www.kensingtonplace-restaurant.co.uk, U-Bahn Notting Hill Gate. Gutes Essen und sehr lebendige Atmosphäre.

Langan's Brasserie, Stratton Street, W1, Tel. 020/74 91 88 22, www.langansrestaurants.co.uk, U-Bahn Green Park. Der Schauspieler Michael Caine ist Mitbegründer dieses auch von anderen Stars frequentierten Restaurants (So geschl.).

L'Escargot, 48 Greek Street, W1, Tel. 020/74 37 68 28, www.lescargotrestaurant.co.uk, U-Bahn Leicester Square oder Tottenham Court Road. Im Lokal im Obergeschoss lässt sich exquisit speisen. Zum Drink trifft man sich in der nobel eingericheten Brasserie im Erdgeschoss (So geschl.).

Le Pont de la Tour, Butler's Wharf Building, 36D Shad Thames, SE1, Tel. 020/74 03 84 03, www.lepontdelatour.co.uk, U-Bahn Tower Hill oder London Bridge. Französisch inspiriertes, hochpreisiges Conran-Restaurant mit exquisiten Weinen.

TOP TIPP **Oxo Tower, Restaurant, Bar, Brasserie**, Oxo Tower Wharf, Barge House Street, SE1, Tel. 020/78 03 38 88, www.harveynichols.com, U-Bahn Waterloo. Von der Terrasse im Obergeschoss hat man einen grandiosen Blick auf die Stadt.

Quaglino's, 16 Bury Street, SW1, Tel. 020/79 30 67 67, www.quaglinos.co.uk, U-Bahn Green Park oder Piccadilly Circus. In diesem populären Conran-Lokal sollte man Fisch oder Seafood probieren.

Sea Shell, 49–51 Lisson Grove, NW1, Tel. 020/72 24 90 00, www.seashellrestaurant.co.uk, U-Bahn Marylebone. Exzellentes Fischrestaurant (So abends geschl.).

The Belvedere, im Holland Park, zu erreichen von der Abbotsbury Road, W8, Tel. 020/76 02 12 38, www.belvedererestaurant.co.uk, U-Bahn High Street Kensington oder Holland Park. Im ehemaligen Sommer-Ballsaal des Holland House (So abends geschl.).

TOP TIPP **Tom's Kitchen**, 27 Cale Street, SW 3, Tel. 020/73 49 02 02, www.tomskitchen.co.uk. Teils französisch inspirierte Küche in bodenständiger Atmosphäre. Das Full English Breakfast reicht für den ganzen Tag. Betreiber Tom Aikens zählt zu den bekannten Fernsehköchen Englands.

Amerikanisch

Christopher's, 18 Wellington Street, WC2, Tel. 020/72 40 42 22, www.christophersgrill.com, U-Bahn Covent Garden. In-Restaurant im Designer-Stil, sehr gute, einfache Fleisch-, Geflügel- und Fischgerichte.

Das Dasein als Design

Terence Conran ist einer der erfolgreichsten Desginer Englands. Wenngleich Kritiker über die Kühle des Conran-Designs spötteln – zugegebenermaßen fühlt man sich bei mancher Inneneinrichtung eher an eine Edelkantine erinnert –, Ästhetik und Perfektion seiner Kreationen sind bewundernswert. Wer anders als Conran verwandelt selbst ein Regal voller Konfitüren in ein Kunstwerk?

In seinen zwei Londoner **Conran Shops** (81 Fulham Rd./Chelsea und 55 Marylebone High St./nahe Regent's Park) kann man sich mit seinen Kreationen eindecken – fürs Fluggepäck dürften zumindest seine Möbel allerdings zu groß sein. Seine Mitwirkung bei der Gestaltung der **Docklands** verhalf ihm zum Adelstitel.

Auch dem leiblichen Wohl seiner Landsleute hat er sich angenommen. Die von ihm mitgegründete Restaurantkette D&D betreibt in London, Paris, Kopenhagen, New York und Tokio Restaurants, alle unterschiedlich in Stil und Küche. Eines der ersten war das **Floridita**, ein großer, vielseitiger Restauranttempel mit Verwöhnanspruch.

Berühmt ist das im Michelin-Building, einem Wunderwerk des Jugendstil, untergebrachte **Bibendum**, Themse-Panorama bieten das **Butler's Wharf Chop House** und das **Le Pont de la Tour** an der Butler's Wharf. Auch die King's Road hat ihren Conran-Komplex: **Bluebird** heißt die attraktive Kombination aus Restaurant, Café, Bar, Weinhandlung und Gemüsemarkt.

Ed's Easy Dinner, 12 Moor Street, W1, Tel. 020/74 34 44 39, www.edseasydiner.co.uk, U-Bahn Leicester Square. Die Kellner mit Entertainer-Talent machen diesen besseren Imbiss zu einem Vergnügen.

Hard Rock Café, 150 Old Park Lane, W1, Tel. 020/75 14 17 00, www.hardrock.com, U-Bahn Hyde Park Corner. Beliebt bei Touristen aus aller Welt.

Planet Hollywood, 57–60 Haymarket, SW1, Tel. 020/72 87 10 00, www.planet hollywoodlondon.com, U-Bahn Piccadilly Circus. Hier genießt man saftige Burger und riesige Salate.

Chinesisch

Chuen Cheng Ku, 17 Wardour Street, W1, Tel. 020/74 37 13 98, www.chuencheng ku.co.uk, U-Bahn Leicester Square. Unschlagbar, vor allem was *Dim Sum*, die kleinen chinesischen Leckereien, betrifft.

Ken Lo's Memories of China, 65–69 Ebury Street, SW1, Tel. 020/77 30 77 34, www.atozrestaurants.com/kenlos memoriesofchina, U-Bahn Victoria. Authentische chinesische Küche in elegantem Ambiente.

New Mayflower, 68–70 Shaftesbury Avenue, W1, Tel. 020/77 34 92 07, U-Bahn Piccadilly Circus. Publikumsliebling unter den Lokalen in Chinatown.

Indisch

Café Spice Namaste, 16 Prescot Street, E1, Tel. 020/74 88 92 42, www.cafespice.co.uk, U-Bahn Tower Hill oder Tower Gateway. Schönes Ambiente in viktorianischem Gebäude. Gut sind die hausgemachten Chutneys (So geschl.).

Red Fort, 77 Dean Street, W1, Tel. 020/74 37 25 25, www.redfort.co.uk, U-Bahn Leicester Square oder Piccadilly Circus. Überdurchschnittlich gutes Lokal (Sa und So mittags geschl.).

Star of India, 154 Old Brompton Road, SW5, Tel. 020/73 73 29 01, U-Bahn Gloucester Road. Exquisite und nicht ganz billige indische Küche. Das Interieur mit leichtem Anklang an die Sixtinische Kapelle.

Italienisch

La Famiglia, 5–7 Langon Street, SW10, Tel. 020/73 51 07 61, www.lafamiglia.co.uk, U-Bahn Sloane Square, dann Bus 11, 22, 211. Sehr gutes toskanisches Essen, ein lebhaftes Publikum.

The River Café, Thames Wharf, Rainville Road, W6, Tel. 020/73 86 42 00, www.rivercafe.co.uk, U-Bahn Hammersmith, dann Bus 211. Eines der gefragtesten Restaurants in London mit stilvoller Dekoration (So abends geschl.).

Zilli Bar, 41 Dean Street, W1, Tel. 020/77 34 18 53, www.zillirestaurants.co.uk, U-Bahn Tottenham Court Road. Reiche Vorspeisenauswahl, hausgemachte Pasta, Fleischgerichte (So geschl.).

Japanisch

Moshi Moshi Sushi, Unit 24, Liverpool Street Station, EC4, Tel. 020/72 47 32 27, www.moshimoshi.co.uk, U-Bahn Liverpool Street. Innovative Sushi Bar mit schickem Design.

Wagamama, 101a Wigmore Street, W1, Tel. 020/74 09 01 11, www.wagamama.com, U-Bahn Oxford Circus. Japanisch inspirierte Nudelgerichte, für die sich das Schlangestehen lohnt.

Thailändisch

Blue Elephant, 4–6 Fulham Broadway, SW6, Tel. 020/73 85 65 95, www.blueelephant.com, U-Bahn Fulham Broadway. Teures, sehr gutes Essen in eindrucksvollem Ambiente.

The Churchill Arms, 119 Kensington Church Street, W8, Tel. 020/77 92 12 46, www.fullers.co.uk, U-Bahn Notting Hill Gate oder High Street Kensington. Mal etwas ganz anderes: ein englisches Pub mit guter thailändischer Küche.

Diverses

Cotton's Rhum Shop, Bar & Restaurant, 55 Chalk Farm Road, NW1, Tel. 020/74 85 83 88, U-Bahn Chalk Farm. Hier genießt man Spezialitäten aus der Karibik bei Reggae Music.

Rainforest Café, Trocadero Centre, 20 Shaftesbury Avenue, W1, Tel. 020/74 34 31 11, www.therainforestcafe.co.uk, U-Bahn Piccadilly Circus. Speisen in Regenwald-Kulisse mit exotischem Ambiente und köstlichen Cocktails.

Feiertage

1. Januar (New Year's Day), Karfreitag (Good Friday), Ostermontag (Easter Monday), May Day Bank Holiday (erster Mo im Mai), Spring Bank Holiday (letzter Mo im Mai), Summer Bank Holiday (letzter Mo im Aug.), 25. Dezember (Christmas Day), 26. Dezember (Boxing Day)

Festivals und Events

Januar/Februar

Chinese New Year Festival: Am 1. So nach dem chinesischen Neujahr, ca. Ende Januar/Anfang Februar. Chinatown rund um Gerrard Street, Chinatown Chinese Association, U-Bahn Leicester Square und Piccadilly Circus.

März/April

The Xchanging Boat Race, www.theboatrace.org: Ruderregatta zwischen den Universitäten von Oxford und Cambridge am Samstag vor Ostern oder an Ostern. Auf der Themse zwischen Putney (Start) und Mortlake (Ende).

Mai

Chelsea Flower Show, www.rhs.org.uk/chelsea: Weltberühmte Blumenschau Ende Mai; Royal Hospital, SW3, U-Bahn Sloane Square [s. S. 119].

Juni

Gun Salutes, www.royal.gov.uk: Im Hyde Park am 2. Juni (Krönungstag von Queen Elizabeth II.), 10. Juni (Geburtstag von Prince Philip), ca. 1. Juni-Hälfte (Trooping the Colour, offizielle Geburtstagsparade für die Königin); auch am 6. Februar (Accession Day), 21. April (Geburtstag der Queen) und im Herbst zum State Opening of Parliament.

Investec Derby Day, www.epsomderby.co.uk: Bedeutendes Pferderennen Anfang Juni, Pferderennbahn Epsom, Surrey. Mit dem Zug von Waterloo nach Epsom.

Royal Ascot, www.royalascot.co.uk: Weltberühmtes Pferderennen Mitte Juni, Ascot Racecourse, Ascot, Berkshire, mit dem Zug von Waterloo nach Ascot.

Trooping the Colour, www.royal.gov.uk: Samstag um oder vor dem 16. Juni mit zwei Vorläufen; Parade der königlichen Regimenter zum Geburtstag der Queen; Horse Guards Parade, Whitehall, SW1, U-Bahn Westminster oder Charing Cross. Schriftliche Kartenvorbestellung bis Ende Febr. an: The Brigade Major (Trooping the Colour), HQ Household Division, Horse Guards, Whitehall, London SW1A 2AX.

August

Notting Hill Carnival, www.nottinghillcarnival.org.uk: Letztes Wochenende im August. Berühmter afro-karibischer Karneval mit fantastischen Kostümen und ausgelassener Stimmung. U-Bahn Ladbroke Grove oder Westbourne Park.

Oktober

Costermonger's Pearly Harvest Festival: 1. So im Oktober. Ein Erntedankfest, bei dem man echte Cockneys in ihren selbst gemachten Kostümen bewundern kann. St. Martin-in-the-Fields, Trafalgar Square, WC2, U-Bahn Charing Cross.

Frieze Art Fair, Tel. 087 08 90 05 14, www.friezeartfair.com: Internationale Kunstmesse mit diversen Ausstellungen und Musikveranstaltungen.

November

London–Brighton Veteran Car Run, www.veterancarrun.com: Jeden 1. So im November findet dieses Oldtimer-Rennen statt. Zwischen 8 und 9 Uhr morgens geht es von der Serpentine Road im Hyde Park nach Brighton.

State Opening of Parliament, www.parliament.uk: In der 1. Novemberwoche wird das Parlament von der Queen feierlich eröffnet. Sie fährt in der Kutsche vom Buckingham Palace zum House of Lords.

Guy Fawkes Night, www.bonefire.org/guy: Jährliches Feuerwerk zum Gedenken an den Schurken, der am 5. November 1605 das Parlament in die Luft sprengen wollte.

Lord Mayor's Show, www.lordmayorsshow.org: 2. Sa im November, 11–15 Uhr. Amtseinführung des neuen Lord Mayor, der, von einer Prozession begleitet, in der State Coach durch die City fährt. Zum feierlichen Abschluss wird am Abend ein großes Feuerwerk entzündet.

Klima und Reisezeit

London hat immer Saison. Tatsächlich fällt hier das Thermometer im Winter fast nie unter Null, und Schnee gibt es äußerst selten. Diese relativ angenehmen Temperaturen sind dem Golfstrom im Atlantik zu verdanken, der den Britischen Inseln *ozeanisches Klima* beschert. Die Monate November bis Januar sind jedoch grau und regnerisch. Die schönsten Monate für einen Besuch der Metropole mit ihrem Freizeitpotenzial sind in der Regel Mai, Juni, September und Oktober.

Klimadaten London

Monat	Luft (°C) min./max.	Sonnen-std./Tag	Regen-tage
Januar	2/ 6	2	15
Februar	2/ 7	2	13
März	3/10	4	11
April	6/13	6	12
Mai	8/17	7	12
Juni	12/20	7	11
Juli	14/22	7	12
August	13/21	6	11
September	11/19	5	13
Oktober	8/14	3	13
November	5/10	2	15
Dezember	4/ 8	1	15

Kultur live

Am günstigsten ist es, die Karten direkt an der Theaterkasse zu kaufen oder dort telefonisch vorzubestellen. Dort gibt es auch am Tag der Vorstellung preisgünstige Resttickets. Wer seine Karten bei einer Vorverkaufsstelle erwirbt, zahlt häufig ein Vielfaches des Preises.

Keith Prowse Ticketing, Ticket-Büro Deutschland, Tel. 018 05 57 44 32, www.keithprowse.com

Lashmars Theatre Tickets, First Floor, 1 New Burlington Street, W1, Tel 020/79 07 70 90, www.londontheatre.co.uk, U-Bahn Bond Street

Ticketmaster, www.ticketmaster.co.uk. Online Buchung per Kreditkarte.

tkts, Society of London Theatre, www.tkts.co.uk. Tickethäuschen am Leicester Square, WC2, U-Bahn Piccadilly Circus oder Leicester Square, Mo–Sa 10–19, So 11–16 Uhr. Karten am Tag der Vorführung zum halben Preis.

Oper, Konzert und Tanz

Barbican Centre, Silk Street, EC2, Tel. 020/76 38 41 41, www.barbican.org.uk, U-Bahn Barbican oder Moorgate [Nr. 41]

English National Opera, London Coliseum, St. Martin's Lane, WC2, Tel. 087 19 11 02 00, www.eno.org, U-Bahn Leicester Square oder Charing Cross [Nr. 67]

HMV Forum, 9–17 Highgate Road, NW5, Tel. 084 48 47 24 05, http://venues.meanfiddler.com/the-forum, U-Bahn Kentish Town, N2 Nachtbus. Bekannte Rock- und Indie-Bands geben hier Konzerte.

HMV Hammersmith Apollo, Queen Caroline Street, W6, Tel. 084 48 44 47 48, http://venues.meanfiddler.com/apollo, U-Bahn Hammersmith. In dem umgebauten Kino aus den 1930er-Jahren treten Pop-Größen auf.

Kenwood Lakeside Concerts, Kenwood House, Hampstead Lane, NW3, Tel. 020/83 48 12 86, www.picnicconcerts.com, U-Bahn Archway Highgate oder Hampstead [s. S. 150]

Laban Dance Centre, Creekside, SE8, Tel. 020/84 69 95 00 (Tickets), www.laban.org, Zug New Cross Gate. Zeitgenössischer Tanz [s. S. 143].

Royal Albert Hall, Kensington Gore, SW7, Tel. 084 54 01 50 45, www.royalalberthall.com, U-Bahn South Kensington oder High Street Kensington [Nr. 95]

Royal Festival Hall, im Southbank Centre, South Bank, SE1, Tel. 084 48 75 00 73, www.rfh.org.uk, U-Bahn Embankment oder Waterloo [s. S. 129]

Royal Opera House, Bow Street, Covent Garden, WC2, Tel. 020/73 04 40 00, www.roh.org.uk, U-Bahn Leicester Square und Covent Garden [Nr. 64]

Sadler's Wells Theatre, Peacock Theatre, Portugal Street, Abzweigung von Kingsway, WC2, Tel. 084 44 12 43 00, www.sadlers-wells.com, U-Bahn Holborn oder Temple. Modernes Tanztheater und moderne Opern, qualitätvolle Produkionen.

Shepherd's Bush Empire, Shepherd's Bush Green, W12, Tel. 020/83 54 33 00, www.o2shepherdsbushempire.co.uk, U-Bahn Shepherd's Bush. Ehemaliges BBC Television Theatre.

Sound and Music, Somerset House, Strand, WC2, Tel. 020/77 59 18 00, www.soundandmusic.org, U-Bahn Temple. Neue spatenübergreifende Musik.

The O2, Greenwich, SE10, Tel. 084 48 56 02 02, www.theo2.co.uk, U-Bahn North Greenwich oder Schiff bis Milleniums Pier. Rock- und Pop-Konzerte internationaler Größen [Nr. 132].

Wembley Arena, Empire Way, Wembley, HA8, Tel. 020/87 82 55 00, www.wembleyarena.co.uk U-Bahn Wembley Park oder Wembley Central. Konzerte.

Wigmore Hall, 36 Wigmore Street, W1, Tel. 020/79 35 21 41, www.wigmore-hall.org.uk, U-Bahn Bond Street

Theater und Musical

Adelphi, Strand, WC2, Tel. 087 08 95 55 98, www.adelphitheatre.co.uk, U-Bahn Charing Cross. Musical.

Aldwych, The Aldwych, WC2, Tel. 020/73 79 33 67, www.aldwych-theatre.co.uk, U-Bahn Covent Garden. Gutes Theater im West End.

Apollo Victoria, 17 Wilton Road, SW1, Tel. 020/78 34 63 18, www.apollovictoria.co.uk, U-Bahn Victoria. Musical.

Criterion, Piccadilly Circus, W1, Karten-Tel. 084 48 47 17 78, www.criterion-theatre.co.uk, U-Bahn Piccadilly Circus. Theater.

Fortune, Russell Street, WC2, Tel. 087 00 60 66 26, www.fortune-theatre.co.uk, U-Bahn Covent Garden oder Leicester Square

Garrick, Charing Cross Road, WC2, Tel. 087 08 90 11 04, www.garrick-theatre.co.uk, U-Bahn Leicester Square. Erfolgreiche Stücke aus den Fringe Shows.

Her Majesty's, Haymarket, SW1, Tel. 020/74 94 54 00, www.hermajestys.co.uk, U-Bahn Piccadilly Circus. Musical.

Holland Park Theatre, Holland Park, High Street Kensington, W8, Tel. 084 52 30 97 69, www.operahollandpark.com, U-Bahn High Street Kensington. Im wunderschönen Park finden Juni–Aug. Theater, Oper, Tanztheater statt.

London Palladium, Argyll Street, W1, Tel. 020/74 94 50 20, www.london-palladium.co.uk, U-Bahn Oxford Circus. Musicals z. T. auch für Kinder.

Lyric, Shaftesbury Avenue, W1, Tel. 087 00 40 00 81, www.nimaxtheatres.com, U-Bahn Piccadilly Circus. Theater und Musical.

TOP TIPP **National Theatre**, im Southbank Centre, South Bank, SE1, Tel. 020/74 52 30 00, www.nationaltheatre.org.uk, U-Bahn Embankment oder Waterloo [s. S. 129]

New London, Drury Lane, WC2, Tel. 020/72 42 98 02, www.newlondontheatre.co.uk, U-Bahn Holborn oder Covent Garden. Musicals.

Noël Coward Theatre, St. Martin's Lane, WC2, Tel. 084 44 82 51 41, www.delfontmackintosh.co.uk, U-Bahn Leicester Square. Theater.

Novello Theatre, Aldwych, WC2, Tel. 08 44 48 25 170, www.delfontmackintosh.co.uk, U-Bahn Covent Garden. Musical.

Old Vic, Waterloo Road, SE1, Tel. 084 48 71 76 28, www.oldvictheatre.com, U-Bahn Waterloo. Theater.

Open Air, New Shakespeare Co., Regent's Park, NW1, Tel. 084 48 26 42 42, www.openairtheatre.org, U-Bahn Baker Street. Theater im Park, Mai–Sept.

Palace, Shaftesbury Avenue, W1, Tel. 087 08 95 55 79, www.palace-theatre.co.uk, U-Bahn Leicester Square. Musical.

Phoenix, Charing Cross Road, WC2, Tel. 087 00 60 66 29, www.phoenix-theatre.co.uk, U-Bahn Tottenham Court Road. Gutes Theater und Musical.

Piccadilly, Denman Street, W1, Tel. 087 00 60 66 30, www.piccadillytheatre.co.uk, U-Bahn Piccadilly. Musical und Revuetheater.

The Playhouse, Northumberland Avenue, WC2, Tel. 087 00 60 66 31, www.ambassadortickets.com. U-Bahn Embankment.

Harry Potter trifft den Hippogreifen Seidenschnabel im Verbotenen Wald

Harry Potter und andere Hits für Kids

Für viele Kinder stehen Touristenattraktionen wie die **Wachablösung** oder ein Besuch im **Tower of London** ganz oben auf der Hitliste. Und wer wirklich hoch hinaus will bucht einen Flug im Riesenrad **London Eye** oder erklimmt die Kuppel von **St. Paul's Cathedral** (vor allem die Flüstergalerie ist ein Spaß für Kinder). Auch eine **Bootsfahrt** auf der Themse kommt gut an. Wer Richtung Osten bis Greenwich fährt, kann das maritime London erkunden und auf der **Cutty Sark** herumklettern, einem uralten Teeklipper. Westwärts geht's bis **Hampton Court** und dort ins *Maze*, den berühmten Irrgarten im Schlosspark. Boot fahren kann man übrigens auch auf dem **Regent's Canal** oder auf der Serpentine im **Hyde Park** (nur Ruderboot).

Für Tierfreunde gibt es den **London Zoo** oder das **London Aquarium** – beide sind riesig. Junge Detektive begeistert das **Sherlock Holmes Museum**. Wer sich dagegen für andere Berühmtheiten interessiert, ist bei **Madame Tussaud's** richtig. Die großen wissenschaftlichen Kollektionen wie **Science Museum** und **Natural History Museum** bieten ihren jüngeren Besuchern eine Vielzahl von Erlebnissen und interaktiven Exponaten.

Doch keine der vorgenannten Attraktionen entfaltet eine solche Anziehungskraft auf Kinder und Jugendliche wie die **Warner Bros. Studio Tour London – The Making of Harry Potter** (nur auf Reservierung über www.wbstudiotour.co.uk). Im Rahmen von Führungen können die Filmstudios, in denen zwischen 2000 und 2010 die acht Filme der Serie abgedreht wurden, besichtigt werden. Dabei geht es ans Set der Großen Halle, in Dumbledores Büro und zu Hagrids Hütte. Auch die Technik hinter all den Spezialeffekten der Filme wird gezeigt. Einziger Wermutstropfen: Die Studios befinden sich weit außerhalb der Innenstadt, in Watford (Zug ab Euston Station, dann weiter mit dem Shuttle Bus), und der Eintrittspreis ist verhext hoch.

Prince Edward, Old Compton Street, W1, Tel. 08 44 48 25 151, www.delfontmackintosh.co.uk, U-Bahn Leicester Square. Musical.

Prince of Wales, Coventry Street, W1, Tel. 08 44 48 25 115, www.delfontmackintosh.co.uk, U-Bahn Leicester Square

Royal Shakespeare Company, Tel. 08 44 80 01 110, www.rsc.org.uk. Diese Theatergruppe spielt an wechselnden Spielstätten in London.

Shaftesbury, Shaftesbury Avenue, WC1, Tel. 020/73 79 53 99, www.shaftesbury-theatre.co.uk, U-Bahn Piccadilly Circus. Musical.

TOP TIPP **Shakespeare's Globe Theatre**, New Globe Walk, Bankside, SE1, Tel. 020/79 02 14 00, www.shakespeares-globe.org, U-Bahn London Bridge [Nr. 117]

TOP TIPP **St. Martin's Theatre**, West Street, WC2, Tel. 08 44 49 91 515, www.the-mousetrap.co.uk, U-Bahn Leicester Square. Hier gibt man nun schon seit über 50 Jahren ›The Mousetrap‹ von Agatha Christie. Spannung und Unterhaltung pur von der bewährten Krimi-Schriftstellerin.

Theatre Royal Drury Lane, Catherine Street, WC2, Tel. Tel. 08 44 41 24 660, www.rutheatres.com, U-Bahn Covent Garden. Musicals [Nr. 65]

Theatre Royal Haymarket, Haymarket, SW1, Tel. 020/79 30 88 90, www.trh.co.uk, U-Bahn Piccadilly Circus. Theater.

Vaudeville, 404 Strand, WC2, Tel. 087 08 90 05 11, www.vaudeville-theatre.co.uk, U-Bahn Charing Cross. Komödie.

Victoria Palace, 8 Victoria Street, SW1, Tel. 08 44 24 85 000, www.victoriapalace

theatre.co.uk, U-Bahn Victoria. Theater, Musical.

Wyndham's, Charing Cross Road, WC2, Tel. 08 44 48 25 120, www.delfontmackintosh.co.uk, U-Bahn Leicester Square. Theater.

Fringe Theatre

Diese Theater spielen kleinere Produktionen von privaten Theatergruppen.

Almeida, Almeida Street, N1, Tel. 020/73 59 44 04, www.almeida.co.uk, U-Bahn Angel, Highbury und Islington. Sehr gutes Theater.

TOP TIPP **The Bush**, 7 Uxbridge Road, W12, Tel. 020/87 43 50 50, www.bushtheatre.co.uk, U-Bahn Goldhawk Road und Shepherd's Bush. Gerühmt für die Entdeckung von Autoren, exzellente Schauspielkunst.

Gate, The Prince Albert Pub, 1. Stock, 11 Pembridge Road, W11, Tel. 020/72 29 07 06, www.gatetheatre.co.uk, U-Bahn Notting Hill Gate. Gespielt werden vornehmlich Stücke von europäischen Autoren.

King's Head, 115 Upper Street, N1, Tel. 020/72 26 85 61, www.kingsheadtheatre.org U-Bahn Angel, Highbury oder Islington. Das älteste Pub-Theater in London.

Tricycle, 269 Kilburn High Road, NW6, Tel. 020/73 28 10 00, www.tricycle.co.uk, U-Bahn Kilburn

Young Vic, 66 The Cut, SE1, Tel. 020/79 22 29 22, www.youngvic.org, U-Bahn Waterloo

Kino

BFI London IMAX Cinema, 1 Charlie Chaplin Walk, SE1, Tel. 020/71 99 60 00, www.bfi.org.uk/imax, U-Bahn Embankment oder Waterloo. Die größte Kinoleinwand Großbritanniens und 480 Plätze.

BFI Southbank, Belvedere Road, SE1, Tel. 020/79 28 32 32, www.bfi.org.uk, U-Bahn Waterloo. Die Kinos im ehem. National Film Theatre betreibt das legendäre British Film Intitute [s. S. 129].

Curzon Mayfair, 38 Curzon Street, W1, Tel. 087 17 03 39 89, www.curzoncinemas.com, U-Bahn Hyde Park Corner oder Green Park. Wohl das schönste und dazu noch ein bequemes Londoner Kino.

ICA Cinema, Nash House, The Mall, SW1, Tel. 020/79 30 36 47, www.ica.org.uk, U-Bahn Charing Cross oder Piccadilly Circus. Oft Retrospektiven und Filme von weniger bekannten Regisseuren.

Coronet, Notting Hill Gate, W11, Tel. 020/77 92 55 71, www.coronet.org, U-Bahn Notting Hill Gate. Altes Kino, bequem und billiger als die Nachbarkinos.

Prince Charles, Leicester Place, WC2, Tel. 020/74 94 36 54, www.princecharlescinema.com, U-Bahn Piccadilly und Leicester Square. Der Clou sind die Pärchen-Sitze.

Nachtleben

Pubs & Bars

The Anchor Bankside, 34 Park Street, SE1, Tel. 020/74 07 15 77, U-Bahn London Bridge. Bereits 1509 erhielt dieses Pub eine Lizenz. Biergarten, typisches Pub-Essen. Anziehungspunkt für Touristen.

TOP TIPP **The Argyll Arms**, 18 Argyll Street, W1, Tel. 020/77 34 61 17, www.nicholsonspubs.co.uk, U-Bahn Oxford Circus. Die Bar gilt als eine der schönsten Londons, sie liegt direkt am Oxford Circus.

Bar Soho, 23–25 Old Compton Street, W1, Tel. 020/74 39 04 39, www.barsoho.co.uk, U-Bahn Leicester Square oder Tottenham Court Road. Früher Tummelplatz für die Medienwelt.

Detroit, 35 Earlham Street, WC2, Tel. 020/72 40 26 62, www.detroit-bar.com, U-Bahn Covent Garden. Riesige Auswahl an Drinks.

The Fifth Floor, in Harvey Nichols, SW1, Tel. 020/72 35 52 50, www.harveynichols.com, U-Bahn Knightsbridge. Man sitzt unter dem Glasdach oder auf der Terrasse. Abends per Außenlift (Knightsbridge) zu erreichen.

TOP TIPP **The George Inn**, 77 Borough High Street, SE1, Tel. 020/74 07 20 56, www.nationaltrust.org.uk, U-Bahn London Bridge. Schon Shakespeare und Dickens sollen in dieser Fuhrmannswirtschaft von 1598 eingekehrt sein.

The Grenadier, 18 Wilton Row, Belgrave Square, SW1, Tel. 020/72 35 30 74, www.taylor-walker.co.uk, U-Bahn Hyde Park. Mitten im noblen Belgravia.

Henry J Bean's, 195–197 King's Road, SW3, Tel. 020/73 52 92 55, www.henryjbeans.co.uk, U-Bahn Sloane Square. Am Freitag- und Samstagabend ist hier viel los. Mit Terrasse.

Julie's Bar, 137 Portland Road, W11, Tel. 020/72 29 83 31, www.juliesrestaurant.

com, U-Bahn Notting Hill Gate. Hier mischt sich das gesetztere Publikum von Holland Park mit der fetzigeren Klientel aus Ladbroke Grove.

TOP TIPP **The Prospect of Whitby**, 57 Wapping Wall, E1, Tel. 020/74 81 10 95, U-Bahn Wapping. Direkt am Themseufer mit schönem Ausblick. Einer der ältesten Pubs Londons [s. S. 52].

The Punch Tavern, 99 Fleet Street, EC4, Tel. 020/73 53 66 58, www.punchtavern.com, U-Bahn Blackfriars. Gemütliches Pub in einem viktorianischen Stadthaus. Gute britische Küche (Sa abends und So geschl.)

Vat's, 51 Lamb Conduit Street, WC1, Tel. 020/72 42 89 63, www.vatswinebar.com, U-Bahn Russell Square oder Holborn. In schöner Gasse gelegen, gutes Essen und immer voll.

TOP TIPP **Ye Olde Cheshire Cheese**, 145 Fleet Street, EC4, Tel. 020/73 53 61 70, U-Bahn Blackfriars. Eines der traditionsreichsten Londoner Pubs mit viel Atmosphäre [s. S. 70].

Livemusik

100 Club, 100 Oxford Street, W1, Tel. 020/76 36 09 33, www.the100club.co.uk. Rock, Jazz, Independent. Hier traten schon Metallica und Travis auf.

Jazz Café, 5 Parkway, NW1, Tel. 020/74 85 68 34, www.jazzcafelive.com, U-Bahn Camden Town. Mit die beste Musik der Stadt. Hier treten vor allem junge Künstler auf. Von Afro-Latin über Jazz bis Soul und Rap.

Koko, 1a Camden High Street, NW1, www.koko.uk.com. Eine der angesagtesten Adressen für Popkonzerte im hippen Ausgehviertel Camden Town.

Ronnie Scott's, 47 Frith Street, W1, Tel. 020/74 39 07 47, www.ronniescotts.co.uk, U-Bahn Leicester Square oder Piccadilly Circus. Dieser Soho-Jazz-Klub zieht Stars aus aller Welt an. Frühzeitige Tischreservierung empfiehlt sich!

Underworld, 174 Camden High Street, NW1, Tel. 020/74 82 19 32, www.theunderworldcamden.co.uk, U-Bahn Camden Town. Viele gute Bands spielen in diesem kleinen Klub.

Diskotheken und Nachtklubs

Da die Londoner Diskotheken und Klubs meist täglich wechselnde Parties mit Musik von Dancefloor über Hip Hop und R & B bis Reggae anbieten, empfiehlt es sich, vorher online oder telefonisch das Programm herauszufinden oder das Magazin ›Time Out‹ (www.timeout.com/london) zu studieren. Um das Schlangestehen oder die Türsteher kommt man nicht herum, wer früh da ist, hat aber gute Chancen auf Einlass.

TOP TIPP **Bar Rumba**, 36 Shaftesbury Avenue, W1, Tel. 020/72 87 69 33, www.barrumbadisco.co.uk, U-Bahn Piccadilly Circus. Einer der Top-Klubs mit großer Bar und vielen unterschiedlichen Events.

TOP TIPP **Cargo**, 83 Rivington Street, Shoreditch, EC2, Tel. 020/77 39 34 40, www.cargo-london.com, U-Bahn Old Street. Einer der besten Klubs der Szene mit hervorragenden DJs und Livemusik. Mit Restaurant.

TOP TIPP **Fabric**, 77 a Charterhouse Street, EC1, Tel. 020/73 36 88 98, www.fabriclondon.com, U-Bahn Farringdon. Musik von Breakbeat über House zu Techno und heiße Tanzerlebnisse.

Ministry of Sound, 103 Gaunt Street, SE1, Tel. 087 00 60 00 10, www.ministryofsound.com, U-Bahn Elephant & Castle. Berühmtester Tanz-Tempel Londons mit den bekanntesten DJs. Die Party tobt auf mehreren Tanzflächen bis zum Morgen.

Proud, The Horse Hospital, Stables Market, Chalk Farm Road, NW1, Tel. 020/74 82 38 67, www.proudcamden.com, U-Bahn Camden Town. Der Klub mit Galerie und Konzertbühne zieht die jungen Hippen magisch an.

TOP TIPP **Salsa!**, 96 Charing Cross Road, WC2, Tel. 020/73 79 32 77, www.barsalsa.eu, U-Bahn Leicester Square. Für Fans lateinamerikanischer Musik. Mit Restaurant.

Sport

Aktuelle Auskünfte über Sportmöglichkeiten in London gibt z. B. ›Time Out‹ (www.timeout.com/london).

Cricket

Cricket ist die große, auf dem europäischen Festland aber völlig unverstandene Liebe der Briten. Einem Match beizuwohnen ist gerade deshalb ein besonderes Vergnügen. Tickets sind über die entsprechenden Homepages erhältlich:

Lord's Cricket Ground, St. John's Wood Road, NW8, Tel. 020/76 16 85 00, www.lords.org, U-Bahn St. John's Wood.

Surrey Cricket Club, Kia Oval, SE11, Tel. 087 12 46 11 00, www.surreycricket.com, U-Bahn Oval

Fußball

Mehrere Londoner Fußballmannschaften spielen in der englischen Premier League, andere in der League One, wie die zweite Liga heißt. Tickets für Erstligaspiele sind sehr teuer, besonders die Derbys sind schnell ausverkauft. Karten für **Fulham**, **West Ham United** und **Tottenham Hotspurs** sind bei Ticketmaster (www.ticketmaster.co.uk) erhältlich. **Arsenal FC** (www.arsenal.com) und **Chelsea FC** (www.chelseafc.com) verteiben ihre Eintrittskarten über die jeweiligen Homepages.

Pferderennen

Pferderennen finden meist mittwochs und samstags statt. Informationen erhält man in den zahlreichen Wettbüros.

Ascot Racecourse, Ascot, Berkshire, Tel. 087 07 27 12 34, www.ascot.co.uk

Epsom Downs Racecourse, Epsom, Surrey, Tel. 01372 72 63 11, www.epsomderby.co.uk

The Racecourse Windsor, Windsor, Berkshire, Tel. 01753 49 84 00, www.windsor-racecourse.co.uk. Auch Polo.

Sandown Park Racecourse, Esher, Surrey, Tel. 01372 46 43 48, www.sandown.co.uk

Rugby

Rugby ist eine urenglische Sportart, bei der 30 Männer – 15 auf jeder Seite – einem eiförmigem Ball nachjagen. Dabei dürfen sie ihre Gegner auch recht gewaltsam aus dem Weg räumen. Der Begriff Kampfsportart scheint zumindest aus kontinentaleuropäischer Sicht durchaus angemessen. Twickenham Stadium ist die größte Spielstätte der englischen Rugby Football Union. Tickets sind über ihre Homepage erhältlich.

Twickenham Stadium, 200 Whitton Rd, Twickenham, Middlesex, Richmond, Greater London, TW2, Tel. 0871 222 2120, www.rfu.com

Tennis

Bei den **Wimbledon Lawn Tennis Championships** (All England Lawn Tennis & Croquet Club, Church Road, Wimbledon, SW 19, U-Bahn Southfields oder Wimbledon. Tel. 020/89 44 10 66, www.wimbledon.org) spielen die besten Tennisspieler der Welt in der letzten Juni- und ersten Juli-Woche um die begehrteste Trophäe ihres Sports. Wer den heiligen Rasen bewundern will, hat dazu bei Führungen das ganze Jahr über Gelegenheit. Ein Museum erinnert an die großen Momente der Tennisgeschichte. Aus deutscher Sicht natürlich besonders interessant: die unvergessenen Erfolge von Boris Becker und Steffi Graf.

Ein Verzeichnis Londoner Tennisplätze gibt es bei: www.londontennis.co.uk. Die wenigen öffentliche Plätze sind allerdings schnell ausgebucht.

Battersea Park, Queenstown Road, SW11, Tel. 020/88 71 75 42, www.batterseapark.org

Hyde Park, South Carriage Drive, W2, Tel. 020/72 62 34 74, www.tennisintheparks.co.uk

Regent's Park, Outer Circle, NW1, Tel. 020/74 86 42 16, www.tennisintheparks.co.uk

Wassersport

Docklands Sailing & Watersport Centre, 235 a Westferry Road, E14, Tel. 020/75 37 26 26, www.dswc.org. Segeln, Surfen, Kajaking und mehr.

Lee Valley Watersports Centre, Banbury Reservoir, Harbet Road, E4, Tel. 084 56 77 06 00, www.leevalleypark.org.uk, U-Bahn Walthamstow Central. Windsurfen, Segeln und Wasserski.

Stadtbesichtigung

Tipp: Die Buslinien No. 3, 6, 10, 15 und 23 haben schöne Fahrstrecken.

Stadtrundfahrten

The Big Bus Company, Tel. 020/72 33 95 33, www.bigbustours.com. Von Marble Arch, Speakers' Corner (U-Bahn Marble Arch) oder Green Park am Hotel Ritz (U-Bahn Green Park) oder Victoria, Buckingham Palace Road beim Thistle Victoria Hotel (U-Bahn Victoria) aus startet eine 90-minütige Stadtrundfahrt. Im Verlauf der Tour im offenen Doppeldecker kann man nach Belieben aussteigen und auf den nächsten Bus warten (Hop on and Hop off Service).

British Tours, Linen Hall, 162–168 Regent Street, W1, Tel. 020/70 38 06 88, www.britishtours.com, U-Bahn Oxford Circus oder Piccadilly Circus. Umfangreiches Angebot in und außerhalb Londons.

Can-be-done, 11 Woodcock Hill, Harrow, Tel. 020/89 07 24 00, www.canbedone.co.uk. Individuell zugeschnitten, besonders für Behinderte.

London By Night Tours, Tel. 020/85 45 61 09, www.london-by-night.net. Ab Victoria Rail Station beginnt eine Rundfahrt, bei der man die Hauptsehenswürdigkeiten Londons bei Nacht bestaunen kann (mindestens 48 Std. im Voraus buchen!).

Original London Sightseeing Tour, Tel. 020/88 77 17 22, www.theoriginaltour.com. Standorte: Victoria Street, Marble Arch (Speakers' Corner), Baker Street (U-Bahn), Trafalgar Square (Nordseite) etc.

Stadtrundgänge

London lässt sich wunderbar zu Fuß erkunden; Rundgänge mit Fremdenführern haben unterschiedliche Themen, z.B. das Anwaltsviertel, Geister, Historische Pubs, die Theaterwelt, auf den Spuren von Dickens, Shakespeare oder der Beatles.

City Architecture Tours, Tel. 020/72 67 76 44, www.londonopenhouse.org. Architektur-Spaziergänge am Sa.

Original London Walks, Tel. 020/76 24 39 78, www.walks.com

London Tours auf Deutsch, Tel. 020/74 87 47 36, www.londontoursaufdeutsch.com

Sightseeing auf der Themse

City Cruises, Tel. 020/77 40 04 00, www.citycruises.com Von Westminster/Waterloo Pier zum Tower oder nach Greenwich. Umfangreiches Eventprogramm.

Thames River Boat, Westminster Pier, Tel. 020/79 30 20 62, www.wpsa.co.uk. Flussaufwärts nach Kew, Hampton Court und Richmond. Auch stimmungsvolle Abendfahrten (April–Okt.):

London Duck Tours, Duck Stop, Chicheley St., SE1, östlich des London Eye, Tel. 020/79 28 31 32 www.londonducktours.co.uk. Originelle Stadtbesichtigung zu Lande und zu Wasser mit einem gelben Amphibienbus.

Tate Boat, Tel. 020/78 87 88 88, www.tate.org.uk/tatetotate, tgl. 10–17 Uhr, alle 40 Min. Pendelverkehr zwischen Tate Modern und Tate Britain.

Funkelnde Kristalllüster und goldener Dekor schmücken den Speisesaal des Ritz

Fahrradtouren

London Bicycle Tour Company, 1 A Gabriel's Wharf, 56 Upper Ground, SE1, Tel. 020/79 28 68 38, www.londonbicycle.com, U-Bahn Blackfriars. Fahrradverleih und Sightseeing per Fahrrad.

Statistik

Bedeutung: London ist die Hauptstadt des Vereinigten Königreiches von Großbritannien und Nordirland. Die Stadt ist das politische, kulturelle und wirtschaftliche Zentrum des Landes. Hier haben Königshaus, Parlament, alle wichtigen Ministerien und Behörden ihren Sitz.

Lage: London liegt auf etwa 50° 31' nördlicher Breite. Durch den Stadtbezirk Greenwich verläuft der Längengrad 0 (Null-Meridian).

Klima: Es herrscht sehr gemäßigtes Klima. Die Durchschnittstemperatur im Januar beträgt 4,5°C, im Juli 18°C. Die durchschnittliche Sichtweite im Winter beträgt 6,4 km (gegenüber 1,6 km vor dem Clean Air Act von 1956). Der berühmte Nebel gehört (fast) der Vergangenheit an.

Fläche: Die Gesamtfläche von Greater London umfasst 1579 km^2. Davon entfallen auf die City 2,6 km^2, auf Inner London 303 km^2.

Einwohner: In Greater London leben 8,2 Mio. Menschen, davon gehören 31% ethnische Minderheiten an.

Gliederung und Verwaltung: Neben der City of London besteht Greater London aus 32 London Boroughs (darunter 12 Inner London und 20 Outer London) mit jeweils einem gewählten Bezirksrat. An der Spitze von Greater London steht der Bürgermeister, derzeit Boris Johnson. Jedes Jahr wird der Lord Mayor, der Bürgermeister der City, neu gewählt.

Verkehr: London ist *der* britische Verkehrsknotenpunkt mit über 1 Mio. Pendlern. Wichtiges innerstädtisches Verkehrsmittel ist die U-Bahn (Tube) mit dem weltgrößten Streckennetz (Länge 408 km, 275 Stationen), daneben gibt es die Docklands Light Railway (DLR) und die Tramlink. Es kommen rund 8000 Busse und 15 000 Taxis zum Einsatz.

Unterkunft

In London sind Hotels generell teuer. Die großen Häuser zählen zu den besten Hotels der Welt. Zum Zimmerpreis muss man meist noch die Mehrwertsteuer (VAT 17,5%) dazurechnen. Günstige Angebote bei Hotelzimmern und Apartments gibt es z. B. bei: www.london-discount-hotel.com sowie bei www.bestlondonhostels.com

Eine relativ preiswerte Unterkunftsmöglichkeit ist Bed & Breakfast, z. B. über:

The London Bed & Breakfast Agency, 71 Fellows Road, NW3, Tel. 020/75 86 27 68, www.londonbb.com

London Bed & Breakfast, Felsbergstr. 22 b, 64625 Bensheim, Deutschland, Tel. 062 51/70 28 22, www.bed-breakfast.de

Hotels

TOP TIPP *******Blakes**, 33 Roland Gardens, SW7, Tel. 020/73 70 67 01, www.blakeshotels.com. Top-Hotel im orientalischen Stil. Jedes Zimmer wurde von Besitzerin Anouska Hempel, einer Londoner Modedesignerin, individuell gestaltet. Mit einem der besten Hotelrestaurants in der Metropole.

*******Brown's**, Albemarle Street, W1, Tel. 020/74 93 60 20, www.brownshotel.com, U-Bahn Green Park. Ein Stück Alt-London in großem, dennoch familiärem Stil. Der Gründer, Mr. Brown, gewährte einst Lord Byron seine Dienste als Butler. 118 Zimmer.

*******Cadogan Hotel**, 75 Sloane Street, SW1, Tel. 020/72 35 71 41, www.cadogan.com, U-Bahn Knightsbridge. Die kleine Eingangshalle lässt vermuten, dass hier eher *Low Profile* angesagt ist, Service und Inneneinrichtung sind aber weitgehend mit großen Hotels vergleichbar.

TOP TIPP *******Claridge's**, Brook Street, W1, Tel. 020/76 29 88 60, www.claridges.co.uk, U-Bahn Bond Street. Eines der Londoner Deluxe-Hotels. Es verfügt über 203 Zimmer und 65 Suiten. Hier kann es sogar zu Begegnungen mit gekrönten Häuptern und Präsidenten kommen.

*******Draycott Hotel**, 26 Cadogan Gardens, SW3, Tel. 020/77 30 64 66, www.draycotthotel.com, U-Bahn Sloane Street. Boutique Hotel mit 35 Zimmern, alle liebevoll ausgestattet. – Hier kann man sich fast wie zu Hause fühlen.

*******Eleven Cadogan Gardens**, 11 Cadogan Gardens, SW3, Tel. 020/77 30 70 00, www.no11london.com, U-Bahn Sloane Square. Von außen nicht als Hotel zu erkennen, hat es doch 59 Zimmer zu bieten. Das Dekor ist viktorianisch mit vielen Kaminen. Auch eine Suite mit eigenem Garten gibt es.

*******The Beaufort**, 33 Beaufort Gardens, SW3, Tel. 020/75 84 52 52, www.thebeaufort.co.uk, U-Bahn Knightsbridge. Ausgezeichnet als *One of the best Hotels in the World*. Mit Wohnhauscharakter und privatem Health Club. 29 Zimmer, teuer.

*******The Capital**, 22 Basil Street, SW3, Tel. 020/75 89 51 71, www.capitalhotel.co.uk, U-Bahn Knightsbridge. Ein Grand Hotel *en miniature* (48 Zi.). Besonderer Wert wird auf den Service und die perfekte Betreuung der Gäste gelegt.

*******The Connaught**, Carlos Place, W1, Tel. 020/74 99 70 70, www.the-connaught.co.uk, U-Bahn Bond Street. 1897 vor allem für die Gentry errichtet, hat das Connaught bis heute das Flair eines vornehmen Hotels. Viele Stammgäste. 92 Zimmer, davon 27 Suiten.

*******The Dorchester**, Park Lane, W1, Tel. 020/76 29 88 88, www.dorchester

hotel.com, U-Bahn Hyde Park Corner. Echtes Bettlinnen, große Marmor-Badezimmer, Air-conditioning und auch die kulinarische Versorgung, man darf unter drei verschiedenen Restaurants im Hause wählen, lässt kaum Wünsche offen. 250 Zimmer und 50 Suiten.

*****__The Parkes Hotel__, 41 Beaufort Gardens, SW3, Tel. 020/75 81 99 44, www.parkeshotel.com, U-Bahn Knightsbridge. Hier kann man auch Studios oder zwei zusammenhängende Zimmer buchen.

*****__The Pelham Hotel__, 15 Cromwell Place, SW7, Tel. 020/75 89 82 88, www.pelhamhotel.co.uk, U-Bahn South Kensington. Typisch britisches Flair. Jedes der 51 liebevoll eingerichteten Zimmer und Suiten hat einen ganz eigenen Charme.

*****__The Ritz__, 150 Piccadilly, W1, Tel. 020/74 93 81 81, www.theritzlondon.com, U-Bahn Green Park. Eines der prachtvollsten Hotels der Stadt. Die Teestunde wird in einem Wintergarten mit französischem Interieur zelebriert. Ebenso elegant ist der Speisesaal des Restaurants.

*****The Savoy, Strand, WC2, Tel. 020/78 36 43 43, www.fairmont.com/savoy, U-Bahn Charing Cross. Luxuriöse Ausstattung, guter Service. 263 Zimmer und Suiten, zum Teil mit Themse-Blick.

*****The Waldorf Hilton, Aldwych, WC2, Tel. 020/78 36 24 00, www.hilton.co.uk/waldorf, U-Bahn Covent Garden. Luxushotel, das allen erdenklichen Komfort bietet. 303 Zimmer und Suiten.

TOP TIPP ****The Portobello Hotel, 22 Stanley Gardens, W11, Tel. 020/77 27 27 77, www.portobello-hotel.co.uk, U-Bahn Notting Hill Gate. Uppig viktorianisch mit viel Liebe zum Detail. In seiner Art einmalig. 24 Zimmer.

****The Rembrandt Hotel, 11 Thurloe Place, SW7, Tel. 020/75 89 81 00, www.sarova.co.uk, U-Bahn South Kensington. 195 proppere Zimmer in attraktivem Rahmen. Benachbart ist ein Spa.

TOP TIPP ****The Sumner, 54 Upper Berkeley Street, Marylebone, W1, Tel. 020/77 23 22 44, www.thesumner.com, U-Bahn Marble Arch. Nobles Boutique Hotel.

******Hazlitt's**, 6 Frith Street, W1, Tel. 020/ 74 34 17 71, www.hazlittshotel.com, U-Bahn Tottenham Court Road. Charmantes Hotel in einigen georgianischen Häusern mit gediegen-traditionell eingerichteten Zimmern.

*****Fielding Hotel**, 4 Broad Court, WC2, Tel. 020/78 36 83 05, www.thefielding hotel.co.uk, U-Bahn Covent Garden. Eines der besten standardpreisigen Hotels in der Nähe von Oper und Musicals.

*****Premier Inn**, County Hall, Belvedere Road, SE1, Tel. 087 02 38 33 00, www.premierinn.com. Familienzimmer, ein reichhaltiges Frühstück und die Nachbarschaft zum London Eye.

*****Stylotel**, 160–162 Sussex Gardens, W2, Tel. 020/77 23 10 26, www.stylotel.com. Trendiges Design und bezahlbare Preise in ruhiger, zentraler Lage in Paddington.

*****The Knightsbridge Hotel**, 10 Beaufort Gardens, SW3, Tel. 020/75 84 63 00, www.knightsbridgehotel.com, U-Bahn Knightsbridge. Luxuriöses Bed & Breakfast mit Salon und Bibliothek in bester Lage.

Jugendherbergen

Auskünfte zu Jugendherbergen in England bei: www.yha.org.uk (unbedingt reservieren). Zwei Empfehlungen:

London Central, 104 Bolsover Street, W1, Tel. 084 53 71 91 54, U-Bahn Oxford Circus. Günstiges Hostel im Herzen der City. 24 Std. geöffnet.

Holland Park, Holland House, Holland Walk, W8, Tel. 084 53 71 91 22, U-Bahn High Street Kensington. Mitten im Park gelegen, 202 Betten.

Verkehrsmittel

Öffentliche Verkehrsmittel

London verfügt über ein dichtes Netz von U-Bahnen (*Tube*) und Bussen. Die *Docklands Light Railway* (DLR) gehört zum U-Bahn-System. Das Netz ist in sechs *Tarifzonen* aufgeteilt, wobei die Zone 1 den Kernbereich Londons mit den großen Sehenswürdigkeiten umfasst.

Bei den *Bussen* gibt es zwei Arten von Haltestellen: die normalen mit rotem Zeichen auf weißem Untergrund, die die Busse automatisch ansteuern, und die mit weißen Zeichen auf rotem Untergrund, an denen der Bus nur auf Handzeichen hält. Es gibt auch *Nightbusses*, die 23–6 Uhr in größeren Abständen verkehren. Infos:

Transport for London, Tel. 084 32 22 12 34, www.tfl.gov.uk

Green Line, Tel. 087 12 00 22 33, www.greenline.co.uk. Die Busse fahren vom Green Line Coach Terminal, London Victoria, in die Vororte Londons und die Städte im Umkreis.

Tickets

Die Tickets sind nach Zonen preislich gestaffelt. Es gibt sie als *Einzelfahrscheine* oder im *Carnet* mit 10 Tickets. Die **Oyster Card** (https://oyster.tfl.gov.uk) ist eine Chipkarte mit Guthaben ab 5 £, die man online oder an U-Bahn und DLR-Stationen erwerben kann. Für die Fahrten während eines Tages zahlt man automatisch den niedrigsten Preis, dabei nie mehr als für eine One-Day Travelcard.

Die **London Travelcard** (www.london travelpass.com) für 1, 2, 3 oder 6 aufeinanderfolgende Tage gibt es für die Innenstadtzonen 1 und 2 oder für Greater London. Sie gilt für alle U-Bahnen, Busse, Züge der National Rail, DLR sowie die Straßenbahn. Die London Travelcard kann außerhalb Großbritanniens auch in Kombination mit dem **London Pass** [s. S. 161] erworben werden.

Fahrradverleih

Über die ganze Innenstadt sind Fahrradverleihstationen von **Barclays Cycle Hire** verteilt. An Terminals kann man sich anmelden und sein Rad dann an einer beliebigen anderen Station wieder abstellen. Eine Stunde Fahrt kostet 1 Pfund. Infos: www.tfl.org.uk

Taxi

Taxis kann man auf der Straße anhalten oder z. B. von der Hotelrezeption telefonisch vorbestellen lassen (One Number Taxi Bookings, Tel. 020/72 22 12 34, www.tfl.gov.uk/findaride). Diese Website des Transport for London bietet auch ausführliche Informationen und Tipps rund um das Thema Taxi inklusive einer aktuellen Broschüre zum Ausdrucken.

Mietwagen

Alle großen Mietwagen-Agenturen sind in London vertreten. ADAC Mitglieder können über die *ADAC Geschäftsstellen* oder unter Tel. 018 05 31 81 81 (0,14 €/Min.) preisgünstig ein Auto vorbuchen.

Sprachführer

Englisch für die Reise

Das Wichtigste in Kürze

Ja/Nein	*Yes/No*
Bitte/Danke	*Please/Thank you*
In Ordnung./Einverstanden.	*All right./Agreed.*
Entschuldigung!	*Excuse me!*
Wie bitte?	*Pardon?*
Ich verstehe Sie nicht.	*I don't understand you*
Ich spreche nur wenig Englisch.	*I only speak a little English.*
Können Sie mir bitte helfen?	*Can you help me, please?*
Das gefällt mir/ Das gefällt mir nicht.	*I like that/ I don't like that.*
Ich möchte ...	*I would like ...*
Haben Sie ...?	*Do you have ...?*
Gibt es ...?	*Is there ...?*
Wie viel kostet das?/ Wie teuer ist ...?	*How much is that?*
Kann ich mit Kreditkarte bezahlen?	*Can I pay by credit card?*
Wie viel Uhr ist es?	*What time is it?*
Guten Morgen!	*Good morning!*
Guten Tag!	*Good morning!/ Good afternoon!*
Guten Abend!	*Good evening!*
Gute Nacht!	*Good night!*
Hallo! Grüß Dich!	*Hello!/Hi!*
Wie ist Ihr Name, bitte?	*What's your name, please?*
Mein Name ist ...	*My name is ...*
Ich bin Deutsche(r).	*I am German.*
Ich bin aus Deutschland.	*I come from Germany.*
Wie geht es Ihnen?	*How are you?*
Auf Wiedersehen!	*Good bye!*
Tschüs!	*See you!*
gestern/heute/ morgen	*yesterday/today/ tomorrow*
am Vormittag/ am Nachmittag	*in the morning/ in the afternoon*
am Abend/ in der Nacht	*in the evening/ at night*
um 1 Uhr/ 2 Uhr ...	*at one o'clock/ at two o'clock ...*
um Viertel vor (nach) ...	*at a quarter to (past) ...*
um ... Uhr 30	*at ... thirty*
Minuten/Stunden	*minutes/hours*
Tage/Wochen	*days/weeks*
Monate/Jahre	*months/years*

Zahlen

0	*zero*	20	*twenty*
1	*one*	21	*twenty-one*
2	*two*	22	*twenty-two*
3	*three*	30	*thirty*
4	*four*	40	*forty*
5	*five*	50	*fifty*
6	*six*	60	*sixty*
7	*seven*	70	*seventy*
8	*eight*	80	*eighty*
9	*nine*	90	*ninety*
10	*ten*	100	*a (one) hundred*
11	*eleven*		
12	*twelve*	200	*two hundred*
13	*thirteen*	1000	*a (one) thousand*
14	*fourteen*		
15	*fifteen*	2000	*two thousand*
16	*sixteen*	10 000	*ten thousand*
17	*seventeen*	1 000 000	*a million*
18	*eighteen*	½	*a (one) half*
19	*nineteen*	¼	*a (one) quarter*

Wochentage

Montag	*Monday*
Dienstag	*Tuesday*
Mittwoch	*Wednesday*
Donnerstag	*Thursday*
Freitag	*Friday*
Samstag	*Saturday*
Sonntag	*Sunday*

Monate

Januar	*January*
Februar	*February*
März	*March*
April	*April*
Mai	*May*
Juni	*June*
Juli	*July*
August	*August*
September	*September*
Oktober	*October*
November	*November*
Dezember	*December*

Maße

Kilometer	*kilometre*
Meter	*metre*
Zentimeter	*centimetre*
Kilogramm	*kilogramme*
Pfund	*pound*
Gramm	*gramme*
Liter	*litre*

Unterwegs

Nord/Süd/West/Ost	*north/south/west/east*
geöffnet/ geschlossen	*open/closed*
geradeaus/links/ rechts/zurück	*straight on/left/ right/back*
nah/weit	*near/far*
Wie weit ist es?	*How far is it?*
Wo sind die Toiletten?	*Where are the toilets?*
Wo ist die (der) nächste ... Telefonzelle/ Bank/Post/ Polizeistation/ Geldautomat?	*Where is the nearest ... telephone-box/ bank/post office/ police station/ automatic teller?*
Wo ist ... der Hauptbahnhof/ die U-Bahn/ die Bushaltestelle/ der Flughafen?	*Where is the ... main train station/ subway station/ bus stop/ airport, please?*
Wo finde ich ein(e, en)? Apotheke/ Bäckerei/ Kaufhaus/ Lebensmittelgeschäft/ Markt?	*Where can I find a ... pharmacy/ bakery/ department store/ food store/ market?*
Ist das der Weg/ die Straße nach ...?	*Is this the way/ the road to ...?*
Gibt es einen anderen Weg?	*Is there another way?*
Ich möchte mit ... dem (der) Zug/Schiff/ Fähre/Flugzeug nach ... fahren.	*I would like to go to ... by ... train/ship/ ferry/ airplane.*
Gilt dieser Preis für Hin- und Rückfahrt?	*Is this the round trip fare?*
Wie lange gilt das Ticket?	*How long will the ticket be valid?*
Wo ist ... das Tourismusbüro/ ein Reisebüro?	*Where is ... the tourist office/ a travel agency?*
Ich benötige eine Hotelunterkunft.	*I need hotel accommodation.*
Wo kann ich mein Gepäck lassen?	*Where can I leave my luggage?*

Zoll und Polizei

Ich habe etwas/ nichts zu verzollen.	*I have something/ nothing to declare.*
Ich habe nur persönliche Dinge.	*I have only personal belongings.*
Hier ist die Kaufbescheinigung.	*Here is the receipt.*
Hier ist mein(e) ... Geld/Pass/ Personalausweis/ Kfz-Schein/ Versicherungskarte.	*Here is my ... money/passport/ ID card/ certificate of registration/ car insurance card.*
Ich fahre nach ... und bleibe ... Tage/Wochen.	*I'm going to ... to stay there for ... days/weeks.*
Ich möchte eine Anzeige erstatten.	*I would like to report an incident.*
Man hat mein(e, en)... Geld/ Tasche/ Papiere/ Schlüssel/ Fotoapparat/ Koffer/ Fahrrad gestohlen.	*They stole my ... money/ bag/ papers/ keys/ camera/ suitcase/ bicycle.*
Verständigen Sie bitte das/die Deutsche Konsulat/ Botschaft.	*Please contact the German consulate/ embassy.*

Freizeit

Ich möchte ein ... Fahrrad/ Mountainbike/ Motorrad/ Surfbrett/ Boot mieten.	*I would like to rent a ... bicycle/ mountain bike/ motorcycle/ surf board/ boat.*
Gibt es ... einen Strand/ einen Freizeitpark/ ein Freibad/ einen Golfplatz/ eine Reitschule in der Nähe?	*Is there a ... beach/ theme park/ outdoor swimming pool/ golf course/ riding stable in the area?*
Wann hat ... geöffnet?	*What are the opening hours of ...?*

Bank, Post, Telefon

Ich möchte Geld wechseln.	*I would like to change money.*
Brauchen Sie meinen Ausweis/Pass?	*Do you need my ID card/passport?*
Wo soll ich unterschreiben?	*Where should I sign?*
Wie lautet die Vorwahl für ...?	*What is the area code for ...?*
Wo gibt es ... Telefonkarten/ Briefmarken?	*Where can I get ... phone cards/ stamps?*

Tankstelle

Wo ist die nächste Tankstelle?	*Where is the nearest petrol station?*
Ich möchte ... Liter ... Super/Diesel/ bleifrei.	*I would like ... litres of star/diesel/ unleaded.*

Volltanken, bitte.	*Fill it up, please.*
Bitte, prüfen Sie ...	*Please check the ...*
den Reifendruck/	*tire pressure/*
den Ölstand/	*oil level/*
den Wasserstand/	*water level/*
das Wasser für die Scheibenwischanlage/	*water in the windscreen wiper system/*
die Batterie.	*battery.*
Würden Sie bitte ...	*Would you please ...*
den Ölwechsel/	*change the oil/*
den Radwechsel vornehmen/	*change the tires/*
die Sicherung austauschen/	*change the fuse/*
die Zündkerzen erneuern/	*replace the spark plugs/*
die Zündung nachstellen?	*adjust the ignition?*

Mietwagen

Ich möchte ein Auto mieten.	*I would like to rent a car.*
Was kostet die Miete ...	*How much is the rent ...*
pro Tag/	*per day/*
pro Woche/	*per week/*
mit unbegrenzter km-Zahl/	*including unlimited kilometres/*
mit Kasko-versicherung/	*including compre-hensive insurance/*
mit Kaution?	*with deposit?*
Wo kann ich den Wagen zurückgeben?	*Where can I return the car?*

Unfall

Hilfe!	*Help!*
Achtung!/Vorsicht!	*Attention!/Caution!*
Rufen Sie bitte schnell ...	*This is an emergency, please call ...*
einen Krankenwagen/	*an ambulance/*
die Polizei/	*the police/*
die Feuerwehr.	*the fire department.*
Es war (nicht) meine Schuld.	*It was (not) my fault.*
Geben Sie mir bitte Ihren Namen und Ihre Adresse.	*Please give me your name and address.*
Ich brauche die Angaben zu Ihrer Autoversicherung.	*I need the details of your car insurance.*

Panne

Ich habe eine Panne.	*My car's broken down.*
Der Motor startet nicht.	*The engine won't start.*
Ich habe die Schlüssel im Wagen gelassen.	*I left the keys in the car.*
Ich habe kein Benzin/ Diesel.	*I've run out of petrol/ diesel.*
Gibt es hier in der Nähe eine Werkstatt?	*Is there a garage nearby?*
Können Sie mir einen Abschleppwagen schicken?	*Could you send a tow truck?*
Können Sie den Wagen reparieren?	*Could you repair my car?*
Bis wann?	*By when?*

Krankheit

Können Sie mir einen guten Deutsch sprechenden Arzt/ Zahnarzt empfehlen?	*Can you recommend a good German-speaking doctor/ dentist?*
Wann hat er Sprech-stunde?	*What are his office hours?*
Wo ist die nächste Apotheke?	*Where is the nearest pharmacy?*
Ich brauche ein Mittel gegen ...	*I need medication for ...*
Durchfall/	*diarrhea/*
Halsschmerzen/	*a sore throat/*
Fieber/	*fever/*
Insektenstiche/	*insect bites/*
Verstopfung/	*constipation/*
Zahnschmerzen.	*toothache.*

Hotel

Können Sie mir bitte ein Hotel/eine Pension empfehlen?	*Could you please recommend a hotel/ Bed & Breakfast?*
Ich habe bei Ihnen ein Zimmer reserviert.	*I booked a room with you.*
Haben Sie ein ...	*Have you got a ...*
Einzel-/Doppel-zimmer ...	*single/double room ...*
mit Dusche/ Bad/WC?	*with shower/ bath/bathroom?*
für eine Nacht/	*for a night/*
für eine Woche?	*for a week?*
Was kostet das Zimmer	*How much is the room*
mit Frühstück/	*with breakfast/*
mit zwei Mahlzeiten?	*with two meals?*
Wie lange gibt es Frühstück?	*How long will break-fast be served?*
Ich möchte um ... geweckt werden.	*Please wake me up at ...*
Wie ist hier die Strom-spannung?	*What is the power voltage here?*
Ich reise heute abend/ morgen früh ab.	*I will depart tonight/ tomorrow morning.*
Haben Sie ein Fax/	*Have you got fax/*

Internetzugang/ einen Hotelsafe?	*internet access/ a hotel safe?*
Kann ich mit Kreditkarte bezahlen?	*Can I pay by credit card?*

Restaurant

Wo gibt es ein gutes/ günstiges Restaurant?	*Where is a good/ inexpensive restaurant?*
Die Speisekarte/ Getränkekarte, bitte.	*The menu/ the wine list, please.*
Ich möchte nur eine Kleinigkeit essen.	*I only want a snack.*
Ich möchte das Tagesgericht/ Menü (zu…)	*I like the dish of the day (at ...).*
Welches Gericht können Sie besonders empfehlen?	*Which of the dishes can you recommend?*
Haben Sie typische Gerichte der Region?	*Do you have local dishes?*
Gibt es vegetarische Gerichte?	*Are there vegetarian dishes?*
Haben Sie offenen Wein?	*Do you serve wine by the glass?*
Welche alkoholfreien Getränke haben Sie?	*What kind of soft drinks do you have?*
Haben Sie Mineralwasser mit/ ohne Kohlensäure?	*Do you have sparkling water/ noncarbonated water?*
Das Steak bitte ... englisch/medium/ durchgebraten.	*The steak ... rare/medium/ well-done, please.*
Kann ich bitte ... ein Messer/ eine Gabel/ einen Löffel haben?	*May I have ... a knife/ a fork/ a spoon, please?*
Das Essen war sehr gut.	*The food was excellent.*
Die Rechnung, bitte.	*The bill, please.*

Essen und Trinken

Abendessen	*dinner*
Ananas	*pineapple*
Apfelkuchen	*apple pie*
Bier	*beer*
Birnen	*pears*
Bratkartoffeln	*fried potatoes*
Brot/Brötchen	*bread/rolls*
Butter	*butter*
Ei	*egg*
Eier mit Speck	*bacon and eggs*
Eiscreme	*ice-cream*
Erbsen	*peas*
Erdbeeren	*strawberries*
Essig	*vinegar*
Fisch	*fish*
Fleisch	*meat*
Fleischsoße	*gravy*
Frühstück	*breakfast*
Gebäck	*pastries*
Geflügel	*poultry*
Gemüse	*vegetable*
Gurke	*cucumber*
Hähnchen	*chicken*
Haferplätzchen	*oat cakes*
Hammelfleisch	*mutton*
Honig	*honey*
Hummer	*lobster*
Kaffee	*coffee*
Kalbfleisch	*veal*
Kartoffeln	*potatoes*
Kartoffelbrei	*mashed potatoes*
Käse	*cheese*
Kohl	*cabbage*
Kuchen	*cake*
Lachs	*salmon*
Lamm	*lamb*
Leber	*liver*
Linsen	*lentils*
Maiskolben	*corn-on-the-cob*
Marmelade	*jam*
Minzsoße	*mint sauce*
Mittagessen	*lunch*
Meeresfrüchte	*seafood*
Milch	*milk*
Mineralwasser	*mineral water*
Nieren	*kidneys*
Obst	*fruit*
Öl	*oil*
Pfannkuchen	*pancakes*
Pfeffer	*pepper*
Pfirsiche	*peaches*
Pilze	*mushrooms*
Pommes frites	*chips, french fries*
Reis	*rice*
Reh/Hirsch	*venison*
Rindfleisch	*beef*
Rühreier	*scrambled eggs*
Sahne	*cream*
Salat	*salad*
Salz	*salt*
Schinken	*ham*
Schlagsahne	*clotted cream*
Schweinefleisch	*pork*
Sekt	*sparkling wine*
Suppe	*soup*
Thunfisch	*tuna*
Truthahn	*turkey*
Vanillesoße	*custard*
Vorspeisen	*hors d'œuvres*
Wein (Weiß/Rot/ Rosé)	*wine (white/red/ rosé)*
Würstchen	*sausages*
Zucker	*sugar*
Zwiebeln	*onions*

Register

K

L

M

N

O

P

Q

R

S

T

Impressum

Chefredakteur: Dr. Hans-Joachim Völse
Textchefin: Dr. Dagmar Walden
Chef vom Dienst: Bernhard Scheller
Aktualisierung: Thomas Paulsen
Bildredaktion: Caroline Pesarese, Doreen Enders
Kartographie: ADAC e.V. Kartographie/KAR, Huber Kartographie
Layout: Martina Baur
Herstellung: Ralph Melzer
Druck, Bindung: Rasch Druckerei und Verlag
Printed in Germany

ISBN 978-3-89905-245-9

Neu bearbeitete Auflage 2013

Bildnachweis

Titel: Sightseeing im Doppeldeckerbus – Houses of Parliament und Big Ben. Foto: Huber (Siemone)

Titel plus-Karte: London Eye, im Hintergrund die Houses of Parliament. Foto: laif (Heiko Specht)

Actionpress: 14 – **Alamy:** 87 (Paul Brown) – **Anzenberger:** 8.2, 99, 100 (Fausta Giaccone) – **Jon Arnold/AWL Images:** 71 – **Bavaria:** 41 (David Ball) – **Courtauld Institute of Art:** 78 – **Corbis:** 3.1, 10.2 (Roberto Herrett/Loop Images), 3.4, 30 (Rudy Sulgan), 4.1, 143 (Colin Dutton/Grand Tour), 16/17, 69, 90, 112 (N.N.), 44 (Sylvain Sonnet), 141 (John Harper), 155 (Jason Hawks) – **Crown Copyright/HRP:** 50, 51, 108, 159 – **dpa Picture Alliance:** 3.2, 39 (Dominic Lipinski), 9.1 (Clive Gee) – **Doreen Enders: 10.3, 117, 151** – **Eye Ubiquitous:** 166 (Chris Penn) – **Fairmont Hotels & Restaurants:** 2.4, 6.1, 77.1, 160.4 – **F1online:** 7.2 (Robert Harding/Pawel Libra), 36, 96, 130 (Prisma/Steve Vidler), 54 (Imagebroker), 111 (Bildstelle/Rex Features), 122 (Pixtal) – **Fotolia:** 10.1, U4.1 (S. Borisov) – **Getty Images:** 3.3, 4.2, 29 (N.N.), 7.1 (Alan Copson), 11.2, 160 (AFP/Leon Neal), 35, 160.3 (Scott E. Barbour), 49.1 (Tetra Images), 59.1 (Pawel Toczynski), 77.2 (Ben Pipe Photography), 106 (Eric Nathan), 110 (David Bank) – **Ian Howard:** 135 – **Huber Bildagentur:** 81 (Maurizio Rellini), 115 (N.N.) – **IFA Bilderteam:** 153 (TPC) – **Imagetrust:** 9.2, 66, 68 (Anne Ackermann) – **Rainer Jahns:** 2.1, 94 – **Ladislav Janicek:** 113 – **laif:** 15 (Allpix/Ian Jones), 22, 73 (Royal Rota/Allpix/Ian Jones), 26 (Hemisphere Images), 27 (Martin Sasse), 57 (Andrea Artz), 74, 103 (Christian Heeb), 97 (Bertrand Rieger/Hemisphere Images), 136 (Zielske), 169 (Dagmar Schwelle) – **Look:** 4.3, 46, 147 (N.N.), 6.2 (Elan Fleisher), 10.4, 56 (Axiom), 11.1 (H. & D. Zielske), 128 (Ingolf Pompe), 131 (Franz Marc Frei) – **Masterfile:** 2.2, 139 (Matt Brasier/Radium Image) – **Mauritius:** 2.3, 64, 114 (N.N.), 125 (Doug Mühlmeyer) – **Marion Mühlmeyer:** 21 – **James Morley:** 157 – **Museum of London:** 61, 62, 63 – **National Maritime Museum:** 144 (Morley von Sternberg) – **National Portrait Gallery:** 37 – **Patricia Niven:** 8.1 – **NTI Press Team:** 49.2 (Newsteam/Nick Wilkinson) – **ODA:** 149 – **Photoshot:** 92 (Steve Vidler), 93 (Ian Gavan/UPPA) – **Prisma:** 160.2 (Natascha Sturny) – **Ritz London:** 178 – **Saatchi Gallery:** 118 (Mathew Booth) – **Schapowalow:** 23, 83 (Maurizio Rellini) – **Shutterstock:** 18 (S. Borisov), U.4 (Bikeworldtravel) – **Tate:** 121 – **Martin Thomas:** 32, 33, 43, 59.2, 85, 105, 119, 126 – **Transglobe Agency:** 40 (Robert McLeod) – **Vario Images:** 107 (Loop Images) – **Victoria & Albert Museum:** 116 – **Visum:** 75 (Jiri Rezac), 89 (Alfred Buellesbach) – **Warner Bros/Harry Potter publishing rights © JKR:** 174 – **Ernst Wrba:** 25, 52, 113 – **Your Photo Today:** 160.1

1 Tag in London

›London in a day‹ – ein hehres Ziel! Ein guter Ausgangspunkt für die Tour ist der **Trafalgar Square** im Herzen Londons. Kunstbegeisterte zieht es hier in die **National Gallery** mit ihren bedeutenden Werken Alter Meister. Wer gut zu Fuß ist, maschiert (in Blickrichtung Lord Nelsons) Whitehall hinunter, vorbei an **Horse Guards** und **Downing Street** zum **Big Ben** an den **Houses of Parliament**. Ganz in der Nähe gibt es **Westminster Abbey** zu bewundern und jenseits der Themse das Riesenrad **London Eye**, dann geht es durch den hübschen **St. James's Park** zum Wohnsitz der Royals, dem weltberühmten **Buckingham Palace**. Anschließend fährt man entweder mit dem Bus über **The Mall** zur nächsten U-Bahn oder ab Green Park direkt nach **Covent Garden**. Hier oder in der nahe gelegenen **Neal Street** findet man genügend Shops, Cafés und Pubs, um die London-Atmosphäre richtig zu genießen. Eine verlockende Alternative ist ein ausgedehnter Einkaufsbummel durch das berühmte Kaufhaus **Harrods**. Essbare Souvenirs aller Geschmacksrichtungen bieten die dortigen verführerischen Food Halls. Wer sich anschließend noch fit für Theater oder Kino fühlt: Das **West End** ist nur einen Steinwurf entfernt. Und die Theaterkarten gibt es gleich bei ›tkts‹ am **Leicester Square**.

1 Wochenende in London

Freitag: Der Ausgangspunkt für die Stadterkundung ist auch diesmal der **Trafalgar Square**. Hier steht der Besuch der **National Gallery** und der **National Portrait Gallery** auf dem Programm und dann vielleicht ein ›Flug‹ im Riesenrad **London Eye** mit herrlichem Blick über die Stadt. Für Modefans bietet ein Abstecher zum **Fashion and Textile Museum** in South Bank eine vergnügliche Stilkunde.

Samstag: Zunächst geht es zum Shopping bei **Harrods**, **Fortnum & Mason** oder auf der **King's Road**. Dann fährt man mit der U-Bahn zum **Tower**. Nach der Besichtigung ist Erholung angesagt: Mit dem Boot ab Westminster schippert man auf der Themse nach **Greenwich**. Während der Fahrt sieht man London aus ganz neuen Blickwinkeln. Eine schöne Sicht auf Greenwich hat man auch vom **Royal Observatory**. Nach einem Bummel durch den Ort und dem Marktbesuch gelangt man durch den Foot Tunnel ans andere Themse-Ufer, nach Island Gardens, und genießt noch einmal das Flusspanorama. Zurück geht's mit der elektrischen Docklands Light Railway mitten durch die postmoderne Hochhauskulisse der Londoner **Docklands**. Wem das Lust macht auf das ›moderne London‹, wie wär's mit einem Abendessen im **Floridita** mit Musik, viel kubanischem Flair und moderner lateinamerikanischer Küche? Oder speist man lieber einmal traditionell britisch bei **Rules**? Für eine lange aufregende Saturday Night kann man sich in einem alten Pub oder einer hippen Bar einstimmen. Jazzfreunde zieht es anschließend in den Klub **Ronnie Scott's**, Techno-Freaks können sich im **Fabric** vergnügen, und wer auf heiße Rhythmen steht, geht ins **Salsa**!

Sonntag: Wieder eine ganz andere Atmosphäre kann man auf den Londoner Wochenendmärkten genießen. Bunt und trendy z. B. geht's zu in **Camden Town**, eher antiquarisch in der **Portobello Road**. Der Nachmittag ist für Museumsbesuche re-

serviert. Das **British Museum** ist die meistbesuchte Sehenswürdigkeit Londons. Freunde der modernen Kunst wird es wohl in die **Tate Modern** ziehen, Familien werden vom **Natural History Museum** begeistert sein. Ebenfalls eine Attraktion ist das **Sea Life London Aquarium**. Hier kann man Haie in riesigen Wassertanks bewundern und Stachelrochen streicheln. Abschließend geht es zum Spaziergang in den **Hyde Park** oder zu einer Panoramatour entlang der **South Bank**, vorbei an **Shakespeare's Globe Theatre** und der **City Hall**.